重要単語チェック！

3年 東京書籍版

① Unit 0

---

② Unit 0

brain

a human brain

---

③ Unit 0

common

a common name

---

④ Unit 0

fact

new fact

---

⑤ Unit 0

increase

increase population

---

⑥ Unit 0

language

learn a language

---

⑦ Unit 0

researcher

a great researcher

---

⑧ Unit 0

speak

spoke-spoken

Chinese is spoken here.

---

⑨ Unit 0

variety

a variety of fruit

---

⑩ Unit 0

wide

a wide river

---

⑪ Unit 1

above

the sun above us

---

⑫ Unit 1

amazing

an amazing story

---

⑬ Unit 1

apply

apply to everyone

---

⑭ Unit 1

athlete

the Olympic athlete

---

⑮ Unit 1

below

See the graph below.

---

⑯ Unit 1

best

the best player

---

⑰ Unit 1

championship

win the championship

---

⑱ Unit 1

company

a car company

---

⑲ Unit 1

establish

establish a school

---

⑳ Unit 1

ever

Have you ever been to France?

㉑ Unit 1

fan

a big fan

㉒ Unit 1

internet

use the Internet

1 Unit 0

動 信じる

あなたを信じる。

---

4 Unit 0

名 事実

新事実

---

3 Unit 0

形 よくある，共通の，ふつうの

よくある名前

---

2 Unit 0

名 頭脳

人間の脳

---

7 Unit 0

名 研究者

偉大な研究者

---

6 Unit 0

名 言語

言語を学ぶ

---

5 Unit 0

動 〜を増やす

人口を増やす

---

10 Unit 0

形 広い

幅の広い川

---

9 Unit 0

名 [a (…) variety of で] さまざまな

さまざまな果物

---

8 Unit 0

動 話す

ここでは中国語が話されています。

---

13 Unit 1

動 当てはまる

全員に当てはまる

---

12 Unit 1

形 驚くべき

驚くべき話

---

11 Unit 1

前 〜の上に [へ]

わたしたちの上にある太陽

---

16 Unit 1

形 [good の最上級] 最もよい

最も優れた選手

---

15 Unit 1

副 下に

下のグラフを見てください。

---

14 Unit 1

名 運動選手

オリンピック選手

---

19 Unit 1

動 〜を設立する

学校を設立する

---

18 Unit 1

名 会社

自動車会社

---

17 Unit 1

名 選手権，優勝

優勝する

---

22 Unit 1

名 インターネット

インターネットを使う

---

21 Unit 1

名 ファン

大ファン

---

20 Unit 1

副 今まで

今までにフランスに行ったことがありますか。

---

23 Unit 1
match

a tennis match

24 Unit 1
once

once lived in Osaka

25 Unit 1
opinion

a general opinion

26 Unit 1
ordinary

ordinary people

27 Unit 1
Paralympic

see the Paralympics

28 Unit 1
positive

positive about everything

29 Unit 1
possible

try everything possible

30 Unit 1
satisfy

I was satisfied.

31 Unit 1
somewhere

go somewhere

32 Unit 1
stylish

a stylish lady

33 Unit 1
support

support him

34 Unit 1
title

the title of the book

35 Unit 1
uncomfortable

uncomfortable weather

36 Unit 1
user

telephone users

37 Unit 1
winner

a prize winner

38 Let's Write 1
audience

audience of the show

39 Let's Write 1
awesome

an awesome song

40 Let's Write 1
bright

bright eyes

41 Let's Write 1
challenge

a difficult challenge

42 Let's Write 1
horizon

on the horizon

43 Let's Write 1
super

super happy

44 Unit 2
actually

Actually, it's a large rock.

45 Unit 2
already

It's already ten o'clock.

46 Unit 2
bring
brought-brought
bring a camera

教科書ぴったりトレーニング 英語3年 東京書籍版 付録 ②裏

㉕ Unit 1	㉔ Unit 1	㉓ Unit 1
㊗意見	㊙かつて，昔	㊗試合
一般的な意見	かつて大阪に住んでいた	テニスの試合

㉘ Unit 1	㉗ Unit 1	㉖ Unit 1
㊢前向きな，肯定の	㊢パラリンピック競技の	㊢ふつうの
あらゆることに前向きである	パラリンピックを見る	ふつうの人々

㉛ Unit 1	㉚ Unit 1	㉙ Unit 1
㊙どこかに［へ，で］	㊕～を満足させる	㊢可能な，できる
どこかへいく	私は満足しました。	できるだけのことをする

㉞ Unit 1	㉝ Unit 1	㉜ Unit 1
㊗題名，表題	㊕～を支援する	㊢おしゃれな
本の題名	彼を支援する	おしゃれな女性

㊲ Unit 1	㊱ Unit 1	㉟ Unit 1
㊗勝者	㊗使用者	㊢心地よくない
受賞者	電話の利用者	心地よくない天気

㊵ Let's Write 1	㊴ Let's Write 1	㊳ Let's Write 1
㊢明るい	㊢すばらしい，最高の	㊗聴衆，観客
きらきらと輝く目	すばらしい歌	ショーの観客

㊸ Let's Write 1	㊷ Let's Write 1	㊶ Let's Write 1
㊙とても，すごく	㊗地平線，水平線	㊗難問
とてもうれしい	地平線上に	難しい挑戦

㊻ Unit 2	㊺ Unit 2	㊹ Unit 2
㊕～を持ってくる	㊙すでに，もう	㊙実は，本当は
カメラを持ってくる	もう10時です。	実は大きな岩でした。

47 Unit 2

century

in the 21st century

48 Unit 2

curious

curious about everything

49 Unit 2

either

I don't like tomatoes,either.

50 Unit 2

image

my image of Japan

51 Unit 2

include

five including pets

52 Unit 2

less

less expensive

53 Unit 2

must

I must go.

54 Unit 2

necessary

necessary information

55 Unit 2

pop

pop culture

56 Unit 2

quite

quite popular

57 Unit 2

read

read-read

read a book yesterday

58 Unit 2

rhythm

feel the rhythm

59 Unit 2

rule

against the rule

60 Unit 2

seasonal

seasonal flowers

61 Unit 2

since

since 2010

62 Unit 2

sleep

slept-slept

sleep in bed

63 Unit 2

strict

a strict teacher

64 Unit 2

website

view a website

65 Unit 2

write

wrote-written

have written a letter

66 Unit 2

yet

haven't had lunch yet

67 Let's Talk 1

feel

felt-felt

Please feel free to ask me.

68 Let's Talk 1

goodbye

say goodbye

69 Let's Talk 1

hope

I hope you like peaches.

70 Let's Talk 1

later

See you later.

教科書ぴったりトレーニング　英語3年　東京書籍版　付録　③表

49 Unit 2	48 Unit 2	47 Unit 2
圖 (否定文で) …もまた (〜ない)	形 好奇心の強い	名 世紀, 100年
私もトマトが好きではありません。	何に対しても好奇心が強い	21世紀に

52 Unit 2	51 Unit 2	50 Unit 2
圖 もっと少なく	動 〜を含む	名 像
そんなに高くはない	ペットを含めて5名	日本に対する私のイメージ

55 Unit 2	54 Unit 2	53 Unit 2
形 大衆的な	形 必要な	助 〜しなければならない
大衆文化	必要な情報	行かなければならない。

58 Unit 2	57 Unit 2	56 Unit 2
名 リズム	動 (〜を) 読む	圖 かなり, 相当
リズムを感じる	昨日本を読んだ	かなり人気がある

61 Unit 2	60 Unit 2	59 Unit 2
前 接 〜 (して) 以来	形 季節の	名 規則, ルール
2010年以来	季節の花	規則に逆らって

64 Unit 2	63 Unit 2	62 Unit 2
名 ウェブサイト	形 厳しい	動 眠る
ウェブサイトを見る	厳しい先生	ベッドで眠る

67 Let's Talk 1	66 Unit 2	65 Unit 2
動 〜と感じる	圖 [疑問文で] もう, [否定文で] まだ	動 (〜を) 書く
気軽に聞いて下さい。	まだ昼食を食べていない	手紙を書いた

70 Let's Talk 1	69 Let's Talk 1	68 Let's Talk 1
圖 あとで, もっと遅く	動 望む	間 さようなら
それじゃ, あとでね。	桃がお好きだといいですが。	別れをつげる

教科書ぴったりトレーニング 英語3年 東京書籍版 付録 ③裏

71 Unit 3

activity

club activities

72 Unit 3

affect

Smoking affects health.

73 Unit 3

article

a newspaper article

74 Unit 3

breed

bred-bred

breed a cat

75 Unit 3

climate

warm climate

76 Unit 3

condition

in good condition

77 Unit 3

danger

feel in danger

78 Unit 3

destroy

destroy buildings

79 Unit 3

development

development of new products

80 Unit 3

die

die in a battle

81 Unit 3

electronic

an electronic dictionary

82 Unit 3

environment

the natural environment

83 Unit 3

era

Edo era

84 Unit 3

feather

a white feather

85 Unit 3

fly

flew-flown

fly to New York

86 Unit 3

government

Japanese government

87 Unit 3

human

a human body

88 Unit 3

information

the information desk

89 Unit 3

let

Let me think of it.

90 Unit 3

metal

metal products

91 Unit 3

population

the population of Japan

92 Unit 3

protect

protect your head

93 Unit 3

rapidly

increase rapidly

94 Unit 3

relate

relate to Japan

⑦3 Unit 3	⑦2 Unit 3	⑦1 Unit 3
图 記事	動 ～に影響を与える	图 活動
新聞記事	喫煙は健康に影響を与える。	クラブ活動

⑦6 Unit 3	⑦5 Unit 3	⑦4 Unit 3
图 状況	图 気候	動 ～を飼育する
状態がよい	暖かい気候	ネコを飼育する

⑦9 Unit 3	⑦8 Unit 3	⑦7 Unit 3
图 開発	動 ～を破壊する	图 危険
新製品の開発	建物を破壊する	身の危険を感じる

⑧2 Unit 3	⑧1 Unit 3	⑧0 Unit 3
图 環境	形 電子の	動 死ぬ
自然環境	電子辞書	戦死する

⑧5 Unit 3	⑧4 Unit 3	⑧3 Unit 3
動 飛ぶ	图 羽	图 時代，年代
ニューヨークに飛行機で行く	白い羽	江戸時代

⑧8 Unit 3	⑧7 Unit 3	⑧6 Unit 3
图 情報	形 人間の	图 政府
案内所	人間の体	日本政府

⑨1 Unit 3	⑨0 Unit 3	⑧9 Unit 3
图 人口	图 金属	動 （人）に～させる
日本の人口	金属製品	考えさせてください。

⑨4 Unit 3	⑨3 Unit 3	⑨2 Unit 3
動 関係がある	副 速く，急速に	動 ～を守る
日本と関係がある	急増する	頭部を守る

教科書ぴったりトレーニング　英語3年　東京書籍版　付録　④裏

role

the important role

safely

go home safely

soon

soon be back

still

still hot

surprisingly

He is surprisingly clever.

survive

survive an accident

until

sleep until three o'clock

accident

a serious accident

ban

Swimming is banned.

bother

That is a bother.

decision

make a decision

drive
drove–driven

drive a car

effective

an effective cure

law

under the law

beginning

beginning of the year

corner

turn left at the corner

ending

a bad ending

national

national flags

report

a news report

tournament

the national tournament

arm

the arms of a robot

bomb

drop a bomb

child
playful children

courage

gather his courage

⑨⑦ Unit 3	⑨⑥ Unit 3	⑨⑤ Unit 3
圓 すぐに	圓 安全に	名 役割，役
すぐに戻る	無事に家に帰る	重要な役割

⑩⓪ Unit 3	⑨⑨ Unit 3	⑨⑧ Unit 3
動 生き残る	圓 驚いたことには	圓 まだ，今でも
事故で生き残る	彼は驚くほど賢いです。	まだ熱い

⑩③ Let's Write 2	⑩② Let's Write 2	⑩① Unit 3
動 ～を禁止する	名 事故	前 ～まで（ずっと）
遊泳は禁止されている。	重大な事故	3時まで眠る

⑩⑥ Let's Write 2	⑩⑤ Let's Write 2	⑩④ Let's Write 2
動 運転する	名 決定，結論	名 面倒
車を運転する	決定する	それは面倒くさいです。

⑩⑨ Stage Activity 1	⑩⑧ Let's Write 2	⑩⑦ Let's Write 2
名 最初の部分	名 法律	形 効果的な
年の初め	法律の下で	効果的な治療

⑪② Stage Activity 1	⑪① Stage Activity 1	⑪⓪ Stage Activity 1
形 国の	名 終わり，結末	名 角
国旗	バッドエンド	角を左に曲がる

⑪⑤ Let's Read 1	⑪④ Stage Activity 1	⑪③ Stage Activity 1
名 腕	名 トーナメント	名 報告
ロボットの腕	全国大会	報道

⑪⑧ Let's Read 1	⑪⑦ Let's Read 1	⑪⑥ Let's Read 1
名 勇気	名 子供	名 爆弾
勇気をふりしぼる	陽気な子供たち	爆弾を落とす

教科書ぴったりトレーニング　英語3年　東京書籍版　付録　⑤裏

119 Let's Read 1

cry

Don't cry.

120 Let's Read 1

dead

dead flowers

121 Let's Read 1

death

a natural death

122 Let's Read 1

fold

fold a paper

123 Let's Read 1

hold

held–held

held a pen

124 Let's Read 1

injure

injure his head

125 Let's Read 1

peace

hope for peace

126 Let's Read 1

quietly

talk quietly

127 Let's Read 1

real

a real story

128 Let's Read 1

remember

remember my hometown

129 Let's Read 1

rise

rose–risen

The sun rose.

130 Let's Read 1

road

road signs

131 Let's Read 1

shade

in the shade of the tree

132 Let's Read 1

sky

the blue sky

133 Let's Read 1

tightly

hold a baby tightly

134 Let's Read 1

war

during the war

135 Let's Read 1

weak

a weak team

136 Let's Read 1

while

after a while

137 Let's Read 1

without

without a word

138 Let's Read 1

worth

worth reading

139 Unit 4

call

call my mother

140 Unit 4

disaster

a big disaster

141 Unit 4

drill

fire drill

142 Unit 4

earthquake

a big earthquake

121 Let's Read 1	120 Let's Read 1	119 Let's Read 1
名 死	形 死んだ	動 泣く
自然死	枯れた花	泣かないで。

124 Let's Read 1	123 Let's Read 1	122 Let's Read 1
動 ～を傷つける	動 ～を持つ，つかむ	動 ～を折る
頭をけがする	ペンをつかんだ	紙を折る

127 Let's Read 1	126 Let's Read 1	125 Let's Read 1
形 本当の	副 静かに	名 平和
本当にあった話	静かに話をする	平和を願う

130 Let's Read 1	129 Let's Read 1	128 Let's Read 1
名 道路	動 のぼる	動 (～を) 思い出す
道路標識	太陽がのぼった。	ふるさとを思い出す

133 Let's Read 1	132 Let's Read 1	131 Let's Read 1
副 しっかりと	名 空	名 陰
赤ちゃんをしっかり抱く	青い空	木かげで

136 Let's Read 1	135 Let's Read 1	134 Let's Read 1
名 (少しの) 時間, (しばらくの) 間	形 弱い，かすかな	名 戦争
しばらくして	弱いチーム	戦争中に

139 Unit 4	138 Let's Read 1	137 Let's Read 1
動 ～に電話をかける	形 ～の価値がある	前 ～なしで [に]
母に電話をかける	読むだけの価値がある	無言で

142 Unit 4	141 Unit 4	140 Unit 4
名 地震	名 訓練	名 災害
大きな地震	火災訓練	大きな災害

143 Unit 4

emergency

emergency exit sign

144 Unit 4

finally

Finally, he came.

145 Unit 4

fortunately

Fortunately, I was elected.

146 Unit 4

happen

What happened?

147 Unit 4

hour

for an hour

148 Unit 4

instruction

follow instructions

149 Unit 4

interview

interview the actor

150 Unit 4

latest

the latest news

151 Unit 4

local

local people

152 Unit 4

parking lot

a crowded parking lot

153 Unit 4

prepare

prepare for disasters

154 Unit 4

resident

foreign residents

155 Unit 4

scared

I'm scared.

156 Unit 4

shelter

go to the shelter

157 Unit 4

simple

a simple breakfast

158 Unit 4

store

store water

159 Unit 4

survey

do a survey

160 Unit 4

terrible

a terrible noise

161 Unit 4

traveler

many travelers

162 Unit 4

visitor

a group of visitors

163 Unit 5

accept

accept a gift

164 Unit 5

almost

It's almost two.

165 Unit 5

angry

I'm angry.

166 Unit 5

arrest

arrest the man

教科書ぴったりトレーニング　英語３年　東京書籍版　付録　⑦表

145 Unit 4	144 Unit 4	143 Unit 4
圖 幸運にも	圖 ついに	名 緊急事態
幸運にも，当選した。	ついに彼は来た。	避難誘導標識

148 Unit 4	147 Unit 4	146 Unit 4
名 指示	名 １時間	動 起こる，生じる
指示に従う	１時間	どうしましたか？

151 Unit 4	150 Unit 4	149 Unit 4
形 地元の，地方の	形 最新の	動 ～にインタビューする
地元の人々	最新のニュース	俳優にインタビューする

154 Unit 4	153 Unit 4	152 Unit 4
名 住民	動 備える，準備をする	名 駐車場
在留外国人	災害に備える	混んでいる駐車場

157 Unit 4	156 Unit 4	155 Unit 4
形 簡単な	名 避難所	形 （～を）こわがって
簡単な朝食	避難所へ行く	こわいです。

160 Unit 4	159 Unit 4	158 Unit 4
形 ひどい	名 調査	動 ～を蓄える
ひどい音	調査する	水を蓄える

163 Unit 5	162 Unit 4	161 Unit 4
動 ～を受け入れる	名 観光客	名 旅行者
贈り物を受け取る	観光客の一団	たくさんの旅行者

166 Unit 5	165 Unit 5	164 Unit 5
動 ～を逮捕する	形 怒った	圖 ほとんど
その男を逮捕する	わたしは怒っている。	もう少しで２時です。

167 Unit 5

born

He was born in Canada.

168 Unit 5

expensive

an expensive bag

169 Unit 5

fight

fought-fought

fight for freedom

170 Unit 5

freely

speak freely

171 Unit 5

greatly

be greatly surprised

172 Unit 5

heavy

a heavy bag

173 Unit 5

holiday

a national holiday

174 Unit 5

influence

influence young artists

175 Unit 5

international

an international conference

176 Unit 5

kilometer

17 kilometers long

177 Unit 5

lawyer

a great lawyer

178 Unit 5

lead

led-led

lead a movement

179 Unit 5

leader

the leader of a club

180 Unit 5

movement

join a movement

181 Unit 5

news

watch news on TV

182 Unit 5

peaceful

a peaceful world

183 Unit 5

person

a great person

184 Unit 5

protest

protest against government

185 Unit 5

reach

reach home

186 Unit 5

respect

respect parents

187 Unit 5

sidewalk

walk on the sidewalk

188 Unit 5

tax

tax free

189 Unit 5

tough

a tough job

190 Unit 5

unfair

an unfair rule

169 Unit 5	168 Unit 5	167 Unit 5
動 戦う 名 戦い	形 高価な	動（be born で）生まれる
自由のために戦う	高価なバッグ	彼はカナダで生まれた。

172 Unit 5	171 Unit 5	170 Unit 5
形 重い	副 おおいに	副 自由に
重いカバン	非常に驚く	自由に話す

175 Unit 5	174 Unit 5	173 Unit 5
形 国際的な	動 ～に影響を及ぼす	名 休日，休暇
国際会議	若い芸術家に影響を及ぼす	祝日

178 Unit 5	177 Unit 5	176 Unit 5
動 ～を導く	名 弁護士	名 キロメートル
運動の先頭に立つ	優秀な弁護士	17キロメートルの長さ

181 Unit 5	180 Unit 5	179 Unit 5
名 ニュース，知らせ	名 （社会的な）運動	名 指導者，リーダー
テレビでニュースを見る	運動に加わる	クラブのリーダー

184 Unit 5	183 Unit 5	182 Unit 5
動 抗議する 名 抗議	名 人	形 平和な
政府に抗議する	偉大な人物	平和な世界

187 Unit 5	186 Unit 5	185 Unit 5
名 歩道	動 ～を尊敬する	動 ～に着く
歩道を歩く	両親を尊敬する	家に着く

190 Unit 5	189 Unit 5	188 Unit 5
形 不公平な，不当な	形 困難な	名 税金
不公平な規則	困難な仕事	免税

191 Unit 5

violence

stop violence

192 Let's Write 3

billion

¥2,000,000,000

two billion yen

193 Let's Write 3

growth

population growth

194 Let's Write 3

powerful

a powerful engine

195 Stage Activity 2

behavior

bad behavior

196 Stage Activity 2

character

the main character

197 Stage Activity 2

cloth

a piece of cloth

198 Stage Activity 2

convenient

the convenient place

199 Stage Activity 2

discover

discover a new star

200 Stage Activity 2

instead

drink tea instead of coffee

201 Stage Activity 2

pretty

a pretty cat

202 Stage Activity 2

resourse

natural resources

203 Unit 6

air

an air conditioner

204 Unit 6

beyond

beyond the bridge

205 Unit 6

border

across the border

206 Unit 6

building

a tall building

207 Unit 6

coat

wear a coat

208 Unit 6

collect

collect stamps

209 Unit 6

continue

continue a trip

210 Unit 6

daily

daily life

211 Unit 6

daughter

two daughters

212 Unit 6

definitely

He'll definitely come.

213 Unit 6

depend

depend on you

214 Unit 6

donate

donate money

教科書ぴったりトレーニング　英語3年　東京書籍版　付録　⑨表

193 Let's Write 3	192 Let's Write 3	191 Unit 5
图 増加	图 10億	图 暴力
人口増加	20億円	暴力禁止

196 Stage Activity 2	195 Stage Activity 2	194 Let's Write 3
图 登場人物	图 ふるまい	形 力強い
主人公	悪いふるまい	強力なエンジン

199 Stage Activity 2	198 Stage Activity 2	197 Stage Activity 2
動 ～を発見する	形 便利な	图 布，服地
新しい星を発見する	便利な場所	一枚の布

202 Stage Activity 2	201 Stage Activity 2	200 Stage Activity 2
图 資源	形 かわいい	副 そのかわりに
天然資源	かわいいネコ	コーヒーのかわりに紅茶を飲む

205 Unit 6	204 Unit 6	203 Unit 6
图 国境	前 ～をこえたところに	图 空気，空中
国境を越えて	橋の向こうに	エアコン

208 Unit 6	207 Unit 6	206 Unit 6
動 ～を集める	图 コート	图 建物
切手を集める	コートを着ている	高い建物

211 Unit 6	210 Unit 6	209 Unit 6
图 娘	形 日常の	動 ～を続ける
2人の娘	日常生活	旅を続ける

214 Unit 6	213 Unit 6	212 Unit 6
動 ～を寄付する	動 頼る	副 もちろん，確かに
お金を寄付する	あなたに頼る	彼は確実に来るだろう。

教科書ぴったりトレーニング 英語3年 東京書籍版 付録 ⑨裏

215 Unit 6
encourage

encourage my friend

216 Unit 6
exception

make no exceptions

217 Unit 6
exchange

cultural exchange

218 Unit 6
imagine

imagine my future

219 Unit 6
import

import food

220 Unit 6
ready

get breakfast ready

221 Unit 6
receive

receive a letter

222 Unit 6
relation

human relations

223 Unit 6
sell
sold-sold

sold flowers

224 Unit 6
service

excellent service

225 Unit 6
son

my son

226 Unit 6
surround

surrounded by trees

227 Unit 6
survival

fight for survival

228 Unit 6
trade

fair trade

229 Let's Talk 3
agree

agree with her idea

230 Let's Talk 3
besides

Besides,he is clever.

231 Let's Talk 3
cheap

a cheap camera

232 Let's Talk 3
domestic

domestic trip

233 Let's Talk 3
point

the points of his speech

234 Let's Talk 3
transport

transport goods

235 Stage Activity 3
announce

announce new information

236 Stage Activity 3
colorful

a colorful painting

237 Stage Activity 3
countryside

live in the countryside

238 Stage Activity 3
negative

negative feelings

217 Unit 6	216 Unit 6	215 Unit 6
名 交流，やり取り	名 例外	動 〜を勇気づける
文化交流	例外は認めない	友達を勇気づける

220 Unit 6	219 Unit 6	218 Unit 6
形 用意ができて	動 〜を輸入する	動 〜を想像する
朝食の用意をする	食べ物を輸入する	将来のことを想像する

223 Unit 6	222 Unit 6	221 Unit 6
動 〜を売る	名 関係	動 〜を受け取る
お花を売った	人間関係	手紙を受け取る

226 Unit 6	225 Unit 6	224 Unit 6
動 〜を囲む	名 息子	名 サービス
木々に取り囲まれた	私の息子	すばらしいサービス

229 Let's Talk 3	228 Unit 6	227 Unit 6
動 賛成する	名 貿易	名 生き残ること
彼女の考えに賛成する	フェアトレード	生き残るために戦う

232 Let's Talk 3	231 Let's Talk 3	230 Let's Talk 3
形 国内の	形 安い	副 そのうえ，さらに
国内旅行	安いカメラ	そのうえ彼は賢い。

235 Stage Activity 3	234 Let's Talk 3	233 Let's Talk 3
動 〜を発表する	動 〜を輸送する	名 特徴，論点，ポイント
新情報を発売する	品物を輸送する	彼のスピーチの要点

238 Stage Activity 3	237 Stage Activity 3	236 Stage Activity 3
形 よくない，否定的な	名 いなか	形 色彩に富んだ
負の感情	いなかに住む	カラフルな絵

239 Stage Activity 3

side

one side of the road

240 Stage Activity 3

uniform

wear a uniform

241 Stage Activity 3

wear

wore-worn
wear a blue shirt

242 Let's Read 2

amount

a large amount of money

243 Let's Read 2

battery

change batteries

244 Let's Read 2

charge

charge my PC

245 Let's Read 2

cut

cut-cut
cut an apple in two

246 Let's Read 2

dangerous

a dangerous area

247 Let's Read 2

electricity

use electricity

248 Let's Read 2

energy

clean energy

249 Let's Read 2

ground

sit on the ground

250 Let's Read 2

health

in good health

251 Let's Read 2

heat

the city heat

252 Let's Read 2

invent

invent the computer

253 Let's Read 2

inventor

the greatest inventor

254 Let's Read 2

lamp

buy a lamp

255 Let's Read 2

ocean

the Pacific Ocean

256 Let's Read 2

oil

the price of oil

257 Let's Read 2

quarter

cut into quarters

258 Let's Read 2

rain

a day of heavy rain

259 Let's Read 2

relatively

relatively warm

260 Let's Read 2

release

release my stress

261 Let's Read 2

renewable

renewable energy

262 Let's Read 2

smartphone

use my smartphone

263 Let's Read 2

solve

solve a problem

264 Let's Read 2

sunshine

in the warm sunshine

265 Let's Read 2

wind

the north wind

266 Let's Read 3

animation

an animation film

267 Let's Read 3

attend

attend a school

268 Let's Read 3

beginner

a book for beginners

269 Let's Read 3

cancer

medicine for cancer

270 Let's Read 3

college

go to college

271 Let's Read 3

difference

difference between spring and fall

272 Let's Read 3

else

Anything else?

273 Let's Read 3

employee

company employee

274 Let's Read 3

foolish

a foolish idea

275 Let's Read 3

graduate

graduate from high school

276 Let's Read 3

grow

grew-grown

grew into a man

277 Let's Read 3

inner

an inner pocket

278 Let's Read 3

interest

take an interest in shogi

279 Let's Read 3

limited

a limited time

280 Let's Read 3

loss

memory loss

281 Let's Read 3

lucky

lucky numbers

282 Let's Read 3

magazine

a fashion magazine

283 Let's Read 3

someone

someone at the window

284 Let's Read 3

studio

a photo studio

285 Let's Read 3

successful

a successful musician

286 Let's Read 3

trust

I trust you.

265 Let's Read 2	264 Let's Read 2	263 Let's Read 2
图 風	图 日光	動 ～を解決する
北風	暖かいひなたで	問題を解決する

268 Let's Read 3	267 Let's Read 3	266 Let's Read 3
图 初心者	動 ～に通う	图 アニメーション
初心者向けの本	学校に通う	アニメ映画

271 Let's Read 3	270 Let's Read 3	269 Let's Read 3
图 ちがい	图 大学	图 （病気の） がん
春と秋のちがい	大学に通う	がんの薬

274 Let's Read 3	273 Let's Read 3	272 Let's Read 3
形 愚かな	图 従業員	副 ほかに ［の］
愚かな考え	会社員	ほかに何か？

277 Let's Read 3	276 Let's Read 3	275 Let's Read 3
形 内部の	動 成長する，増加する	動 卒業する
内ポケット	成長して大人になった	高校を卒業する

280 Let's Read 3	279 Let's Read 3	278 Let's Read 3
图 失うこと	形 限られた	图 興味
記憶喪失	限られた時間	将棋に興味を持つ

283 Let's Read 3	282 Let's Read 3	281 Let's Read 3
代 だれか	图 雑誌	形 幸運な
窓際にいるだれか	ファッション誌	ラッキーナンバー

286 Let's Read 3	285 Let's Read 3	284 Let's Read 3
動 ～を信頼する	形 成功した	图 スタジオ
あなたを信頼しています。	成功した音楽家	写真館

目次

教科書ぴったりトレーニング
東京書籍版 英語3年

■ 成績アップのための学習メソッド　▶ 2 ～ 5

■ 学習内容

成績アップのための 学習メソッド

ぴたトレ**1**
要点チェック

教科書の基礎内容についての理解を深め, 基礎学力を定着させます。

- 教科書で扱われている文法事項の解説をしています。
- 新出単語を和訳・英訳ともに掲載しています。
- 重要文をもとにした基礎的な問題を解きます。

問題を解くペース
英語 は問題を解く時間が足りなくなりやすい教科。普段の学習から解く時間を常に意識しよう!

「ナルホド!」で文法を復習
最初に取り組むときは必ず読もう!

Words & Phrases
単語や熟語のチェックをしよう。
ここに載っている単語は必ず押さえよう!

注目!
⚠ミスに注意
テストによく出る!
テストで狙われやすい, ミスしやすい箇所が一目でわかるよ!

学習メソッド

STEP0 学校の授業を受ける

STEP1 ぴたトレ1を解く
ナルホド！も読んで, 基礎をおさらいしよう。

STEP2 解答解説で丸付け
間違えた問題にはチェックをつけて,
何度もやり直そう。

STEP3 別冊mini bookで確認
単語や基本文を
繰り返し読んで覚えよう。

時間のないときは「ナルホド」を読んでから, 「注目!」「ミスに注意!」「テストによく出る!」を確認しよう!これだけで最低限のポイントが抑えられるよ!

STEP4 得点UPポイントを確認
「注目!」「ミスに注意!」「テストによく出る!」を確認してから,
ぴたトレ2に進もう。

リー子

より実践的な内容に取り組みます。
また, 専用アプリを使ってスピーキングの練習をします。

● 教科書の文章を読み, 内容をしっかり把握します。

● スピーキング問題を解いて, 答え合わせをし, 文章と解答を音声アプリに吹き込みます。
  (アプリは「おんトレ」で検索し, インストールしてご利用ください。ご利用に必要なコードはカバーの折り返しにあります)

ヒント

解答に迷ったときは,
問題を解く手助けと
なるヒントを読もう。

読む📖

教科書の本文と,
対応する問題は,
テスト本番でも
よく狙われるよ。

英語の音やアクセント
を聞き分けたり,
発音する基礎
練習問題も一緒
にやってみよう。

アプリマークのある問題は, 付属のアプリを使って,
スピーキングに挑戦!テスト前に取り組むのがおすすめ。

スピーキングアプリの使い方 ▶ Google Play で手に入れよう / 🍎 App Store からダウンロード

❶ アプリマークのある問題を解く。

❷ 答え合わせをする。

❸ アプリの指示に従って, 読解文を1文ずつアプリに吹き込む。

❹ 質問文と, 答え合わせをした解答の音声をアプリに吹き込む。

❺ 音声が適切か判定される。

学習メソッド

STEP1 ぴたトレ2を解く

STEP2 解答・解説を見て答え合わせをする

STEP3 アプリを使って, スピーキング問題を解く

わからない単語や
知らない単語が
あるときはお手本
を聞いてまねして
みよう!

ター坊

成績アップのための 学習メソッド

ぴたトレ3
確認テスト

テストで出題されやすい文法事項，教科書の内容をさらに深める
オリジナルの読解問題を掲載しています。

- 学習した文法や単語の入ったオリジナルの文章を載せています。
  初めて読む文章に対応することで，テスト本番に強くなります。

- 「よく出る」「差がつく」「点UP」で，重要問題が一目でわかります。

**発音問題も
チェック！**

発音・アクセント
問題も掲載！
何度も声に出し
て読んで発音を
意識しよう。

**オリジナル長文に
挑戦！**

ぴたトレ1や2で学習
した文法を基にした
長文が出題されるよ。
初めて見る文章にも
強くなろう。

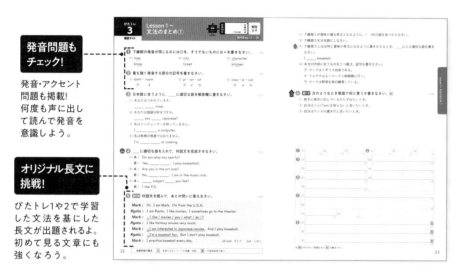

4技能マークに注目！

4技能に対応！
このマークがついている
問題は要チェック！

※「聞く」問題は，巻末のリ
スニングに掲載していま
す。

繰り返し練習しよう！

ポイントとなる問題は繰り
返し練習して，テストでも
解けるようにしよう！

学習メソッド

STEP1 ぴたトレ3を解く
テスト本番3日前になったら時間を計って解いてみよう。

STEP2 解答解説を読む
英作文には採点ポイントが示されているよ。
できなかった部分をもう一度見直そう。

STEP3 定期テスト予想問題を解く
巻末にあるテスト対策問題を解いて最後のおさらいをしよう。

STEP4 出題傾向を読んで，苦手な箇所をおさらいしよう
定期テスト予想問題の解答解説には出題傾向が載っているよ。
テストでねらわれやすい箇所をもう一度チェックしよう。

> ぴたトレ3には
> 「観点別評価」
> も示されてるよ！
> これなら内申点
> も意識できるね！

ピー助

定期テスト直前に解くことを意識した, 全5回の実力テスト問題です。

● 長文問題を解くことを通して, 解答にかかる時間のペースを意識しましょう。

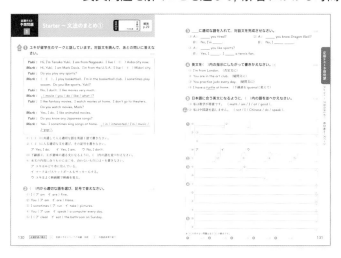

観点別評価

本書では,

「言語や文化についての知識・技能」
「外国語表現の能力」

の2つの観点を取り上げ, 成績に結び付く
ようにしています。

リスニング

文法ごとにその学年で扱われやすい
リスニング問題を掲載しています。
どこでも聞けるアプリに対応!

● リスニング問題はくりかえし
聞いて, 耳に慣れるようにして
おきましょう。

※一部標準的な問題を出題している箇所
があります(教科書非準拠)。

※リスニングには「ポケットリスニング」の
アプリが必要です。
(使い方は表紙の裏をご確認ください。)

英作文

やや難易度の高い英作文や,
表やグラフなどを見て必要な情報を
英文で説明する問題を掲載しています。

● 学年末や, 入試前の対策に
ぴったりです。

● 難しいと感じる場合は, 解答解説
の 英作力 UP♪ を読んでから挑戦して
みましょう。

〔 ぴたトレが支持される**3**つの理由!! 〕

1
**35年以上続く
超ロングセラー商品**

昭和59年の発刊以降, 教科
書改訂にあわせて教材の質
を高め, 多くの中学生に使用
されてきた実績があります。

2
**教科書会社が制作する
唯一の教科書準拠問題集**

教科書会社の編集部が問題
集を作成しているので, 授業
の進度にあわせた予習・復習
にもぴったり対応しています。

3
**日常学習〜定期テスト
対策まで完全サポート**

部活などで忙しくても効率的
に取り組むことで, テストの点
数はもちろん, 成績・内申点
アップも期待できます。

Unit 0 Three Interesting Facts about Languages

教科書の重要ポイント 「…されます」,「…されています」の文 教科書 pp.4〜5

About 7,000 languages are spoken in the world.
〔約7,000の言語が世界で話されています。〕

〈be動詞＋過去分詞〉は,「…されます, …されています」という受け身の意味を表す。

About 7,000 languages are spoken in the world.
　　　　　　　　　　　　〈be動詞＋過去分詞〉

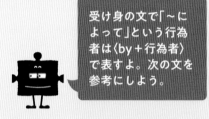

受け身の文で「〜によって」という行為者は〈by＋行為者〉で表すよ。次の文を参考にしよう。

English is spoken by many people. 〔英語は多くの人によって話されています。〕
　　　　　　　　└─〈by＋行為者〉

ナルホド!

Words & Phrases 次の英語は日本語に, 日本語は英語にしなさい。

□(1) increase 　　（　　　　　　）　　□(5) …だと思う, 信じる ＿＿＿＿＿＿＿

□(2) brain 　　　（　　　　　　）　　□(6) speakの過去分詞 ＿＿＿＿＿＿＿

□(3) researcher 　（　　　　　　）　　□(7) 事実, 現実 ＿＿＿＿＿＿＿

□(4) wide 　　　（　　　　　　）

1 日本語に合うように, （　）内から適切なものを選び, 記号を〇で囲みなさい。

□(1) このコンピュータは私の父に使われています。
This computer is （ ア use　イ using　ウ used ） by my father.

□(2) この水族館では多くの魚が見られます。
Many fish are （ ア see　イ saw　ウ seen ） in this aquarium.

テストによく出る!

過去分詞の形
(1)(2)規則動詞の過去分詞は過去形と同じ形。seeのような不規則動詞は1語1語異なる。

□(3) このゲームは多くの子どもたちに愛されています。

This game (ア is　イ was　ウ does) loved by many children.

□(4) これらの皿はメグに洗われました。

These plates (ア are　イ was　ウ were) washed by Meg.

⚠ミスに注意

(3)(4)受け身の文のbe動詞は主語に合わせる。過去の文ではbe動詞を過去形にするよ。

2 絵を見て例にならい，「～は多くの人々に…され（てい）ます」という文を完成させなさい。

例	(1)	(2)
the song / love	Okinawa / visit	English / study

例 **The song is loved by many people.**

□(1) Okinawa ＿＿＿＿＿＿ ＿＿＿＿＿＿ by many people.

□(2) ＿＿＿＿＿ ＿＿＿＿＿ ＿＿＿＿＿ ＿＿＿＿＿

many people.

3 日本語に合うように，（　）内の語句を並べかえて全文を書きなさい。

□(1) 野球は18人の選手によってプレーされます。

(played / baseball / eighteen players / is / by).

＿＿＿＿＿＿＿＿＿＿＿＿＿＿＿＿＿＿＿＿＿

□(2) この部屋は昨日ケンによってそうじされました。

(by / this room / cleaned / was / Ken) yesterday.

＿＿＿＿＿＿＿＿＿＿＿＿＿＿＿＿＿＿＿＿＿

□(3) この寺は15世紀に建てられました。

(in / built / the 15th century / was / this temple).

＿＿＿＿＿＿＿＿＿＿＿＿＿＿＿＿＿＿＿＿＿

□(4) このイヌはあなたの家族に愛されていますか。

(family / this dog / by / is / loved / your)?

＿＿＿＿＿＿＿＿＿＿＿＿＿＿＿＿＿＿＿＿＿

□(5) イタリアでは何語が話されていますか。

(spoken / what / Italy / in / is / language)?

＿＿＿＿＿＿＿＿＿＿＿＿＿＿＿＿＿＿＿＿＿

注目!

byを使わない受け身

(3)(5)次のような場合には〈by＋行為者〉は省略される。

・行為者が「一般の人」

・行為者が明らか

・行為者がわからない

❶ 正しいものを4つの選択肢の中から選びなさい。

□(1) These dictionaries are (　　) in the English class.

ア use　　イ uses　　ウ using　　エ used

□(2) This car (　　) washed every week.

ア be　　イ am　　ウ is　　エ are

□(3) Was this picture (　　) by Josh?

ア take　　イ took　　ウ taken　　エ taking

> 不規則動詞は原形─過去形─過去分詞をセットで覚えよう。

❷ 日本語に合うように，＿＿＿に入る適切な語を書きなさい。

□(1) 私の母はさまざまな料理を作ります。

My mother makes a ＿＿＿＿＿＿＿＿ ＿＿＿＿＿＿＿＿ dishes.

□(2) サッカーは世界で最も人気のあるスポーツだと言われています。

＿＿＿＿＿＿＿＿ is ＿＿＿＿＿＿＿＿ that soccer is the most popular sport in the world.

□(3) この城はいつ建てられたのですか。

When ＿＿＿＿＿＿＿＿ this castle ＿＿＿＿＿＿＿＿?

❸ 日本語に合うように，（　）内の語句を並べかえて全文を書きなさい。

□(1) 京都はたくさんの人々によって訪れられます。

(visited / a lot of / Kyoto / people / is / by).

_____

□(2) そのコンサートはこのホールでは開かれていません。

(this / at / isn't / hall / held / the concert).

_____

□(3) 何枚かの有名な絵がその美術館で見られます。

(pictures / seen / in / some / the museum / be / famous / can).

_____

❹ 書く✐ 次のようなとき英語でどのように言うか，（　）内の語数で答えなさい。

□(1) 相手の国では英語が使われているかどうかをたずねるとき。(6語)

_____

□(2) 自分たちの教室は自分たちによってそうじされていると言うとき。(6語)

_____

ヒント　❶(1)「使われている」　(2)「洗われている」
　　　　❸(3)助動詞がつく受け身は〈助動詞＋be動詞＋過去分詞〉で表す。

8

5 読む 次の英文を読んで，あとの問いに答えなさい。

1. How many languages are there?

- ①It is said that about 7,000 different languages are spoken in the world.

- About 80 percent of them are used (②) fewer than 100,000 people.

2. What is the most common first language?

- Chinese is used as a first language (②) the greatest number of people.

- ③English is used by the third greatest number.

□(1) 下線部①の英文の日本語訳を完成させなさい。

約 7,000 の異なる言語が(　　　　　　　　　　　　　　　　　　　　　　　　)。

□(2) (②)に入る適切な語を書きなさい。

②＿＿＿＿＿＿＿＿＿

□(3) 下線部③のnumberのあとに省略されていると考えられる語句を書きなさい。

③＿＿＿＿＿＿＿＿＿

6 読む 次の英文を読んで，あとの問いに答えなさい。

　Our town is one of the most popular sightseeing spots in Japan. ①We have (of / a / variety / wide) interesting things here. For example, temples, shrines, old houses, traditional restaurants and museums. Look at this guide book for the tourists to our town. ②Several languages are used in it. Our town is visited by many people from other countries every year, so we need a guide book like this.

（注） sightseeing　観光

□(1) 下線部①が「ここには多種多様なおもしろいものがあります」という意味になるように，( )内の語を並べかえなさい。

＿＿＿＿＿＿＿＿＿＿＿＿＿＿＿＿＿＿＿＿＿＿＿＿＿＿＿＿

□(2) 下線部②のようになっている理由を日本語で書きなさい。

(　　　　　　　　　　　　　　　　　　　　　　　　　　　　　　　　)

Unit 1 Sports for Everyone (Scene 1)

教科書の重要ポイント 「…したことがある」という経験を表す文 教科書pp.7〜9

I have seen wheelchair tennis once. 〔私は車いすテニスを一度見たことがあります。〕

「…したことがある」と経験を表すには，〈have[has]＋過去分詞〉を使う。〈have[has]＋過去分詞〉の形を現在完了形といい，「…したことがある」を表すのはその経験用法。

過去の文	現在完了形の文
I <u>saw</u> wheelchair tennis last year.	I <u>have seen</u> wheelchair tennis once.
過去形	〈have＋過去分詞〉
〔私は去年車いすテニスを見ました。〕	
過去の一時点での出来事	過去から現在までの経験

Josh has seen wheelchair tennis many times.

〔ジョシュは車いすテニスを何度も見たことがあります。〕

Asami has never seen wheelchair tennis.

〔朝美は車いすテニスを一度も見たことがありません。〕

主語が三人称単数のときは〈has＋過去分詞〉を使い，「一度も…したことがない」は〈have[has] never＋過去分詞〉で表す。

Josh <u>has seen</u> wheelchair tennis many times.
　　　〈has＋過去分詞〉

Asami <u>has never seen</u> wheelchair tennis.
　　　〈has never＋過去分詞〉

Words & Phrases 次の英語は日本語に，日本語は英語にしなさい。

☐(1) title 　　(　　　　　　)　　☐(4) 当てはまる 　　＿＿＿＿＿＿

☐(2) triathlon 　(　　　　　　)　　☐(5) 上に，上記に[の] 　＿＿＿＿＿＿

☐(3) somewhere 　(　　　　　　)　　☐(6) 下に，下記に[の] 　＿＿＿＿＿＿

1 日本語に合うように，( )内から適切なものを選び，記号を〇で囲みなさい。

☐(1) 私は3回アメリカを訪れたことがあります。

　I (ア am　イ have　ウ was) visited America three times.

□(2) エマは数度スキーをしたことがあります。

Emma (ア is　イ have　ウ has) skied a few times.

□(3) 私はその黒いイヌを何度も見かけたことがあります。

I have (ア see　イ saw　ウ seen) that black dog many times.

□(4) ボブは一度もその映画を見たことがありません。

Bob has (ア never　　イ once　　ウ before) watched the movie.

⚠ミスに注意

(4)neverは「一度も…したことがない」という強い否定の意味で, have[has] の直後におく。

Unit1

2 絵を見て 例 にならい,「…は1度〜したことがあります。」という意味の文を完成させなさい。

例　visit　　(1)　watch　　(2)　skate

テストによく出る!

現在完了形（経験）
現在までの経験を表すには〈have[has]＋過去分詞〉を使う。

例　**I have visited the restaurant once.**

□(1) I _____ _____ the drama once.

□(2) He _____ _____ _____.

3 日本語に合うように,（　）内の語句を並べかえて全文を書きなさい。

□(1) アヤは2度その山にのぼったことがあります。

(the mountain / climbed / Aya / twice / has).

_____

□(2) 私は以前に彼と話したことがあります。

(talked / I / with / before / him / have).

_____

注目!

before
(2)経験を表す現在完了形では, onceやthree timesのような回数の表現のほか, before もよく使われる。

□(3) 彼らは3度北海道に旅行に行ったことがあります。

(traveled to / three times / Hokkaido / have / they).

_____

□(4) 彼女は一度も日本語を勉強したことがありません。

(never / has / Japanese / she / studied).

_____

Unit 1 Sports for Everyone（Scene 2）

教科書の重要ポイント　「…したことがありますか」と経験をたずねる文　教科書 pp.10〜11

Have you ever seen the Paralympic Games?

〔あなたはこれまでにパラリンピックを見たことがありますか。〕

— **Yes, I have.** 〔はい, あります。〕

[No, I have not.　I have never seen them.]

〔いいえ, ありません。私は一度も見たことがありません。〕

> 経験をたずねる現在完了形の疑問文は〈Have[Has]＋主語（＋ever）＋過去分詞〜?〉で表す。
>
> 肯定文　I have seen the Paralympic Games once.　〔私はパラリンピックを一度見たことがあります。〕
>
> haveを主語の前に出す。
>
> 疑問文　Have you ever seen the Paralympic Games?
>
> 「これまでに」
>
> 答え方　— Yes, I have. [No, I have not.　I have never seen them.]
>
> haveを使って答える
>
> 「…に行ったことがある」という経験は〈have[has] + been to …〉で表すよ。
>
> I have been to Yokohama once.
>
> 〔私は横浜に一度行ったことがあります。〕
>
> ナルホド!

Words & Phrases　次の英語は日本語に, 日本語は英語にしなさい。

☐(1) athlete 　（　　　　　　　　）　　☐(4) インターネット _____

☐(2) match 　（　　　　　　　　）　　☐(5) beの過去分詞 _____

☐(3) on TV 　（　　　　　　　　）

1 日本語に合うように,（　）内から適切なものを選び, 記号を〇で囲みなさい。

☐(1) あなたはこれまでにパンダを見たことがありますか。

（ ア Did　イ Have　ウ were ）you ever seen a panda?

□(2) はい，あります。((1)に答えて。)

Yes, I (ア did　イ have　ウ was).

□(3) ケンはこれまでにおどってみたことがありますか。

(ア Has　イ Did　ウ Was) Ken ever tried dancing?

□(4) いいえ，ありません。((3)に答えて。)

No, he (ア has　イ did　ウ was) not.

テストによく出る!

現在完了形の疑問文
have[has]を主語の前に
出し，答えの文もhave
[has]を使う。

2 絵を見て例にならい，「～はこれまでに…したことがあり
ますか」とたずねる文と，その答えの文を書きなさい。

例	(1)	(2)
you / visit India	you / play the piano	he / try cooking

例 **Have you ever visited India? — Yes, I have.**

□(1) ＿＿＿＿＿＿＿ you ever ＿＿＿＿＿＿＿ the piano?

— No, I ＿＿＿＿＿＿ ＿＿＿＿＿＿ .

□(2) ＿＿＿＿＿＿＿ he ＿＿＿＿＿＿＿＿＿＿ cooking?

— Yes, ＿＿＿＿＿＿ ＿＿＿＿＿＿ .

注目!

ever

(2)ever「これまでに」は
現在完了形では，主
語の直後におく。

3 日本語に合うように，（　）内の語句を並べかえて全文を書
きなさい。

□(1) あなたはこれまでにその作家について聞いたことがありますか。

(heard / have / the / you / of / writer / ever)?

＿＿＿＿＿＿＿＿＿＿＿＿＿＿＿＿＿＿＿＿＿＿＿

□(2) あなたのお兄さんはこれまでにあの本屋で働いたことがありますか。

(at / the bookstore / ever / your brother / has / worked)?

＿＿＿＿＿＿＿＿＿＿＿＿＿＿＿＿＿＿＿＿＿＿＿

□(3) あなたはこれまでに長崎に行ったことがありますか。

(you / to / have / ever / Nagasaki / been)?

＿＿＿＿＿＿＿＿＿＿＿＿＿＿＿＿＿＿＿＿＿＿＿

□(4) 私は一度九州に行ったことがあります。

(have / to / once / been / Kyushu / I).

＿＿＿＿＿＿＿＿＿＿＿＿＿＿＿＿＿＿＿＿＿＿＿

⚠ミスに注意

(3)「…に行ったことがあ
る」と言うときは，go
は使わず，be動詞の
過去分詞のbeenを
使った現在完了形の
have[has] been to
の形で表す。

ぴたトレ
1
要点チェック

Unit 1 Sports for Everyone
(Read and Think 1)

時間
15分

解答
p.2

〈新出語・熟語 別冊p.7〉

| 教科書の重要ポイント | 「…を～にする」を表す文 | 教科書 pp.12〜13 |

Playing sports makes me happy.

〔スポーツをすることは私を幸せにします。〕

〈make＋(代)名詞＋形容詞〉で「…((代)名詞)を～(形容詞)の状態にする」という意味を表す。

Playing sports makes me happy.

make　代名詞　形容詞

〈make＋(代)名詞＋形容詞〉はSVOCの文で，O(me)＝C(happy)の関係が成り立っているよ。SVOCの文は〈call＋(代)名詞＋名詞〉の形を2年生で学んだね。思い出しておこう。

| SVOCの文 | Playing sports makes me happy. |

　　　　　　　　　S　　　　　V　　　O　C(形容詞)

| SVOCの文 | Meg calls me Asami. 〔メグは私を朝美と呼びます。〕 |

　　　　　　　　　S　　V　　O　C(名詞)　me＝Asami

| Words & Phrases | 次の英語は日本語に，日本語は英語にしなさい。 |

☐(1) championship　　(　　　　　　　　)　　　☐(5) スピード, 速度　　＿＿＿＿＿＿＿＿

☐(2) positive　　　　(　　　　　　　　)　　　☐(6) 勝者, 受賞者　　＿＿＿＿＿＿＿＿

☐(3) uncomfortable　(　　　　　　　　)　　　☐(7) 驚くべき　　　　＿＿＿＿＿＿＿＿

☐(4) well-known　　 (　　　　　　　　)

1 日本語に合うように，（　）内から適切なものを選び，記号を○で囲みなさい。

☐(1) テニスの試合を見ることは私をわくわくさせます。

Watching a tennis match (ア make　イ makes　ウ making)
me excited.

□(2) スピーチコンテストは私を緊張させました。

The speech contest （ ア make　イ makes　ウ made ） me nervous.

□(3) そのプレゼントは彼を驚かせました。

The present made （ ア he　イ his　ウ him ） surprised.

□(4) この音楽は私たちを眠くさせます。

This music makes （ ア we　イ us　ウ ours ） sleepy.

⚠ミスに注意

(3)(4)〈make＋(代)名詞＋形容詞〉の文の代名詞は「…を」の形。

2 絵を見て 例 にならい，「…は私を～にしました」という文を書きなさい。

例	(1)	(2)
swimming / strong	chocolate / happy	the movie /sad

例 **Swimming made me strong.**

□(1) Chocolate _____ me _____ .

□(2) The movie _____ _____ _____ .

テストによく出る！

「…を～にする」の文
makeが「…を～にする」という意味を表すときは，〈make＋(代)名詞＋形容詞〉の語順。

3 日本語に合うように，（　）内の語句を並べかえて全文を書きなさい。

□(1) ラグビーを練習することはデイビッドを疲れさせました。

(tired / rugby / made / practicing / David).

_____

□(2) 私たちは台所をきれいにするつもりです。

(clean / will / we / the kitchen / make).

_____

□(3) このコンピュータはあなたの仕事をもっと簡単にするでしょう。

(easier / make / will / your work / this computer).

_____

□(4) 彼女は2度世界選手権を獲得したことがあります。

(the / twice / has / championship / world / she / won).

_____

注目！

「形容詞」には比較級が入ることもある

(3)〈make＋(代)名詞＋形容詞〉の形容詞を比較級にすることで，「…を～よりにする」という意味を表すことができる。

Unit 1 Sports for Everyone (Read and Think 2)

教科書の重要ポイント　「(人)に(〜ということ)を…する」を表す文　教科書 pp.14〜15

Athletes show us that anything is possible.

〔アスリートたちはどんなことも可能だと私たちに示してくれます。〕

that節を目的語とするSVOOの文で「(人)に(〜ということ)を…する」という意味を表す。

SVOOの文　Athletes show us great performances.　〔アスリートたちはすばらしいプレーを私たちに見せてくれます。〕
　　　　　 S　　　　 V　　 O(人)　　O 名詞(もの)

「〜を」を表す目的語には名詞だけでなく，that節が使われることもある

SVOOの文　Athletes show us that anything is possible.
　　　　　 S　　　　 V　 O(人) O that節(〜ということ)

SVOO(that節)の文でよく使われる動詞はshow「…だと見せる[示す]」，tell「…だと話す」，teach「…だと教える」などだよ。

＼ナルホド！／

Words & Phrases　次の英語は日本語に，日本語は英語にしなさい。

□(1) functional　(　　　　　　)　　□(6) …を設立する　＿＿＿＿＿＿

□(2) ordinary　(　　　　　　)　　□(7) …を満足させる　＿＿＿＿＿＿

□(3) possible　(　　　　　　)　　□(8) …を支援する　＿＿＿＿＿＿

□(4) sporty　(　　　　　　)　　□(9) 意見，考え　＿＿＿＿＿＿

□(5) stylish　(　　　　　　)　　□(10) 使用[利用]者　＿＿＿＿＿＿

1 日本語に合うように，(　)内から適切なものを選び，記号を○で囲みなさい。

□(1) この写真は私たちにクジラはジャンプすることを示します。

This photo shows us (ア or　 イ but　 ウ that) whales jump.

□(2) ボブはよく私に日本食はとてもおいしいと話します。

Bob often (ア tells　イ talks　ウ says) me that Japanese food is delicious.

☐(3) 私は彼女にこの記号は病院を意味するのだと教えました。

I taught (ア she イ her ウ hers) that this symbol means a hospital.

☐(4) 私は彼らにこの本を読むべきだと話しました。

I told (ア they イ their ウ them) that they should read this book.

⚠️ミスに注意

(3)(4) SVOO（that節）の文では，動詞のあとの代名詞は「…を［に］」の形。

2 絵を見て例にならい，「彼は私に…をしたと話しました」という文を書きなさい。

例 eat at the restaurant　(1) play tennis　(2) study math

例 **He told me that he ate at the restaurant.**

☐(1) He ＿＿＿＿＿＿＿ me ＿＿＿＿＿＿＿ he played tennis.

☐(2) He ＿＿＿＿＿＿＿ ＿＿＿＿＿＿＿ ＿＿＿＿＿＿＿

he ＿＿＿＿＿＿＿ math.

テストによく出る!

SVOO（that節）の文
「（人）に（～ということ）を…する」というSVOO（that節）の文では，動詞のあとは〈人（O）＋that節（O）〉の順。

3 日本語に合うように，（　）内の語句を並べかえて全文を書きなさい。

☐(1) ジョシュは私にその映画はおもしろかったと話しました。

(that / was / Josh / the movie / told / interesting / me).

＿＿＿＿＿＿＿＿＿＿＿＿＿＿＿＿＿＿＿＿＿＿＿＿＿

☐(2) この記事はAIは私たちの生活を変えるかもしれないと私たちに示しています。

(may / change / us / that / this article / shows / our lives / AI).

＿＿＿＿＿＿＿＿＿＿＿＿＿＿＿＿＿＿＿＿＿＿＿＿＿

☐(3) 私は彼にほかの人の役に立つべきだと教えました。

(taught / others / he / I / should / help / him / that).

＿＿＿＿＿＿＿＿＿＿＿＿＿＿＿＿＿＿＿＿＿＿＿＿＿

☐(4) 彼は人々を幸せにするためにこの歌を書きました。

(to / wrote / he / happy / this song / people / make).

＿＿＿＿＿＿＿＿＿＿＿＿＿＿＿＿＿＿＿＿＿＿＿＿＿

注目!

SVOO（that節）でよく使われる動詞
(1)(3) show, tell, teach などが使われるが，tellやteachの過去形は不規則に変化する。

Let's Write 1 有名人への手紙

| 教科書の重要ポイント | ファンレターの書き方 | 教科書p.17 |

手紙は次のように文章の形が決まっている。

1 日付

2 はじめのあいさつ

Dear Charlie,　〔親愛なるチャーリー〕

3 自己紹介 （Introduction）

My name is Jun. I live in Tokyo. I'm a big fan of yours.

〔私の名前はジュンです。私は東京に住んでいます。私はあなたの大ファンです。〕

4 本文 （Body）

・感想

I love your songs. I often see your performance videos on the internet.

〔私はあなたの歌が大好きです。私はよくインターネットであなたの演奏の映像を見ます。〕

・好きな理由

Your songs always make me happy.

〔あなたの歌はいつも私を幸せにしてくれます。〕

> Iが主語の文ばかりだと単調になるから，ものを主語にした文もまぜるといいね。

・質問

I have a question. When did you start playing the guitar?

〔質問があります。いつギターをひきはじめたのですか。〕

5 最後のメッセージ （Conclusion）

I hope to see your concert in Japan someday.

〔いつかあなたのコンサートを日本で見たいと望んでいます。〕

6 終わりのあいさつ

All the best,

〔万事うまくいきますように〕

7 名前

| Words & Phrases | 次の英語は日本語に，日本語は英語にしなさい。 |

☐(1) audience　　（　　　　　　　）　　☐(5) 地平線, 水平線　＿＿＿＿＿＿＿＿

☐(2) challenge　　（　　　　　　　）　　☐(6) 明るい　　　　＿＿＿＿＿＿＿＿

☐(3) awesome　　（　　　　　　　）　　☐(7) 希望を持っている　＿＿＿＿＿＿＿＿

☐(4) super　　　（　　　　　　　）

1 次のようなとき，ファンレターでどのように言いますか。下から選び（　）に記号を書きなさい。

☐(1) 自分が相手のファンだと言うとき。　　　　　　　　（　　）

☐(2) 相手の演奏がすばらしかったことを伝えるとき。　　（　　）

☐(3) 相手に質問があることを伝えるとき。　　　　　　　（　　）

☐(4) 手紙の最後で相手に万事うまくいくことを願うとき。（　　）

☐(5) 相手からの返信を願うとき。　　　　　　　　　　　（　　）

　　ア I have a question.

　　イ Your performance was awesome.

　　ウ Please write me back.

　　エ I'm a fan of yours.

　　オ All the best,

2 次のメモは，ユキがある歌手にあてて書こうとしているファンレターの内容をまとめたものです。メモを見て，ユキになったつもりで，英文の＿＿＿に適切な語を書きなさい。

自己紹介	15歳，横浜在住，大ファン
感想	3年前の横浜でのショーを見て，歌をとても楽しんだ 今では毎日歌を聞いている
質問	次回の来日予定 まもなく横浜で再会できることを望んでいる

　　　　　　　　　　　　　　　　　　　　　　　　May 5

Dear Ellen,

　My name is Yuki. I'm fifteen years old. I

☐(1)＿＿＿＿＿＿＿ in Yokohama, Japan. I am a big

☐(2)＿＿＿＿＿＿ of ☐(3)＿＿＿＿＿＿.

　I enjoyed your songs very much ☐(4)＿＿＿＿＿＿ I saw

your show in Yokohama three years ago. Now I

☐(5)＿＿＿＿＿＿ to your songs every day.

　I ☐(6)＿＿＿＿＿ a question. ☐(7)＿＿＿＿＿ are

you going to come to Japan next time? I ☐(8)＿＿＿＿＿

I will see you again soon in Yokohama!

　　　　　　　　　　　　　　　　　　All the best,

　　　　　　　　　　　　　　　　　　Kato Yuki

19

Unit 1 ～ Let's Write 1

❶ **正しいものを4つの選択肢の中から選びなさい。**

☐(1) Have you ever (   ) her before?

ア see　　イ saw　　ウ seen　　エ seeing

☐(2) This dish (   ) the chef famous.

ア got　　イ made　　ウ became　　エ looked

☐(3) I (   ) Sydney once.

ア visit　　イ am visiting　　ウ am visited　　エ have visited

「…したことがある」と経験を表すには現在完了形を使うんだったね。

❷ **日本語に合うように，＿＿＿＿に入る適切な語を書きなさい。**

☐(1) 私はこの地図をインターネットで見つけました。

I found this map ＿＿＿＿＿＿＿＿ the ＿＿＿＿＿＿＿.

☐(2) ボブはその演奏家の演奏に驚きました。

Bob ＿＿＿＿＿＿＿ ＿＿＿＿＿＿＿ at the musician's performance.

☐(3) 彼らは私の計画に満足しませんでした。

They were not ＿＿＿＿＿＿＿ ＿＿＿＿＿＿＿ my plan.

❸ **日本語に合うように，（　）内の語句を並べかえて全文を書きなさい。**

☐(1) 私の父はその電車に何度も乗ったことがあります。

(taken / has / times / that train / my father / many).

＿＿＿＿＿＿＿＿＿＿＿＿＿＿＿＿＿＿＿＿＿＿＿＿＿＿＿＿＿＿

☐(2) 試合に勝つことはいつも私をわくわくさせます。

(always / excited / winning / makes / a match / me).

＿＿＿＿＿＿＿＿＿＿＿＿＿＿＿＿＿＿＿＿＿＿＿＿＿＿＿＿＿＿

☐(3) エマは私にデパートは混んでいたと話しました。

(that / was / me / Emma / crowded / the department store / told).

＿＿＿＿＿＿＿＿＿＿＿＿＿＿＿＿＿＿＿＿＿＿＿＿＿＿＿＿＿＿

❹ 書く✐ **次の日本語を英語にしなさい。**

☐(1) 私は一度もギターをひいたことがありません。

＿＿＿＿＿＿＿＿＿＿＿＿＿＿＿＿＿＿＿＿＿＿＿＿＿＿＿＿＿＿

☐(2) あなたはこれまでに広島に行ったことがありますか。

＿＿＿＿＿＿＿＿＿＿＿＿＿＿＿＿＿＿＿＿＿＿＿＿＿＿＿＿＿＿

ヒント　❶(1)Haveではじまっているので，現在完了形の疑問文だとわかる。
　　　　❹(1)「一度も～ない」はneverを使って表す。

20

●現在完了形の経験の表現が使いこなせるかどうかが問われるでしょう。
⇒現在完了形の基本形〈have[has]＋過去分詞〉を確認しておきましょう。
●〈make＋(代)名詞＋形容詞〉の用法が問われるでしょう。
⇒SVOCの文の語順に注意しましょう。

5 読む 次の英文を読んで，あとの問いに答えなさい。

Wheelchair tennis is an exciting Paralympic sport. Japan has some really famous players.

One example is Kunieda Shingo. He has ①(win) many world championships. I watched some videos of his matches. ②I was amazed at his power and speed. However, Mr. Kunieda says, "Sometimes people say playing tennis in a wheelchair is amazing. ③(uncomfortable / makes / it / me). We're playing tennis just like other people."

□(1) 下線部①の(　)内の語を適切な形にしなさい。

①＿＿＿＿＿＿＿＿＿

□(2) 下線部②の英文の日本語訳を完成させなさい。

私は(　　　　　　　　　　　　　　　　　　　　　　　　　)。

□(3) 下線部③が「それは私を心地よくなくさせます。」という意味になるように，(　)内の語を並べかえて全文を書きなさい。

_____

6 話す 次の文を声に出して読み，問題に答え，答えを声に出して読んでみましょう。 アプリ

In Japan, it is difficult to find halal food. So Muslims in Japan don't eat halal food? Yes, they do. Halal marks help us. If a food product has a halal mark on it, I know it is a halal food. I'm happy to see food products with halal marks are increasing in Japan.

(注)　halal food　ハラール食品(イスラム教徒が食べることを許されている食べ物)

Muslim　イスラム教徒　　mark　印，マーク　　increase　増える

□(1) Do Muslims in Japan eat halal food?

— ＿＿＿＿＿＿＿＿＿＿＿＿＿＿＿＿＿

□(2) What helps Muslims when they want halal food?

— ＿＿＿＿＿＿＿＿＿＿＿＿＿＿＿＿＿

ヒント　5 (1)(　)の前にhasがあることに注目。現在完了形の文にする。(3)makeを使ったSVOCの語順となる。

❶ 下線部の発音が同じものには〇を，そうでないものには×を，解答欄に書きなさい。 9点

(1) t<u>i</u>tle
br<u>igh</u>t

(2) s<u>u</u>pport
s<u>u</u>per

(3) m<u>a</u>tch
<u>a</u>thlete

❷ 最も強く発音する部分の記号を解答欄に書きなさい。 9点

(1) in - ter - net
　 ア　イ　ウ

(2) o - pin - ion
　 ア　イ　ウ

(3) chal - lenge
　　 ア　　イ

❸ （　）内の指示に従って，英文を書きなさい。 15点

(1) I have seen the festival once. (「一度も…したことがない」という意味の文に)

(2) Bob has visited this stadium a few times. (「これまでに…したことがありますか」とたずねる文に)

差がつく (3) I'm happy when I play video games. (playing video games を主語にしてほぼ同じ意味の文に)

❹ 日本語に合うように，（　）内の語句を並べかえて全文を書きなさい。 15点

よく出る (1) ブラウン先生はこれまでに5つの国に行ったことがあります。

(countries / Ms. Brown / five / has / to / been).

(2) そのリストはイタリアには多くの世界遺産があることを私たちに示しています。

(many / that / shows / World Heritage sites / the list / has / Italy / us).

(3) 私は何度かメグとテニスをしたことがあります。

(with / several / played / times / tennis / I've / Meg).

❺ 読む📖 次のKenのスピーチの英文を読んで，あとの問いに答えなさい。 28点

①Have you ever seen a rugby match?　I saw it in 2019 for the first time. Rugby World Cup was held in Japan in 2019.　I saw some matches (　②　) TV then.　③(made / they / excited / very / me).　Also I was surprised to know that the Japan team was strong.　The team showed us that Japanese people can play rugby well.　I've never played rugby but I'm going to join the rugby team in high school.

(注) high school　高校

(1) 下線部①を日本語にしなさい。

成績評価の観点　知…言語や文化についての知識・技能　表…外国語表現の能力

(2)（ ② ）に入る最も適切なものを1つ選び，記号を書きなさい。

　　ア in　　イ at　　ウ on

(3) 下線部③が「それらは私をとてもわくわくさせました。」という意味になるように，（ ）内の語を正しく並べかえて，全文を書きなさい。

(4) 次の問いに英語で答えなさい。

　　① Has Ken ever seen a rugby match?

　　② What is Ken going to do in high school?

点UP ❻ **書く✏** 次のようなとき英語でどのように言うか，（ ）内の指示にしたがって書きなさい。

24点

(1) 自分が以前に車いすテニスをしてみたことがあるという経験を伝えるとき。（5語で）

(2) 相手になぜそんなに悲しんでいたのかとたずねるとき。（madeを使って5語で）

(3) イギリスに行ったことがあるかと相手にたずねるとき。（7語で）

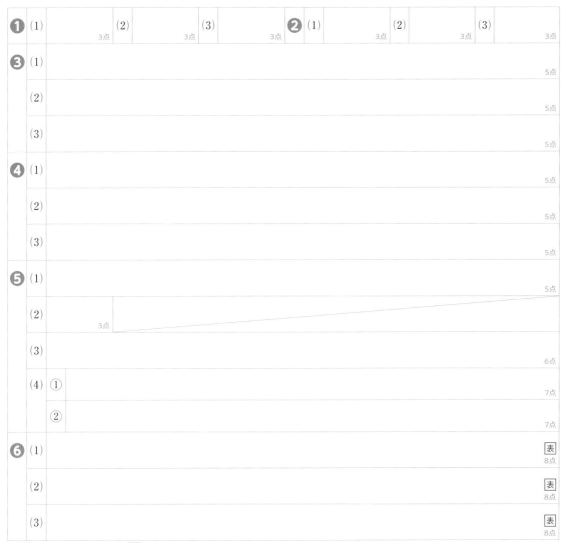

❶ (1)　3点　(2)　3点　(3)　3点　❷ (1)　3点　(2)　3点　(3)　3点

❸ (1)　5点

(2)　5点

(3)　5点

❹ (1)　5点

(2)　5点

(3)　5点

❺ (1)　5点

(2)　3点

(3)　6点

(4) ①　7点

　　②　7点

❻ (1)　表 8点

(2)　表 8点

(3)　表 8点

▶ 表 の印がない問題は全て 知 の観点です。

23

Unit 2 Haiku in English (Scene 1)

教科書の重要ポイント 「…したところだ」という完了を表す文　教科書 pp.19〜21

I have just finished my homework. 〔私はちょうど宿題を終えたところです。〕
Have you finished your homework yet? 〔あなたはもう宿題を終えましたか。〕
—Yes, I have.　I have already finished it. 〔はい。私はすでにそれを終えました。〕

「…したところだ，…してしまった」という過去から現在までの動作の完了を表すときにも，〈have[has]＋過去分詞〉の現在完了形を使う。これを現在完了形の完了用法という。

　　　　　　　　　　┌「ちょうど」　┌過去分詞
肯定文　I have just finished my homework.
　　　　　　└have を主語の前に出す

疑問文　Have you finished your homework yet?
　　　　　　　　　過去分詞　　　　　　　　「もう」

答え方　— Yes, I have.　I have already finished it.
　　　　　have を使って答える┘　　　　　「すでに」

肯定文ではjust「ちょうど」，already「すでに」，疑問文ではyet「もう」，否定文ではyet「まだ」を使うよ。

\ナルホド!/

Words & Phrases 次の英語は日本語に，日本語は英語にしなさい。

☐(1) sleep 　　　（　　　　　　　）　　☐(3) readの過去分詞　＿＿＿＿＿＿＿

☐(2) already 　（　　　　　　　）　　☐(4) [疑問文で]もう，すでに　＿＿＿＿＿＿＿

1 日本語に合うように，（　）内から適切なものを選び，記号を〇で囲みなさい。

☐(1) 私はもう部屋をそうじしました。
　　I have already (ア clean　イ cleaned　ウ cleaning) my room.

□(2) ジョシュはちょうどその新聞を読んだところです。

Josh has just (ア read　イ reads　ウ reading) the newspaper.

□(3) 私たちはすでにそのホラー映画を見ました。

We have (ア already　イ yet　ウ just) seen the horror movie.

□(4) 私はまだダイアンに電話していません。

I have not called Diane (ア already　イ yet　ウ before).

注目!

alreadyとjustの使い分け

「すでに…してしまった」という場合はalready,「ちょうど…したところだ」という場合はjustを使う。

2 絵を見て例にならい,「…はすでに～してしまいました」という意味の文を完成させなさい。

例 wash　(1) cook　(2) finish

例 **I have already washed the dishes.**

□(1) We ＿＿＿＿＿＿ already ＿＿＿＿＿＿ curry.

□(2) He ＿＿＿＿＿＿ ＿＿＿＿＿＿ ＿＿＿＿＿＿ his work.

テストによく出る!

現在完了形(完了)

過去から現在までの動作の完了を表すときも〈have[has]＋過去分詞〉を使う。

3 日本語に合うように,（　）内の語句を並べかえて全文を書きなさい。

□(1) 私たちはちょうど京都に着いたところです。

(arrived / have / in / we / Kyoto / just).

＿＿＿＿＿＿＿＿＿＿＿＿＿＿＿＿＿＿＿＿

□(2) あなたはもうその箱を開けましたか。

(you / opened / yet / the box / have)?

＿＿＿＿＿＿＿＿＿＿＿＿＿＿＿＿＿＿＿＿

□(3) ボブはまだ昼食を食べていません。

(lunch / eaten / Bob / yet / has / not).

＿＿＿＿＿＿＿＿＿＿＿＿＿＿＿＿＿＿＿＿

□(4) 私はその遊園地を訪れるのを待ちきれません。

(wait / visit / I / the amusement park / can't / to).

＿＿＿＿＿＿＿＿＿＿＿＿＿＿＿＿＿＿＿＿

⚠ミスに注意

(2)(3)yetは疑問文では「もう,すでに」,否定文では「まだ」と意味が変わるんだ。

Unit 2 Haiku in English（Scene 2）

教科書の重要ポイント 「ずっと…している」という状態の継続を表す文 教科書 pp.22～23

I have lived in Japan for five years. 〔私は5年間ずっと日本に住んでいます。〕

「ずっと…している」と，過去から現在まである状態が継続していることを表すときにも，〈have[has]＋過去分詞〉の現在完了形を使う。これを現在完了形の継続用法という。

I have lived in Japan for five years.
〈have＋過去分詞〉 〈for＋期間を表す語句〉

継続用法の現在完了形では次のような，「状態」を表す動詞がよく使われる。

live　住んでいる	have　持っている，飼っている
know　知っている	like　好きである
want　ほしいと思っている	be　…である，…にいる

〝ナルホド！〟

How long have you lived in Japan? 〔あなたはどのくらい長く日本に住んでいますか。〕
— For five years. 〔5年間です。〕

継続用法の現在完了形の疑問文は「どのくらい長く…していますか」と，期間をたずねるときに使われることが多い。

「どのくらいの間」

How long have you lived in Japan?
現在完了形の疑問文〈have[has]＋主語＋過去分詞〉

— For five years.
〈for＋期間を表す語句〉

— Since 2018. 〔2018年からです。〕

How long …? には for「…の間」のほか，since「…（して）以来」を使って答えることができる。sinceのあとは，「過去の一時点」を表す語句または文がくるよ。

〝ナルホド！〟

Words & Phrases 次の英語は日本語に，日本語は英語にしなさい。

☐(1) poet　　（　　　　　　　）　　☐(3) 像, 肖像, 印象　＿＿＿＿＿＿

☐(2) curious　（　　　　　　　）　　☐(4) …（して）以来　＿＿＿＿＿＿

1 日本語に合うように，（　）内から適切なものを選び，記号を○で囲みなさい。

☐(1) 私は大阪に3年間住んでいます。
I have （ ア live　イ living　ウ lived ）in Osaka for three years.

☐(2) 私はアヤと10歳のころから知り合いです。

I've (ア know　イ knew　ウ known) Aya since I was ten.

☐(3) あなたはどのくらい長くそのイヌを飼っていますか。

How (ア many　イ old　ウ long) have you had the dog?

☐(4) 6年間です。((3) に答えて。)

(ア For　イ Since　ウ From) six years.

注目!

How long ...?

(3)「期間」をたずねるときは，How longで始まる疑問文とする。

2 絵を見て例にならい，「—は…の間[…以来]ずっと～しています」という意味の文を完成させなさい。

例 **I have liked music since I was a child.**

☐(1) We ＿＿＿＿＿＿＿ ＿＿＿＿＿＿＿ each other ＿＿＿＿＿＿＿ 2015.

☐(2) It ＿＿＿＿＿＿＿ ＿＿＿＿＿＿＿ rainy ＿＿＿＿＿＿＿ a week.

テストによく出る!

現在完了形(継続)

過去から現在まである状態が続いていることを表すときも〈have[has]＋過去分詞〉を使う。

3 日本語に合うように，（　）内の語句を並べかえて全文を書きなさい。

☐(1) ブラウンさんは3日間長野に滞在しています。

(in / Mr. Brown / three days / stayed / for / has / Nagano).

☐(2) メグはどのくらい長く図書館にいるのですか。

(in / long / has / how / been / the library / Meg)?

☐(3) 私は去年からそのコンサートを見たいと思っていました。

(see / since / the concert / wanted / have / last year / to / I).

☐(4) この長い物語は私を退屈させました。

(bored / this / story / long / me / made).

⚠ミスに注意

(2)beは「…である，…にいる」という状態を表すので，継続用法の現在完了形の文でよく使われるよ。過去分詞がbeenとなることに注意！

ぴたトレ 1
要点チェック

Unit 2 Haiku in English (Read and Think 1)

時間 **15分**

解答 p.6

〈新出語・熟語 別冊p.8〉

教科書の重要ポイント 「ずっと…している」という動作の継続を表す文 〔教科書 pp.24〜25〕

I have been reading a book since 10 a.m. 〔私は午前10時からずっと本を読んでいます。〕

「ずっと…している」と，過去から現在まである動作が続いていることを表すときには，〈have[has] been＋…ing〉の現在完了進行形を使う。

現在進行形 I am reading a book now. 〔私は今，本を読んでいます。〕

〈be動詞＋…ing〉

「今…している」

「ずっと…している」

現在完了進行形 I have been reading a book since 10 a.m.

〈have been＋…ing〉　　　　　動作の始まった時点

継続用法の現在完了形と同様に，現在完了進行形でもfor「…の間」，since「…以来」がよく使われるんだ。

ナルホド!

Words & Phrases 次の英語は日本語に，日本語は英語にしなさい。

☐(1) include （　　　　　）　　☐(4) リズム，調子　_____

☐(2) poem （　　　　　）　　☐(5) writeの過去分詞　_____

☐(3) seasonal （　　　　　）

1 日本語に合うように，（ ）内から適切なものを選び，記号を〇で囲みなさい。

☐(1) 私は3時間ずっとテレビを見ています。

I have (ア be　イ am　ウ been) watching TV for three hours.

□(2) エマは午前10時からずっとピアノを練習しています。

Emma (ア is イ has ウ have) been practicing the piano since 10 a.m.

□(3) 私たちは2時間ずっと歩いています。

We have been (ア walk イ walking ウ walked) for two hours.

□(4) 私は正午からずっと数学を勉強しています。

I've been studying math (ア since イ for ウ after) noon.

注目!

よく使われる語句
現在完了進行形では,「期間」を表すfor ...と「動作の始まった時点」を表すsince ...がよく使われる。

2 絵を見て例にならい,「―は…の間[…以来]ずっと～しています」という意味の文を完成させなさい。

例	(1)	(2)
play tennis	run	cook

例 **I have been playing tennis for two hours.**

□(1) They _____ _____ _____ for thirty minutes.

□(2) She _____ _____ _____

_____ 4 p.m.

テストによく出る!

現在完了進行形
過去から現在まである動作が続いていることは,〈have[has] been＋...ing〉で表す。

3 日本語に合うように,（　）内の語句を並べかえて全文を書きなさい。

□(1) あなたは今朝からずっと宿題をしています。

(doing / since / been / your homework / this morning / you've).

_____

□(2) 私は1時間ずっと音楽を聞いています。

(to / I've / an hour / listening / for / been / music).

_____

□(3) 2日間ずっと雪が降っています。

(has / been / days / it / for / snowing / two).

_____

□(4) 私は2018年からそのバンドのファンです。

(of / have / since / I / been / the band / 2018 / a fan).

_____

⚠ミスに注意

(1)(2)I have は I've, you have は you've のように短縮形でも使われることに注意!

Unit 2

29

ぴたトレ
1
要点チェック

Unit 2 Haiku in English
(Read and Think 2)

時間 **15分**

解答 p.6

〈新出語・熟語 別冊p.8〉

教科書の重要ポイント 現在完了形と現在完了進行形（復習） 教科書 pp.26〜27

People outside Japan have been writing their own haiku for many years. 〔日本の外の人々は何年もずっと彼ら自身の俳句を書いています。〕

現在完了進行形は〈have[has] been＋...ing〉の形で、「ずっと…している」と、過去から現在まである動作が続いていることを表す。

現在進行形 People outside Japan are writing their own haiku now.
〈be動詞＋...ing〉「今…している」 〔日本の外の人々は彼ら自身の俳句を今書いています。〕

現在完了進行形 People outside Japan have been writing their own haiku for many years.
〈have been＋...ing〉「ずっと…している」

継続用法の現在完了形も「ずっと…している」を意味するけれど、使われる動詞は「状態」を表すものだよ。

〈have＋過去分詞〉 live「住んでいる」という「状態」
現在完了形 I have lived in Osaka for seven years. 〔私は大阪に7年間住んでいます。〕

〈have been＋...ing〉 write「書く」という「動作」
現在完了進行形 People outside Japan have been writing their own haiku for many years.

ナルホド！

Words & Phrases 次の英語は日本語に、日本語は英語にしなさい。

□(1) website （　　　）
□(2) strict （　　　）
□(3) actually （　　　）
□(4) quite （　　　）
□(5) 大衆的な ＿＿＿＿＿
□(6) もっと少なく ＿＿＿＿＿
□(7) becomeの過去分詞 ＿＿＿＿＿

1 日本語に合うように、（　）内から適切なものを選び、記号を○で囲みなさい。
□(1) デイビッドは午後1時からずっと寝ています。
David has been （ ア sleep　イ sleeping　ウ sleeps ） since 1 p.m.

30

□(2) 私は1時間ずっとギターをひいています。

　　I've (ア been　イ was　ウ am) playing the guitar for an hour.

□(3) 彼らは5時間ずっと働いています。

　　They (ア are　イ has　ウ have) been working for five hours.

□(4) メグは午前9時からずっと母親と話しています。

　　Meg has (ア be　イ been　ウ is) talking with her mother since 9 a.m.

注目!

現在完了進行形の
過去分詞

現在完了進行形では主
語によってhaveかhas
を使い分けるが，その
あとの過去分詞は必ず
beenを使う。

2 絵を見て 例 にならい，「～は今朝からずっと…しています」
という意味の文を完成させなさい。

例 | play a video game | (1) swim | (2) make a cake

　　例 **I have been playing a video game since this morning.**

□(1) My brother ＿＿＿＿＿＿ ＿＿＿＿＿＿ ＿＿＿＿＿＿
　　since this morning.

□(2) We ＿＿＿＿＿＿ ＿＿＿＿＿＿ ＿＿＿＿＿＿ a cake
　　＿＿＿＿＿＿ this morning.

⚠ミスに注意

動詞の…ing形は，動詞
の最後の文字を重ねた
り，最後のeをとってか
らingをつけるものもあ
るね！

3 日本語に合うように，（　）内の語句を並べかえて全文を書
きなさい。

□(1) 私は正午からずっとコンピュータを使っています。

　　(the computer / been / I've / using / noon / since).

　　＿＿＿＿＿＿＿＿＿＿＿＿＿＿＿＿＿＿＿＿＿＿＿＿＿

□(2) 彼は2時間ずっとスキーをしています。

　　(has / skiing / hours / two / for / been / he).

　　＿＿＿＿＿＿＿＿＿＿＿＿＿＿＿＿＿＿＿＿＿＿＿＿＿

□(3) 私はとてもおなかがすいていたのでハンバーガーを3つ食べました。

　　(hungry / three hamburgers / so / ate / was / I / I / that).

□(4) 私たちはすでに私たちの仕事を終えました。

　　(finished / we / our / work / have / already).

　　＿＿＿＿＿＿＿＿＿＿＿＿＿＿＿＿＿＿＿＿＿＿＿＿＿

テストによく出る!

so … that ～

(3)so … that ～で「とて
も…なので～だ」を表
す。…には形容詞・
副詞が入る。

Let's Talk 1 はじめての出会い
―歓迎する―

教科書の重要ポイント　初対面の相手に歓迎の気持ちを伝える　教科書p.29

①Welcome to ...は「…へようこそ」と歓迎する代表的な表現。

歓迎の言葉　Welcome to our school.　〔私たちの学校へようこそ。〕
　　　　　　　　　　└── 迎えている場所

歓迎への応答　Thank you.　〔ありがとう。〕

②We've been looking forward to ...で「…をずっと楽しみにしています」と相手の来訪などを心待ちにしていたという気持ちを伝えることができる。

We've been looking forward to your class.　〔私たちはあなたの授業をずっと楽しみにしています。〕
　　　　　　　　　　　　　　　└── 楽しみにしているもの

> 現在完了進行形を使っていることに注目！
> 「以前から今までずっと楽しみにしている」という意味になるよ。

③初対面の相手と話すときの表現には次のようなものがある。

・歓迎する

We're happy to have you here.　〔ここにお迎えできてうれしいです。〕

I hope you enjoy your vacation in Japan.　〔あなたが日本での休暇を楽しむことを望みます。〕

Make yourself at home.　〔どうぞ楽にしてください。〕

・質問する

Are you visiting, or do you live here?　〔ご旅行中ですか，それともこちらにお住まいですか。〕

Is this your first time visiting Kyoto?　〔京都を訪れるのははじめてですか。〕

Have you been to Osaka before?　〔以前，大阪に行ったことはありますか。〕

\ナルホド/

Words & Phrases　次の英語は日本語に，日本語は英語にしなさい。

☐(1) goodbye　　　（　　　　　　　　）　☐(2) we haveの短縮形　＿＿＿＿＿＿

1 次のようなとき，どのように言いますか。右ページの選択肢から選び（　）に記号を書きなさい。

☐(1) 相手に遠慮なく質問してくれるようにと伝えるとき。　　（　　）

☐(2) 相手にすもうを見るのは初めてかとたずねるとき。　　（　　）

☐(3) 相手に楽にしてくれるようにと伝えるとき。　　（　　）

□(4) 相手に，以前札幌の雪まつりに行ったことがあるかをたずねるとき。

(　)

□(5) 相手をここに迎えられてうれしいと伝えるとき。　　(　)

ア　We're happy to have you here.

イ　Feel free to ask questions.

ウ　Have you been to Sapporo Yuki-matsuri before?

エ　Is this your first time watching *sumo*?

オ　Make yourself at home.

注目！

初対面の相手への質問

「…するのは初めてか」

「以前に…に行った[し

た]ことがあるか」という

内容の質問がされること

が多い。

Let's Talk 1

2 絵を見て例にならい，「…へようこそ」という意味の文を完成させなさい。

例	(1)	(2)
my home	the party	Tokyo

例　**Welcome to my home.**

□(1) _____ _____ the party.

□(2) _____ _____ _____.

テストによく出る！

歓迎の決まった表現

Welcome to … は「…へ

ようこそ」という意味の

決まった表現。toのあ

とは場所のほか，the

party「パーティー」のよ

うな催し，this club「こ

のクラブ」のような組織

なども続く。

3 日本語に合うように，（　）内の語を並べかえて全文を書きなさい。

□(1) 遠慮なくこれらの本を読んでください。

(these / to / feel / books / free / read).

_____

□(2) 私はあなたに会うことをずっと楽しみにしていました。

(looking / you / forward / seeing / been / I've / to).

_____

□(3) 私はあなたがこの伝統的な祭りを楽しむことを望みます。

(enjoy / I / festival / this / you / hope / traditional).

_____

□(4) そばを食べてみるのははじめてですか。

(this / *soba* / time / your / trying / first / is)?

_____

⚠ミスに注意

(2)look forward to …

「…を楽しみに待つ」

のtoのあとに動詞を

続けるときは，動詞

を…ingの形にする！

33

| 教科書の 重要ポイント | 現在完了形と現在完了進行形 | 教科書 pp.30〜31 |

①〈have[has]＋過去分詞〉は現在完了形で，経験・完了・継続の3つの意味を表す。

経験：「…したことがある」

経験を表す文 I have visited the museum three times.

〔私はその博物館を3度訪れたことがあります。〕

「これまでに」

疑問文 Have you ever visited the museum?

〔あなたはこれまでにその博物館を訪れたことがありますか。〕

have[has]を主語の前に

答え方 —Yes, I have. / No, I have not. 〔はい，あります。／いいえ，ありません。〕

否定文 I have never visited the museum.

「一度も…ない」　〔私はその博物館を一度も訪れたことがありません。〕

完了：「…したところだ，…してしまった」

完了を表す文 She has just finished her breakfast. 〔彼女はちょうど朝食を終えたところです。〕

「ちょうど，たった今」

疑問文 Has she finished her breakfast yet? 〔彼女はもう朝食を終えましたか。〕

have[has]を主語の前に　「(疑問文で)もう」

否定文 She has not finished her breakfast yet. 〔彼女はまだ朝食を終えていません。〕

notをhave[has]のあとに置く　「(否定文で)まだ(…しない)」

継続：「ずっと…している」　過去から状態が継続していることを表す。

〈for＋期間〉「…の間」

継続を表す文 He has lived in Nara for two years. 〔彼は奈良に2年間住んでいます。〕

期間をたずねる文 How long has he lived in Nara? 〔彼はどのくらい長く奈良に住んでいますか。〕

期間をたずねる疑問詞　have[has]を主語の前に

答え方 —Since 2019. 〔2019年からです。〕

〈since＋過去の時〉「…以来」

> 現在完了形も現在完了進行形も，「過去の状態・動作が現在にもつながっている」ことを表すんだ！

②〈have[has] been＋…ing〉は現在完了進行形で，「ずっと…している」と過去から動作が継続していることを表す。

現在完了進行形の文 Meg has been watching TV for two hours.

〔メグは2時間ずっとテレビを見ています。〕

ナルホド!

1 日本語に合うように，＿＿＿に適切な語を書きなさい。

☐(1) 彼はちょうど東京に到着したところです。

　　He ＿＿＿＿＿＿＿ ＿＿＿＿＿＿＿ ＿＿＿＿＿＿＿ at Tokyo.

☐(2) 私は昨年からずっとイヌがほしいと思っています。

　　＿＿＿＿＿＿＿ ＿＿＿＿＿＿＿ a dog ＿＿＿＿＿＿＿ last year.

☐(3) 彼らは1時間ずっと泳いでいます。

　　They ＿＿＿＿＿＿＿ ＿＿＿＿＿＿＿ ＿＿＿＿＿＿＿ for an hour.

☐(4) 私たちは一度もその部屋を使ったことがありません。

　　We ＿＿＿＿＿＿＿ ＿＿＿＿＿＿＿ ＿＿＿＿＿＿＿ the room.

⚠ミスに注意

(1)完了の意味を表す現在完了形で使われるjustやalreadyは，have[has]と過去分詞の間に置く！

2 （　）内の指示に従って，英文を書きかえなさい。

☐(1) I have already read the newspaper.　（「まだ…していない」という文に）

　　＿＿＿＿＿＿＿＿＿＿＿＿＿＿＿＿＿＿＿＿＿＿＿＿

☐(2) My father went to London last month.　（「一度行ったことがある」という文に）

　　＿＿＿＿＿＿＿＿＿＿＿＿＿＿＿＿＿＿＿＿＿＿＿＿

☐(3) Ken has known Emma <u>for four years</u>.　（下線部をたずねる疑問文に）

　　＿＿＿＿＿＿＿＿＿＿＿＿＿＿＿＿＿＿＿＿＿＿＿＿

☐(4) Bob is studying Japanese.　（since this morningを加えて）

注目!

have[has] been to ...

(2)「…に行ったことがある」という経験を表すときには，have[has] been to ...を使う。

3 日本語に合うように，（　）内の語句を並べかえて全文を書きなさい。

☐(1) 彼女はすでに宿題を終えました。

　　(homework / has / she / finished / already / her).

　　＿＿＿＿＿＿＿＿＿＿＿＿＿＿＿＿＿＿＿＿＿＿＿＿

☐(2) あなたはこれまでにその絵を見たことがありますか。

　　(you / seen / the picture / have / ever)?

　　＿＿＿＿＿＿＿＿＿＿＿＿＿＿＿＿＿＿＿＿＿＿＿＿

☐(3) 母は午前10時からずっと手紙を書いています。

　　(has / my mother / 10 a.m. / a letter / writing / been / since).

　　＿＿＿＿＿＿＿＿＿＿＿＿＿＿＿＿＿＿＿＿＿＿＿＿

☐(4) 私は5年間その俳優のファンです。

　　(five years / been / of / I've / for / the actor / a fan).

　　＿＿＿＿＿＿＿＿＿＿＿＿＿＿＿＿＿＿＿＿＿＿＿＿

テストによく出る!

現在完了形の3用法

・「ずっと…している」→ 現在までの状態の継続

・「…したことがある」→ 現在までの経験

・「…したところだ，…してしまった」→ 現在までの動作の完了

① **正しいものを4つの選択肢の中から選びなさい。**

☐(1) Josh (　　) not finished his homework yet.

　　ア does　　イ did　　ウ have　　エ has

☐(2) Aya has (　　) this bike since she was ten.

　　ア have　　イ has　　ウ had　　エ having

☐(3) I have(　　) reading this book for three hours.

　　ア was　　イ been　　ウ am　　エ be

> 現在完了形と現在完了進行形をしっかり区別しよう。

② **日本語に合うように，＿＿＿に入る適切な語を書きなさい。**

☐(1) 私のコンピュータはあなたのとはちがいます。

　　My computer is ＿＿＿＿＿＿＿＿ ＿＿＿＿＿＿＿＿ yours.

☐(2) 私がいつも正しいとは限りません。

　　I'm ＿＿＿＿＿＿＿＿ ＿＿＿＿＿＿＿＿ right.

☐(3) この車は速く走るだけでなく，とてもかっこよく見えます。

　　This car not ＿＿＿＿＿＿＿＿ runs fast, but ＿＿＿＿＿＿＿＿ looks very cool.

③ **日本語に合うように，（　）内の語句を並べかえて全文を書きなさい。**

☐(1) 私はもう自分のくつを洗いました。

　　(my shoes / already / I / washed / have).

_____

☐(2) その歌手は2時間くらいずっと歌っています。

　　(has / about two hours / the singer / singing / been / for).

_____

☐(3) その絵はとても美しいので，だれもがそれを愛します。

　　(so / that / is / it / everyone / loves / the picture / beautiful).

_____

④ 書く✍ **次の日本語を（　）内の語を使って英語にしなさい。**

☐(1) あなたのおじさんはどのくらい長く名古屋に滞在しているのですか。(has)

_____

ヒント　① (3)(　)のあとが…ingなので，現在完了進行形だとわかる。
　　　　③ (3)so … that ～で「とても…なので～だ」を表す。

☐(2) 私の母は1時間ずっと料理をしています。(been)

___

❺ 読む📖 次の英文を読んで，あとの問いに答えなさい。

People outside Japan have been ①(write) their own haiku for many years. ②(English / become / popular / in / haiku / have / quite) because they're short and easy to write. The rules for English haiku are less strict than the Japanese rules. For example, ③a seasonal word is not always necessary. It's not always necessary to count syllables, ④(too, either, both).

☐(1) 下線部①の（ ）内の語を適切な形にしなさい。　　　　　　　　　① _____

☐(2) 下線部②が「英語での俳句はとても人気のあるものになっています」という意味になるように，（ ）内の語を並べかえて書きなさい。

___

☐(3) 下線部③の英文の日本語訳を完成させなさい。
　　季語は（　　　　　　　　　　　　　　　　　　　　　　　　　　　）。

☐(4) 下線部④の（ ）内から正しい語を選びなさい。　　　　　　　　　④ _____

❻ 話す🔊 次の文を声に出して読み，問題に答え，答えを声に出して読んでみましょう。 📱アプリ

In Nara, "Deer Crossings" have been saving deer since 2016. They produce ultrasonic sound when railroads are busy. Deer dislike the sound and keep away from the railroads. Thanks to the crossings, deer are not hit by trains anymore.

（注）　deer　シカ　　crossing　踏切　　save　…を救う
　　　ultrasonic sound　超音波　　railroad　鉄道　　dislike　…が嫌いである
　　　hit　…にぶつかる

☐(1) How have "Deer Crossings" been saving deer?
　　—

☐(2) When deer hear the ultrasonic sound, what do they do?
　　—

___

❶ 下線部の発音が同じものには〇を，そうでないものには×を，解答欄に書きなさい。 9点

(1) sl<u>ee</u>p
<u>ei</u>ther

(2) <u>rhy</u>me
<u>rhy</u>thm

(3) wr<u>i</u>te
wr<u>i</u>tten

❷ 最も強く発音する部分の記号を解答欄に書きなさい。 9点

(1) good - bye
 ア イ

(2) al - read - y
 ア イ ウ

(3) im - age
 ア イ

❸ （ ）内の指示に従って，英文を書きなさい。 15点

(1) Ms. Brown lives in Chiba. （「5年間」という意味をつけ加えて現在完了形の文に）

(2) The game has already ended. （「もう…しましたか」とたずねる文に）

よく出る (3) Ken has liked the soccer player <u>for ten years</u>. （下線部をたずねる疑問文に）

❹ 日本語に合うように，（ ）内の語句を並べかえて全文を書きなさい。 15点

(1) 生徒たちはちょうど教室をそうじしたところです。

（ their / just / have / classroom / the students / cleaned ）.

差がつく (2) 先週の金曜日からずっとくもっています。

（ Friday / it / last / been / since / has / cloudy ）.

(3) その男の子は10時間眠り続けています。

（ has / for / been / hours / ten / sleeping / the boy ）.

❺ 読む▥ 次の対話文を読んで，あとの問いに答えなさい。 28点

Emi : I know you are interested in Japanese festivals. Have you ever seen Sanja-matsuri in Asakusa?

David : No. ①(in / six / Tokyo / for / lived / years / I've), but I've never seen it. ②<u>Have you been to the festival before?</u>

Emi : Yes. I went to see it last year. It was very exciting. I thought everyone in the town joined the festival.

David : Really? I'm going to see it with my father this summer. I've been looking forward to (③) beautiful *mikoshis*.

(1) 下線部①が「私は東京に6年間住んでいます」という意味になるように，（ ）内の語を正しく並べかえて，書きなさい。

(2) 下線部②を日本語にしなさい。

成績評価の観点　[知]…言語や文化についての知識・技能　[表]…外国語表現の能力

(3) （ ③ ）に入る最も適切なものを1つ選び，記号を書きなさい。

　　ア watch　　イ watching　　ウ watches

(4) 次の問いに英語で答えなさい。

　　① What is David interested in?

　　② Has Emi ever seen Sanja-matsuri?

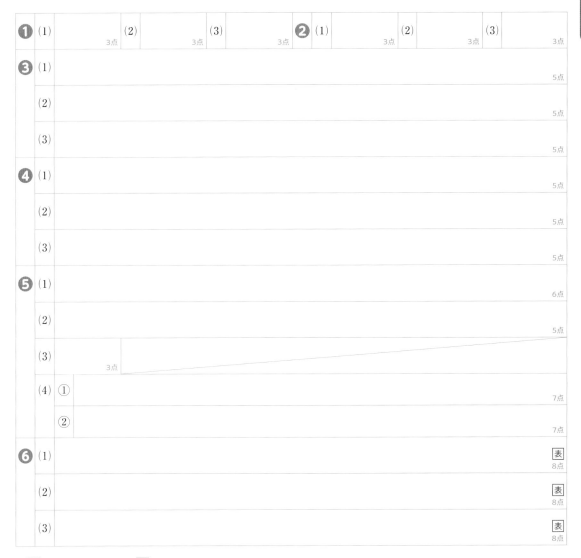

点UP ❻ **書く／** 次のようなとき英語でどのように言うか，（　）内の指示にしたがって書き
なさい。　　　　　　　　　　　　　　　　　　　　　　　　　　　　24点

(1) 自分の宿題はもう終えたと伝えるとき。（5語で）

(2) 相手に自分のイヌをどのくらい長く飼っているのかをたずねるとき。（7語で）

(3) (2)に対して，「5歳のときから」と答えるとき。（6語で）

❶	(1)		(2)		(3)		❷	(1)		(2)		(3)	
		3点		3点		3点			3点		3点		3点

❸ (1)　　　　　　　　　　　　　　　　　　　　　　　　　　5点

　 (2)　　　　　　　　　　　　　　　　　　　　　　　　　　5点

　 (3)　　　　　　　　　　　　　　　　　　　　　　　　　　5点

❹ (1)　　　　　　　　　　　　　　　　　　　　　　　　　　5点

　 (2)　　　　　　　　　　　　　　　　　　　　　　　　　　5点

　 (3)　　　　　　　　　　　　　　　　　　　　　　　　　　5点

❺ (1)　　　　　　　　　　　　　　　　　　　　　　　　　　6点

　 (2)　　　　　　　　　　　　　　　　　　　　　　　　　　5点

　 (3)　　3点　　　　　　　　　　　　　　　　　　　　　　

　 (4) ①　　　　　　　　　　　　　　　　　　　　　　　　7点

　　　 ②　　　　　　　　　　　　　　　　　　　　　　　　7点

❻ (1)　　　　　　　　　　　　　　　　　　　　　　　　　表 8点

　 (2)　　　　　　　　　　　　　　　　　　　　　　　　　表 8点

　 (3)　　　　　　　　　　　　　　　　　　　　　　　　　表 8点

▶ 表 の印がない問題は全て 知 の観点です。

Unit 3 Animals on the Red List (Scene 1)

教科書の重要ポイント 「((人など)が[にとって])~するのは…です」という意味を表す文 教科書 pp.35～37

It is important for us to understand the problem.

〔私たちが問題を理解することが重要です。〕

〈It is … (for＋人など)＋to＋動詞の原形〉で「(人などが[人などにとって])~するのは…です」という意味を表す。

| 不定詞が主語の文 | To understand the problem is important. 〔問題を理解することが重要です。〕

主語を後ろに

| It is … to ～. の文 | It is important to understand the problem.

形式的にItを主語にする 〈to＋動詞の原形〉

不定詞の動作を行う人を示す

| It is … for — to ～. の文 | It is important for us to understand the problem.

形式的にItを主語にする 〈for＋人〉 〈to＋動詞の原形〉

〈for＋人など〉は〈to＋動詞の原形〉(不定詞)の前に置くよ。〈for＋人など〉は不定詞の主語にあたるんだ。

Words & Phrases 次の英語は日本語に, 日本語は英語にしなさい。

☐(1) protect （　　　　　）　　　☐(4) 生き残る ＿＿＿＿＿＿＿＿

☐(2) condition （　　　　　）　　　☐(5) 気候 ＿＿＿＿＿＿＿＿

☐(3) endangered （　　　　　）　　　☐(6) 危険(性) ＿＿＿＿＿＿＿＿

1 日本語に合うように, （　）内から適切なものを選び, 記号を○で囲みなさい。

☐(1) エイジが泳ぐことは難しいです。

（ ア It　イ This　ウ That) is difficult for Eiji to swim.

☐(2) 私にとって写真を撮ることは楽しいです。

It is fun for (ア I　イ my　ウ me) to take pictures.

⚠ミスに注意

(2)forのあとに代名詞がくる場合は、「…を[に]」の形にするよ。

☐ (3) 子どもが外で遊ぶことは大切です。

It is important (ア to　イ for　ウ with) children to play outside.

☐ (4) 彼は英語を勉強する必要があります。

It is necessary for him to (ア study　イ studies　ウ studying) English.

2 絵を見て 例 にならい，「私にとって〜するのは…です」という文を書きなさい。

例　easy / make　(1)　exciting / see　(2)　fun / dance

例 **It is easy for me to make a cake.**

☐ (1) It is exciting ＿＿＿＿＿＿＿ ＿＿＿＿＿＿＿ to see a baseball game.

☐ (2) It is ＿＿＿＿＿＿ for me ＿＿＿＿＿＿ ＿＿＿＿＿＿.

注目!

〈It is … for＋人など＋to＋動詞の原形〉

It は形式的な主語で，「それは」という意味はない。

3 日本語に合うように，（　）内の語句を並べかえて全文を書きなさい。

☐ (1) 私にとって動物を見ることはおもしろいです。

(animals / interesting / it's / me / watch / for / to).

＿＿＿＿＿＿＿＿＿＿＿＿＿＿＿＿＿＿＿＿＿＿＿＿＿＿

☐ (2) 弟が自転車に乗るのは難しくありません。

(for / difficult / not / my brother / a bike / it / to / ride / is).

＿＿＿＿＿＿＿＿＿＿＿＿＿＿＿＿＿＿＿＿＿＿＿＿＿＿

☐ (3) 試験の準備をすることは重要です。

(prepare / to / for / it's / the test / important).

☐ (4) 私たちが動物を助けることは必要ですか。

(to / it / help / necessary / animals / for / is / us)?

＿＿＿＿＿＿＿＿＿＿＿＿＿＿＿＿＿＿＿＿＿＿＿＿＿＿

注目!

「〜するのは…です」

(3)不定詞の動作をする人などを特に示さない場合には，〈for＋人など〉がない。

Unit 3 Animals on the Red List (Scene 2)

教科書の重要ポイント　**「(人など)に…してほしい」という意味を表す文**　教科書 pp.38〜39

I want **everyone** to know this fact.

〔私は全ての人にこの事実を知ってほしいです。〕

〈want＋(人など)＋to＋動詞の原形〉で「(人など)に…してほしい」という意味を表す。

want to ...の文

I want to know this fact.

〔私はこの事実を知りたいです。〕

「知る」のは「私」

want 〜 to ...の文

I want everyone to know this fact.

「知る」のは「全ての人」

〈to＋動詞の原形〉の直前にくる〈人〉がto以下の動作を行う

I want everyone to know this fact.

　　　　〈人〉　　　　〈to＋動詞の原形〉

「私はあなたに…してほしい」はI want you to ...と言うけれど，目上の人には使わないように！

ナルホド!

Words & Phrases　次の英語を日本語にしなさい。

☐(1) cheetah　　　　（　　　　　　　　　）

1 日本語に合うように，（　）内から適切なものを選び，記号を〇で囲みなさい。

☐(1) 私は彼にこの本を読んでほしいと思っています。

　　I want (ア he　イ his　ウ him) to read this book.

☐(2) メグはジョシュに手伝ってほしいと思っています。

　　Meg wants Josh (ア help　イ helps　ウ to help) her.

□(3) 彼はあなたにピアノをひいてほしいと思っています。

He (ア want　イ wants　ウ wants to) you to play the piano.

□(4) 私は彼らにパーティーを楽しんでほしいと思いました。

I wanted (ア they　イ their　ウ them) to enjoy the party.

⚠ミスに注意

(1)(4)〈want＋（人など）＋
to＋動詞の原形〉で
〈人など〉を表す語が
代名詞のときは、
「…を［に］」の形を使
うよ。

2 絵を見て例にならい，「私は～に…してほしいです」という文を書きなさい。

| 例 | (1) | (2) |
| make | close | join |

例　I want Ken to make dinner.

□(1) I ＿＿＿＿＿＿ Keiko ＿＿＿＿＿＿ close the door.

□(2) I ＿＿＿＿＿＿ Emi ＿＿＿＿＿＿ ＿＿＿＿＿＿ my team.

テストによく出る!

〈want＋（人など）＋to
＋動詞の原形〉

〈want＋（人など）＋to
＋動詞の原形〉で「（人な
ど）に…してほしい」とい
う意味を表す。

3 日本語に合うように，（　）内の語句を並べかえて全文を書きなさい。

□(1) 私は彼にテニスの選手になってほしいと思います。

(to / I / a tennis player / him / be / want).

_____

□(2) 私は兄に私の宿題を手伝ってほしかったです。

(wanted / to / with / my homework / my brother / I / help / me).

_____

□(3) マイクはお姉さんに自分のコンピュータを使ってほしくありません。

(his sister / his computer / want / use / to / doesn't / Mike).

_____

□(4) あのレストランで昼食を食べませんか。

(that restaurant / at / lunch / don't / eat / why / we)?

_____

注目!

Why don't we ...?

(4)Why don't we ...?は
「（いっしょに）…しま
せんか」と提案すると
きに使う。

Unit 3

ぴたトレ
1
要点チェック

Unit 3 Animals on the Red List (Read and Think 1)

時間 **15**分

解答 p.10

〈新出語・熟語 別冊p.9〉

教科書の
重要ポイント 「(人など)に…させる」「(人など)が…するのを助ける」という文 教科書 pp.40～41

Let us give you one example.

〔一例をあげさせてください。〕

People helped *toki* live safely.

〔人々はトキが安全に生きる手助けをしました。〕

〈let ＋（人など）＋ 動詞の原形〉で「（人など）に…させる」，〈help ＋（人など）＋動詞の原形〉
で「（人など）が…するのを助ける」を表す。

| let ... 動詞の原形 | Let us give you one example. |

「させる」〈動詞の原形〉

| help ... 動詞の原形 | People helped *toki* live safely. |

「助ける」 〈動詞の原形〉

動詞の原形の動作をする
のはletやhelpのあとに
くる人やものだよ。

ナルホド!

Words & Phrases 次の英語は日本語に，日本語は英語にしなさい。

□(1) destroy 　　（　　　　　　　）　　□(6) 死ぬ 　　＿＿＿＿＿＿

□(2) environment （　　　　　　　）　　□(7) 飛ぶ 　　＿＿＿＿＿＿

□(3) era 　　　（　　　　　　　）　　□(8) 人口 　　＿＿＿＿＿＿

□(4) government （　　　　　　　）　　□(9) 安全に 　＿＿＿＿＿＿

□(5) rapidly 　（　　　　　　　）　　□(10) …まで（ずっと）＿＿＿＿＿＿

1 日本語に合うように，（　）内から適切なものを選び，記号
を〇で囲みなさい。

□(1) 私にこのコンピュータを使わせてください。

Let me （ ア to use 　イ use 　ウ using ）this computer.

□(2) エミはダイアンが日本語の新聞を読むのを助けました。

Emi helped Diane (ア read　イ reads　ウ reading) the Japanese newspaper.

□(3) 私たちに体育館でバスケットボールをさせてください。

Let (ア we　イ our　ウ us) play basketball in the gym.

□(4) 私の母は私がケーキを作るのを助けてくれました。

My mother helped me (ア make　イ makes　ウ made) a cake.

⚠ミスに注意

(3)(4)〈let[help] ＋（人など）＋動詞の原形〉の（人など）に代名詞がくるときは，「…を[に]」の形になる。

2 絵を見て例にならい，「私は〜が…するのを助けました」という文を書きなさい。

例	(1)	(2)
he / carry	she / choose	they / buy

例 **I helped him carry the bags.**

□(1) I ＿＿＿＿＿＿ ＿＿＿＿＿＿ choose a hat.

□(2) I ＿＿＿＿＿＿ ＿＿＿＿＿＿ ＿＿＿＿＿＿ the tickets.

テストによく出る!

〈help ＋（人など）＋動詞の原形〉

「（人など）が…するのを助ける」を表すときは，〈help ＋（人など）＋動詞の原形〉の語順。

3 日本語に合うように，（　）内の語句を並べかえて全文を書きなさい。

□(1) 私にあなたの写真を撮らせてください。

(take / a picture / you / let / me / of).

_____

□(2) 彼女は私が皿を洗うのを手伝ってくれました。

(the dishes / helped / wash / she / me).

_____

□(3) 彼にとって自転車に乗ることは難しかったです。

(him / it / to / was / ride / difficult / a bike / for).

_____

□(4) ブラウンさんは1時間ずっと絵をかいています。

(a picture / drawing / for / Ms. Brown / been / an hour / has).

_____

注目!

〈It is … (for＋人など)＋to＋動詞の原形〉

(3)「（人などが[人などにとって]）〜するのは…でした」と過去の文にするにはisをwasにかえる。

Unit 3

Unit 3 Animals on the Red List (Read and Think 2)

教科書の重要ポイント 〈to＋動詞の原形〉とtoのない動詞の原形（復習） 教科書pp.42〜43

It is important for us to take action now. 〔私たちにとって今行動することが重要です。〕

「（人などが［人などにとって]）〜するのは…です」というときは，〈It is …（for＋人など）＋ to＋動詞の原形〉で表す。

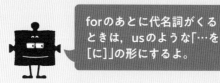

形式的な主語┘ 〈for＋人〉 〈to＋動詞の原形〉

forのあとに代名詞がくるときは，usのような「…を[に]」の形にするよ。

ナルホド！

Let's help the animals survive. 〔動物たちが生き残ることを助けましょう。〕

〈help ＋（人など）＋動詞の原形〉で「（人など）が…するのを助ける」を表す。

「助ける」 〈動詞の原形〉

toがつかない動詞の原形が使われているよ。

ナルホド！

Words & Phrases 次の英語は日本語に，日本語は英語にしなさい。

☐(1) relate （ 　　　　　 ）　　☐(6) …に影響を与える ＿＿＿＿＿＿

☐(2) ecosystem （ 　　　　　 ）　　☐(7) 装置 ＿＿＿＿＿＿

☐(3) human being （ 　　　　 ）　　☐(8) 金属 ＿＿＿＿＿＿

☐(4) electronic （ 　　　　 ）　　☐(9) （生物学上の）種 ＿＿＿＿＿＿

☐(5) surprisingly （ 　　　　 ）

1 日本語に合うように，（ ）内から適切なものを選び，記号を〇で囲みなさい。

☐(1) 私はときどき父が車を洗うのを手伝います。

I sometimes help my father （ ア wash イ washes ウ washing ） his car.

□(2) 私にとってコンピュータを使うことはおもしろいです。

It is interesting for me (ア use　イ using　ウ to use) a computer.

□(3) 私たちにとってお金を節約することは必要です。

It is necessary for (ア we　イ our　ウ us) to save money.

□(4) ボブは私が英語でメールを書くのを助けてくれました。

Bob helped (ア I　イ mine　ウ me) write an e-mail in English.

⚠ミスに注意

(1)(2)動詞の原形の前に toをつける文と, つけない文の形を しっかり覚えよう！

2 絵を見て例にならい,「—が…するのは〜でした」という意味の文を完成させなさい。

例 easy / I / catch　(1) difficult / she / make　(2) fun / he / travel

例 **It was easy for me to catch a fish.**

□(1) It was difficult ＿＿＿＿＿＿ ＿＿＿＿＿＿ to make a cake.

□(2) It was ＿＿＿＿＿＿ for ＿＿＿＿＿＿ ＿＿＿＿＿＿ travel abroad.

テストによく出る!

〈It is ... for＋人など ＋to＋動詞の原形〉

〈It is ... for＋人など＋ to＋動詞の原形〉の語順 で「—が…するのは〜で す」を表すことができる。 主語はItなので過去の文 ではbe動詞をwasにす る。

Unit 3

3 日本語に合うように,（　）内の語句を並べかえて全文を書きなさい。

□(1) 彼らにとってサッカーをすることはわくわくします。

(them / soccer / exciting / to / for / play / it's).

＿＿＿＿＿＿＿＿＿＿＿＿＿＿＿＿＿＿＿＿＿＿＿

□(2) 私の弟は私が私たちの部屋をそうじするのを手伝いません。

(our room / help / my brother / clean / doesn't / me).

＿＿＿＿＿＿＿＿＿＿＿＿＿＿＿＿＿＿＿＿＿＿＿

□(3) 将来，人工知能が学校で教えるかもしれません。

(the future / may / school / AI / in / teach / at).

＿＿＿＿＿＿＿＿＿＿＿＿＿＿＿＿＿＿＿＿＿＿＿

□(4) 私たちはこの部屋にとどまらなければなりませんか。

(this room / to / in / stay / we / do / have)?

注目!

may

(3)mayには「…してもよ い」という許可の意味 のほか，「…かもしれ ない」という推量の意 味もある。

Let's Write 2 記事への意見

教科書の重要ポイント 投稿文の書き方 教科書p.45

身近な社会的問題の記事についての投稿文のまとめ方

1 記事を読む

記事のテーマをつかむ(例:プログラミング(programming)を小学生(elementary school student)が学ぶことは必要か)→自分の意見を考えながら読む

2 自分の意見(賛成か反対か)を決め,その理由を書き出しておく

・ほかにも学ばなければならない教科が多くある。

・プログラミングは小学生には難しい。

・コンピュータを持っていない生徒は,家で学習できない。

> 理由は複数あげると説得力が増すよ。重要だと思う順にあげていくといいね。

3 「意見→理由・具体例→まとめ」の流れで投稿文をまとめる

意見

I don't think it's necessary for elementary school students to learn programming.
〔私は小学生にとってプログラミングを学ぶことが必要だとは思いません。〕

I have three reasons. 〔3つ理由があります。〕

理由・具体例

First, they have many other subjects to learn.
〔第一に,彼らにはほかにも学ばなければならない教科が多くあります。〕

Second, programming is difficult for elementary school students.
〔第二に,プログラミングは小学生には難しいです。〕

Third, if a student doesn't have a computer, the student can't study programming at home.
〔第三に,もし生徒がコンピュータを持っていなければ,その生徒は家でプログラミングを勉強できません。〕

まとめ

Elementary school students are busy. I don't think they have enough time to learn programming.

〔小学生は忙しいです。私は彼らにプログラミングを勉強するための十分な時間があるとは思いません。〕

\ナルホド!/

Words & Phrases 次の英語は日本語に,日本語は英語にしなさい。

☐(1) text   (   )   ☐(5) …を禁止する   _____

☐(2) accident   (   )   ☐(6) 運転する   _____

☐(3) effective   (   )   ☐(7) 決定, 結論   _____

☐(4) illegal   (   )   ☐(8) 法律, 法   _____

1 日本語に合うように，＿＿＿＿に適切な語を書きなさい。

□(1) 彼らはおもしろい計画に取り組んでいます。

They are ＿＿＿＿＿＿＿ ＿＿＿＿＿＿＿ an interesting plan.

□(2) 私は私たちは環境を守るべきだと思います。

＿＿＿＿＿＿＿ ＿＿＿＿＿＿＿ we should protect the

environment.

□(3) 本を読むことは大切ですが，マンガ本についてはどう思いますか。

Reading books is important, but ＿＿＿＿＿＿＿

＿＿＿＿＿＿＿ reading comic books?

□(4) 私たちは自分自身の決定をすることができます。

We can ＿＿＿＿＿＿＿ our own decisions.

注目！
I think ….
(2)I think ….「私は…だと思う」，I don't think ….「私は…だと思わない」は自分の意見を表明するときによく使う表現。

2 「スマートフォンがあるのでコンピュータは必要ないと考える人が多い」という記事を読んだケイが，それについての投稿文を書きました。次のメモは投稿文の内容をまとめたものです。メモを見て，投稿文の英文の＿＿＿に適切な語を書きなさい。

意見	コンピュータは必要
理由	①スマホの画面は小さいのでインターネットの記事を読むのに時間がかかる ②仕事ではコンピュータを使っていろいろなものを作成する
まとめ	さまざまな場合でコンピュータのほうがスマホより便利 コンピュータは必要

注目！
投稿文の書き方
「意見→理由・具体例→まとめ」の流れでまとめる。ふだんから社会的な問題に関心をもって，ニュースなどを見ておくとよい。

I □(1)＿＿＿＿＿＿＿ we need computers. I have two

□(2)＿＿＿＿＿＿＿.

□(3)＿＿＿＿＿＿＿, the screen of a smartphone is small.

So we often need a lot of time to read an article

□(4)＿＿＿＿＿＿＿ the internet.

□(5)＿＿＿＿＿＿＿, people use computers

□(6)＿＿＿＿＿＿＿ they make something for work. For

example, my father uses a computer to write reports, and

make graphs and maps.

In various cases, computers are □(7)＿＿＿＿＿＿＿ useful

than smartphones. We need computers.

(注) screen 画面　smartphone スマートフォン

report レポート

教科書の
重要ポイント ｜ **不定詞**

教科書p.46

① 〈want＋（人など）＋to＋動詞の原形〉で「（人など）に…してほしい」，〈tell＋（人など）＋to＋動詞の原形〉で「（人など）に…するように言う」という意味を表す。

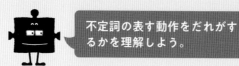

不定詞の表す動作をだれがするかを理解しよう。

目的語　　　　to不定詞　　　youとto不定詞の間に〈主語と動詞〉の関係

| want ～ to …の文 | I want you to open the window. | 〔私はあなたに窓を開けてほしいです。〕
　　　　　　　望む　あなたが　　窓を開けることを

usとto不定詞の間に〈主語と動詞〉の関係

| tell ～ to …の文 | Mr. Toda told us to read the book. | 〔戸田先生は私たちにその本を読むようにと言いました。〕
　　　　　　言った　私たちが　その本を読むことを

② 〈let ＋（人など）＋ 動詞の原形〉で「（人など）に…させる」，〈help ＋（人など）＋動詞の原形〉で「（人など）が…するのを助ける」を表す。

目的語　　　　　　不定詞　　　my sisterと不定詞の間に〈主語と動詞〉の関係

I helped my sister clean her room.　〔私は妹が部屋をそうじするのを手伝いました。〕
　手伝った　　妹が　　部屋をそうじすることを

目的語　　　　不定詞　　　meと不定詞の間に〈主語と動詞〉の関係

Let me explain my plan.　〔私に私の計画を説明させてください。〕
させる 私が　計画を説明することを

helpやletのあとにくる動詞の原形はtoのつかない不定詞で，「原形不定詞」というんだ。

③ 〈It is … for ＋人など＋ to ＋動詞の原形〉で「人などが［人などにとって］〜するのは…です」という意味を表す。

forの目的語　　　　to不定詞　　　himとto不定詞の間に〈主語と動詞〉の関係

It is interesting for him to study science.　〔彼にとって科学を勉強することはおもしろいです。〕
　おもしろい　　彼にとって　科学を勉強することは

\ナルホド!/

1 **日本語に合うように，＿＿＿＿に適切な語を書きなさい。**

☐(1) だれがあなたに彼らを手伝うように言ったのですか。

Who ＿＿＿＿＿＿＿ you ＿＿＿＿＿＿ ＿＿＿＿＿＿＿ them?

□(2) レイコにとってテニスの練習をすることは重要です。

_____ is important _____ Reiko

_____ practice tennis.

□(3) 私はボブにいっしょにつりに行ってほしいです。

I _____ Bob _____ _____ fishing

with me.

□(4) 私にカレーを料理させてください。

_____ _____ _____ curry.

2 （　）内の指示に従って，英文を書きかえなさい。

□(1) It is easy to speak English.（「彼にとって」という意味をつけ加えて）

_____

□(2) She makes breakfast.（「私は彼女に…してほしい」という意味の文に）

_____

□(3) My father made this chair.（「私は父が…するのを手伝った」という意味の文に）

_____

□(4) We cleaned the gym.（「グリーン先生(Mr. Green)が私たちに…するように言った」という意味の文に）

_____

3 日本語に合うように，（　）内の語句を並べかえて全文を書きなさい。

□(1) メグはアキオにその地図を見るように言いました。

(the / map / Meg / look at / Akio / to / told).

_____

□(2) あなたは彼女にあなたの妹と会ってほしいですか。

(meet / to / you / do / your sister / her / want)?

_____

□(3) あなたにとってカメラを使うのは難しいですか。

(is / difficult / to / use / for / it / you / a camera)?

_____

□(4) 私にあなたにいくつか質問させてください。

(you / me / questions / ask / let / some).

_____

Stage Activity 1
My Activity Report

教科書の重要ポイント | 活動報告の発表 | 教科書 pp.48 ~ 50

これまでの経験やこれからの予定を盛りこんで活動報告の原稿を書く。

1 部活動, 委員会・係

I'm a member of the baseball team.

〔私は野球部の一員です。〕

2 したこと・経験

I've been a starter since last summer.

〔私はこの前の夏からずっと先発メンバーです。〕

I've been practicing hard to improve my catching and throwing.

〔私は捕球と送球を改善するためにずっと懸命に練習しています。〕

現在も継続している経験は現在完了形や現在完了進行形を使って表そう。

3 みんなへのメッセージ

We're going to play in the city tournament this month.

〔私たちは今月, 市のトーナメントでプレーします。〕

We'll do our best, so please come and support us!

〔私たちは最善を尽くしますので, どうか応援に来てください。〕

これからのことにはwillやbe going toといった未来を表す表現を使おう。原稿を書いたらほかの人に見せて意見を聞き, 足りない部分がないか確認するといいね。

ナルホド!

Words & Phrases 次の英語は日本語に, 日本語は英語にしなさい。

☐(1) beginning　　　(　　　　　　　)

☐(2) ending　　　　(　　　　　　　)

☐(3) tournament　　(　　　　　　　)

☐(4) …をける　　　_____

☐(5) 角, 隅　　　　_____

☐(6) 報告, レポート_____

1 日本語に合うように，＿＿に適切な語を書きなさい。

(1) 彼らは最善を尽くしました。

They ＿＿＿＿＿＿ ＿＿＿＿＿＿ best.

(2) ジュンは美術部の一員です。

Jun is a ＿＿＿＿＿＿ ＿＿＿＿＿＿ the art club.

(3) あなたが最も練習していることは何ですか。

What are you practicing ＿＿＿＿＿＿ ＿＿＿＿＿＿?

(4) エマは私にその映画のことを話しました。

Emma ＿＿＿＿＿＿ me ＿＿＿＿＿＿ the movie.

(5) 私はあなたはその行事を調べるべきだと思います。

＿＿＿＿＿＿ ＿＿＿＿＿＿ you should check the event out.

注目!

a member of ...

(2)「…の一員」の意味で，所属を表すときによく使われる表現。

2 次のメモはクミが活動報告をするために作成したものです。メモを見て，活動報告の原稿の英文の＿＿に適切な語を書きなさい。

部活動，委員会・係	英語クラブ 入部動機：英語を話すことが得意ではなく，話す技能を向上させたかった
したこと・経験	・ずっと英語を話す練習を続けてきた ・今では英語を話すことは楽しい
みんなへのメッセージ	・来月のスピーチコンテストに出る ・少し緊張しているが，楽しみにしている

Hello, everyone. I'm going to tell you about my club activities.

I'm a (1)＿＿＿＿＿＿ of the English club. I joined the club (2)＿＿＿＿＿＿ I was not good at speaking English. I wanted to (3)＿＿＿＿＿＿ my speaking skill.

I have (4)＿＿＿＿＿＿ practicing speaking English. Now it is fun for me (5)＿＿＿＿＿＿ speak English.

A speech contest (6)＿＿＿＿＿＿ be held next month. I'm (7)＿＿＿＿＿＿ to make a speech at the contest. I feel nervous a little, but I'm looking (8)＿＿＿＿＿＿ to it.

Thank you.

注目!

報告と時間の流れ

現在，過去，過去から現在まで続いていること，これからの予定など，時間の流れが正しく伝わる表現を使う。

Unit 3 ～ Stage Activity 1

①　正しいものを４つの選択肢の中から選びなさい。

☐(1) My mother wants me (　　) English harder.

　　ア study　　イ studies　　ウ to study　　エ studying

☐(2) I helped the old man (　　) the street.

　　ア cross　　イ crosses　　ウ crossing　　エ crossed

☐(3) It is exciting for Josh (　　) a rugby match.

　　ア watch　　イ to watch　　ウ watching　　エ watches

> 不定詞にはtoがつく場合とつかない場合があるよ。

②　日本語に合うように，＿＿＿に入る適切な語を書きなさい。

☐(1) 私は去年まで自分のコンピュータを持っていませんでした。

　　＿＿＿＿＿＿＿ ＿＿＿＿＿＿＿ last year, I didn't have my own computer.

☐(2) これらの鳥は絶滅の危機にあるのですか。

　　Are these birds in ＿＿＿＿＿＿＿ ＿＿＿＿＿＿＿ extinction?

☐(3) 1人ずつ部屋に入ってください。

　　Please come into the room ＿＿＿＿＿＿＿ ＿＿＿＿＿＿＿ one.

③　日本語に合うように，（　）内の語句を並べかえて全文を書きなさい。

☐(1) 彼女にとってバイオリンをひくことはやさしいですか。

　　(it / for / to / easy / the violin / play / is / her)?

＿＿＿＿＿＿＿＿＿＿＿＿＿＿＿＿＿＿＿＿＿＿＿＿＿＿＿＿＿＿＿

☐(2) 私は父に彼の古い車を売ってほしくありません。

　　(his old car / to / don't / sell / want / my father / I).

＿＿＿＿＿＿＿＿＿＿＿＿＿＿＿＿＿＿＿＿＿＿＿＿＿＿＿＿＿＿＿

☐(3) 私にあなたの誕生日のためのケーキを作らせてください。

　　(a cake / make / for / me / your birthday / let).

＿＿＿＿＿＿＿＿＿＿＿＿＿＿＿＿＿＿＿＿＿＿＿＿＿＿＿＿＿＿＿

④　書く✐　次の日本語を（　）内の語句を使って英語にしなさい。

☐(1) 父は私に明かりをつけるように言いました。(told, turn on)

＿＿＿＿＿＿＿＿＿＿＿＿＿＿＿＿＿＿＿＿＿＿＿＿＿＿＿＿＿＿＿

ヒント　①(1)「人に…してほしい」なので，〈want＋人＋to＋動詞の原形〉の形。
　　　　④(1)「…をつける」は，turn on …でもturn … onの語順でもよい。

□(2) 私は母が台所をそうじするのを手伝いました。（helped）

---

5 読む 次の英文を読んで，あとの問いに答えなさい。

　　Why do we have to protect these animals? Each animal ①(have) its own role in the ecosystem. If we lose one species, it affects many others. Human beings are also part of this ecosystem. We are all related (　②　) each other. So ③(action / it / important / us / to / for / is / take) now. Let's help the animals survive.

□(1) 下線部①の（　）内の語を適切な形にしなさい。

①_____

□(2) （　②　）に入る適切な語を書きなさい。

②_____

□(3) 下線部③が「私たちにとって行動することが重要です」という意味になるように，（　）内の語を並べかえて書きなさい。

---

6 話す 次の文を声に出して読み，問題に答え，答えを声に出して読んでみましょう。 アプリ

Sora: My uncle uses an assistance dog. Sometimes he is not allowed to enter a shop or a restaurant with his dog. Assistance dogs are not pets, but partners for people with disabilities. They never make trouble because they are well trained. I want more people to know about assistance dogs.

（注）　assistance dog　身体障害者補助犬　　　allow ... to ～　…が～することを許可する
　　　enter　…に入る　　pet　ペット　　partner　パートナー　　disability　障害
　　　train　…を訓練する

□(1) Who uses an assistance dog?

　　———

□(2) What are assistance dogs for people with disabilities?

　　———

ヒント　**5** (1)〈each＋名詞〉は単数扱いとする。(3)「人にとって～するのは…です」の文。語の中にit, to, forがあることに注目する。

❶ 下線部の発音が同じものには〇を，そうでないものには×を，解答欄に書きなさい。　9点

(1) d<u>ie</u>　　　　　　　(2) dr<u>i</u>ve　　　　　　(3) b<u>a</u>n
　　spec<u>ie</u>s　　　　　　　dev<u>i</u>ce　　　　　　　<u>a</u>ccident

❷ 最も強く発音する部分の記号を解答欄に書きなさい。　9点

(1) pro - tect　　　　　(2) de - ci - sion　　　(3) re - port
　　ア　　イ　　　　　　　ア　　イ　　ウ　　　　ア　　イ

❸ 日本語に合うように，（　）内の語句を並べかえて全文を書きなさい。　15点

(1) 私にあなたの活動報告を読ませてください。

（ read / let / report / your / me / activity ）.

(2) 私たちはあなたたちに私たちのチームを応援してほしいと思います。

（ support / to / our team / want / we / you ）.

(3) あなたは彼らがパーティーの準備をするのを手伝いましたか。

（ prepare / them / help / did / the party / you / for ）?

❹ 次の各組の文が同じ内容を表すように，＿＿に入る適切な語を書きなさい。　12点

(1) 　We don't have to go to school today.
　　 ＿＿＿ is not necessary ＿＿＿ us ＿＿＿ go to school today.

(2) 　My mother said to me, "Please keep your room clean."
　　 My mother ＿＿＿ ＿＿＿ ＿＿＿ keep my room clean.

❺ 読む　次の対話文を読んで，あとの問いに答えなさい。　31点

Takashi : My mother likes seafood. I'm going to make seafood spaghetti for her birthday.

Emma : Oh, that's a good idea. ①<u>Have you ever cooked the spaghetti?</u>

Takashi : No. I've never cooked it. ②<u>(me / to / difficult / cook / is / for / it / it).</u>

Emma : I've helped my mother (　③　) the spaghetti many times. I know how to cook it. It's not very difficult.

Takashi : I want you to tell me how to cook it.

(1) 下線部①を日本語にしなさい。

成績評価の観点　知…言語や文化についての知識・技能　表…外国語表現の能力

(2) 下線部②が「それを料理することは私にとって難しいです。」という意味になるように，（　）内の語を正しく並べかえて，全文を書きなさい。

(3) （　③　）に入る最も適切なものを1つ選び，記号を書きなさい。

　ア cook　　イ cooks　　ウ cooking

(4) 次の問いに英語で答えなさい。

　① What is Takashi going to do for his mother's birthday?

　② What does Takashi want to know?

点UP ❻ 書く✎ 次のようなとき英語でどのように言うか，（　）内の指示にしたがって書きなさい。　24点

(1) 相手に相手のかばんを自分に運ばせてくれるように伝えるとき。(let, carryを使って5語で)

(2) その仕事を終えるのは自分にとって簡単ではなかったと伝えるとき。(it, finish, jobを使って10語で)

(3) 相手に相手がマイク(Mike)に公園に行くように言ったのかをたずねるとき。(tellを使って9語で)

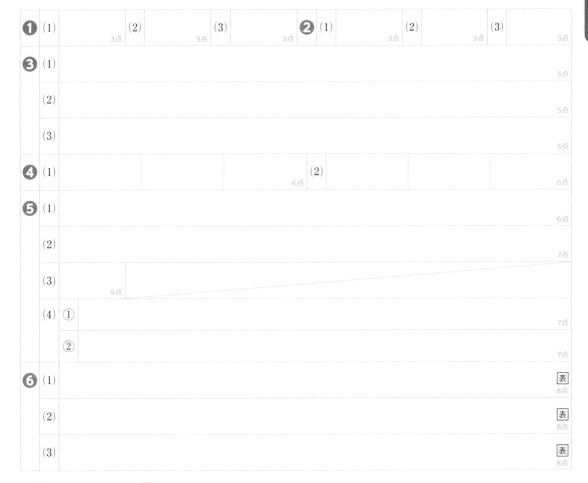

▶ 表 の印がない問題は全て 知 の観点です。

教科書の重要ポイント -thingで終わる代名詞／比較級の表現 教科書 pp.52〜54

The tree remembered something sad. 〔その木は何か悲しいことを思い出しました。〕

somethingは「何か，あるもの」，anythingは否定文で「何も（…ない）」という意味を表す。somethingやanythingを形容詞で修飾するときは，形容詞を後ろに置き，〈-thingで終わる代名詞＋形容詞〉の形で表す。

ふつうの名詞	He has a black bag. 〔彼は黒いバッグを持っています。〕

形容詞を前に置く

-thingで終わる代名詞	He has something black. 〔彼は何か黒いものを持っています。〕

形容詞を後ろに置く

> somethingやanythingを修飾する〈to＋動詞の原形〉も後ろに置くんだ。

He bought something to eat. 〔彼は何か食べるものを買いました。〕
〈to＋動詞の原形〉を後ろに置く

ナルホド!

The girl's voice became weaker and weaker. 〔その女の子の声はますます弱くなってきました。〕

〈比較級＋and＋比較級〉は「ますます…，だんだん…」という意味を表す。

比較級の文	The girl's voice became weaker. 〔その女の子の声はより弱くなってきました。〕

比較級（形容詞＋er）

比較級＋and＋比較級	The girl's voice became weaker and weaker.

〈比較級＋and＋比較級〉

> moreをつけて比較級をつくる語は，〈more and more＋原級〉で表す！

The song became more and more popular. 〔その歌はますます人気がでてきました。〕
〈more and more＋原級〉

ナルホド!

Words & Phrases 次の英語は日本語に，日本語は英語にしなさい。

□(1) road （　　　　　　）　　□(3) 泣く ＿＿＿＿＿＿＿＿

□(2) real （　　　　　　）　　□(4) 腕 ＿＿＿＿＿＿＿＿

1 例にならい，「ますます…になりました」という文を書きなさい。

例 David became tall. → David became taller and taller.

☐(1) My dog became big.

→ _____

☐(2) English became important.

→ _____

2 日本語に合うように，＿＿＿に適切な語を書きなさい。

☐(1) 彼は何か新しいことをはじめたいと思っています。

He wants to begin _____ _____.

☐(2) 外はだんだん寒くなってきています。

It's getting _____ _____ colder.

☐(3) 私は酸っぱいものは何も食べません。

I don't eat _____ _____.

3 日本語に合うように，（　）内の語句を並べかえて全文を書きなさい。

☐(1) 私はインターネットで何かおもしろいものを見つけました。

(the internet / something / on / found / I / interesting).

_____

☐(2) 部屋の中はだんだん暖かくなってきていました。

(and / the room / was / in / getting / it / warmer / warmer).

_____

☐(3) 試合はますますわくわくさせるものになってきています。

(more / the game / and / becoming / exciting / is / more).

_____

☐(4) 私は何か冷たい飲み物がほしいです。

(drink / like / something / would / I / to / cold).

_____

☐(5) 私たちは何年もの間，彼を知っています。

(years / him / we / for / known / many / have).

_____

☐(6) 私が電話したとき，ダイアンは眠っていました。

(was / her / Diane / sleeping / called / when / I).

_____

ぴたトレ
1
要点チェック

Let's Read 1 A Mother's Lullaby ②
(A World without Nuclear Weapons)

時間 **15分**

解答 p.13

〈新出語・熟語 別冊p.10〉

| 教科書の重要ポイント | 現在完了形の完了用法(復習)／形容詞的用法の不定詞(復習) | 教科書p.55 |

We have known the agony of war. 〔私たちは戦争の激しい痛みを知りました。〕

現在完了形は〈have[has]＋過去分詞〉の形で,「…してしまった」という完了の意味を表す。

現在完了形の文　We have known the agony of war.

〈have＋過去分詞〉

「戦争の激しい痛み」を,現在に至るまでに「知った」ことだと表すために現在完了形を使っているんだ。

＼ナルホド！／

He became the first sitting U.S. president to visit Hiroshima.

〔彼は広島を訪れるという初めての現職アメリカ大統領になりました。〕

形容詞的用法の不定詞は,〈to＋動詞の原形〉が,直前の(代)名詞に説明を加える。

形容詞的用法の不定詞　He became the first sitting U.S. president to visit Hiroshima.

〈to＋動詞の原形〉(不定詞)

形容詞的用法の不定詞は「…するための」「…すべき」という意味だったね。この文のように「…するという」という意味になることも覚えておこう。

＼ナルホド！／

Words & Phrases 次の英語は日本語に, 日本語は英語にしなさい。

□(1) courage 　　　(　　　　　　　)

□(2) death 　　　(　　　　　　　)

□(3) peace 　　　(　　　　　　　)

□(4) president 　　　(　　　　　　　)

□(5) weapon 　　　(　　　　　　　)

□(6) …を閉じる, 終える 　　_____

□(7) meanの過去形 　　_____

□(8) 空, 大空 　　_____

□(9) 戦争 　　_____

□(10) …の価値がある 　　_____

1 日本語に合うように，（ ）内から適切なものを選び，記号を〇で囲みなさい。

☐(1) 私たちはすでに昼食を終えてしまいました。

We have already (ア finish　イ finished　ウ finishing) lunch.

☐(2) 私には留学するという計画があります。

I have a plan (ア study　イ studies　ウ to study) abroad.

☐(3) 彼はもう自分の部屋をそうじしましたか。

（ ア Has　イ Have　ウ Did) he cleaned his room yet?

⚠ミスに注意

(3)現在完了形では主語によってhaveかhasを使い分ける！

2 日本語に合うように，＿＿＿に適切な語を書きなさい。

☐(1) ケンはまだそのマンガ本を読んでいません。

Ken ＿＿＿＿＿＿ not ＿＿＿＿＿＿ the comic book yet.

☐(2) 私には私を助けてくれる友達がいます。

I have a friend ＿＿＿＿＿＿ ＿＿＿＿＿＿ me.

☐(3) あなたはもうその劇を見ましたか。

＿＿＿＿＿＿ you ＿＿＿＿＿＿ the drama yet?

テストによく出る！

形容詞的用法の不定詞

(2)形容詞的用法の不定詞は直前の名詞や代名詞を修飾する。

3 日本語に合うように，（ ）内の語句を並べかえて全文を書きなさい。

☐(1) 彼女には科学者になるという夢があります。

(to / a dream / a scientist / become / she / has).

☐(2) 私はちょうどブラウン先生へのメールを書いたところです。

(written / just / I've / Ms. Brown / to / an e-mail).

☐(3) 私たちにこの週末に教室を使わせてください。

(use / let / weekend / this / us / the classroom).

☐(4) これは何と美しい絵でしょう。

(is / what / this / a / picture / beautiful)!

☐(5) この野菜スープは私の姉に料理されました。

(by / this / was / my sister / vegetable soup / cooked).

注目！

驚きを表す文

(4)「なんて…な～だろう」は，〈What (a)＋形容詞＋名詞＋主語＋動詞!〉の語順で表す。

Let's Read 1

1 正しいものを4つの選択肢の中から選びなさい。

□(1) I'm going to buy something (　　) at the bookstore.

ア read　　イ reads　　ウ reading　　エ to read

□(2) Meg has already (　　) this video game.

ア play　　イ plays　　ウ played　　エ to play

□(3) Mr. Green has just (　　) the movie.

ア see　　イ sees　　ウ saw　　エ seen

「…したところだ，
…してしまった」は
現在完了形の完了用
法で表すのだったね。

2 日本語に合うように，＿＿＿に入る適切な語を書きなさい。

□(1) この本には読む価値がありますか。

Is this book ＿＿＿＿＿＿＿＿ ＿＿＿＿＿＿＿＿?

□(2) しばらくして，ボブは部屋から出ていきました。

＿＿＿＿＿＿＿＿ a ＿＿＿＿＿＿＿, Bob went out of the room.

□(3) 私はそのイヌを腕に抱きかかえました。

I held the dog in ＿＿＿＿＿＿＿＿ ＿＿＿＿＿＿＿＿.

3 日本語に合うように，( )内の語句を並べかえて全文を書きなさい。

□(1) 彼らは食べるものを何も持っていませんでした。

(to / have / they / anything / eat / didn't).

_____

□(2) ますます暑くなってきました。

(hotter / hotter / and / became / it).

_____

□(3) 彼女はそのトーナメントに優勝するという初めての日本人となりました。

(became / the tournament / the first Japanese / to / she / win).

_____

4 書く✍ 次の日本語を英語にしなさい。

□(1) 私はちょうど新しい辞書を買ったところです。

_____

□(2) 私たちは何かおいしいものが食べたいです。

_____

ヒント　**1**(2)(3)両方ともhasがあるので，現在完了形の文とする。
3(1)anythingは否定文で使うと，「何も(…ない)」という意味になる。

5 読む📖 次の英文を読んで，あとの問いに答えなさい。

On the morning of that day, a big bomb fell on the city of Hiroshima. Many people lost their lives, and many others ①(injure). They had burns ②(…のいたるところに) their bodies. I was very sad when I saw those people.

It was a very hot day. Some of the people ③(倒れた) near me. I said to them, "Come and rest in my shade. You'll be all right soon." 大野允子 かあさんのうた より

☐(1) 下線部①の（　）内の語を２語の適切な形にしなさい。

①＿＿＿＿＿＿＿＿＿＿＿＿＿＿＿

☐(2) 下線部②の（　）内の日本語を２語の英語で表しなさい。

②＿＿＿＿＿＿＿＿＿＿＿＿＿＿＿

☐(3) 下線部③の（　）内の日本語を２語の英語で表しなさい。

③＿＿＿＿＿＿＿＿＿＿＿＿＿＿＿

☐(4) 次の文が本文の内容に合っていれば○を，合っていなければ×を書きなさい。

1. Many people died because a big bomb fell on Hiroshima. （　）
2. It was not hot when the big bomb fell on Hiroshima. （　）

6 読む📖 次の英文を読んで，あとの問いに答えなさい。

He also left two paper cranes there. ①(by / himself / folded / Obama / were / they).

Obama closed his speech by saying, "The world was forever changed here. But today, the children of this city will go ②(after, through, to) their day in peace. What a precious thing that is! It is worth ③(protect), and then ④(extend) to every child."

☐(1) 下線部①が「それらはオバマ自身によって折られました。」という意味になるように，（　）内の語を並べかえて全文を書きなさい。

＿＿＿＿＿＿＿＿＿＿＿＿＿＿＿＿＿＿＿＿＿＿＿＿＿＿＿＿＿＿＿＿＿＿

☐(2) 下線部②の（　）内から正しい語を選びなさい。

②＿＿＿＿＿＿＿＿＿＿＿

☐(3) 下線部③，④の（　）内の語を適切な形にしなさい。

③＿＿＿＿＿＿＿＿＿＿＿

④＿＿＿＿＿＿＿＿＿＿＿

ヒント **5**(1)「傷つけられた」　(3)過去の文なので，動詞は過去形にする。**6**(1)受け身の文とする。

63

ぴたトレ
1
要点チェック

Unit 4 Be Prepared and Work Together (Scene 1)

時間 **15**分

解答 p.14

〈新出語・熟語 別冊p.11〉

教科書の重要ポイント | **文の中に入った疑問文** | 教科書 pp.57 〜 59

I know where the local shelter is.

〔私は地域の避難所がどこにあるか知っています。〕

疑問文が別の文の中に入る形を間接疑問文といい，疑問文の部分は〈疑問詞（を含む語句）＋主語（＋助動詞）＋動詞〉の語順になる。

| 疑問詞で始まる疑問文 | Where is the local shelter? 〔地域の避難所はどこですか。〕

| 間接疑問文 | I know where the local shelter is.

　　　　　疑問詞　　　　　主語　　　　動詞　　〈疑問詞＋主語＋動詞〉がknowの目的語

次のように疑問詞ではじまる疑問文に助動詞が使われていたら，間接疑問文にするときには注意が必要！

| 疑問詞ではじまる疑問文 | What does he have? 〔彼は何を持っていますか。〕

doesをとる　　　　　　動詞の形は主語や時に合わせて変える

| 間接疑問文 | I know what he has. 〔私は彼が何を持っているか知っています。〕

| 疑問詞ではじまる疑問文 | When will he come? 〔彼はいつ来ますか。〕

| 間接疑問文 | I know when he will come. 〔私は彼がいつ来るか知っています。〕

　　　　　疑問詞 主語 助動詞 動詞

ナルホド!

Words & Phrases | **次の英語は日本語に，日本語は英語にしなさい。**

☐(1) extinguisher 　（　　　　　　　）　　☐(4) …を蓄える 　＿＿＿＿＿＿＿

☐(2) survey 　（　　　　　　　）　　☐(5) 災害 　＿＿＿＿＿＿＿

☐(3) prepared 　（　　　　　　　）　　☐(6) 避難所 　＿＿＿＿＿＿＿

1 絵を見て例にならい，「私は～が何を…か知っています」という文を書きなさい。

例 | (1) | (2)
you / want | you / like | David / have

例 **I know what you want.**

☐(1) I know ＿＿＿＿＿＿ ＿＿＿＿＿＿ like.

☐(2) I ＿＿＿＿＿＿ ＿＿＿＿＿＿ David ＿＿＿＿＿＿.

注目!

文の中の疑問文

「何を…か」という疑問文が，〈what＋主語＋動詞〉の形で，knowの目的語になる。疑問文の主語が三人称単数のときは，動詞の形を主語に合わせて変えること。

2 例にならい，2つの文を1文にしなさい。

例 **I don't know. / What do you mean?**

→ I don't know what you mean.

☐(1) Emma knows. / Who is he?

→ Emma knows ＿＿＿＿＿＿ ＿＿＿＿＿＿

＿＿＿＿＿＿.

☐(2) I know. / Where does she live?

→ I know ＿＿＿＿＿＿ ＿＿＿＿＿＿ ＿＿＿＿＿＿.

☐(3) Do you know? / When can we eat lunch?

→ Do you know ＿＿＿＿＿＿ ＿＿＿＿＿＿

＿＿＿＿＿＿ eat lunch?

テストによく出る!

間接疑問文の語順

疑問詞の疑問文とは語順が異なるので注意。〈疑問詞（を含む語句）＋主語（＋助動詞）＋動詞〉となる。

3 日本語に合うように，（　）内の語句を並べかえて全文を書きなさい。

☐(1) 私は彼が何歳か知りません。

(know / I / he / don't / how / is / old).

＿＿＿＿＿＿＿＿＿＿＿＿＿＿＿＿＿＿

☐(2) 私はこの電子機器を私たちがどのように使えるのか知っています。

(how / this electronic device / I / we / use / know / can).

＿＿＿＿＿＿＿＿＿＿＿＿＿＿＿＿＿＿

☐(3) 彼は父親が何時に帰宅するか知っています。

(time / come / home / knows / what / will / he / his father).

＿＿＿＿＿＿＿＿＿＿＿＿＿＿＿＿＿＿

☐(4) あなたはなぜ彼女がロンドンに行ったか知っていますか。

(to / went / know / do / she / London / why / you)?

＿＿＿＿＿＿＿＿＿＿＿＿＿＿＿＿＿＿

⚠ミスに注意

(1)(3)「何歳」とたずねるhow old，「何時」とたずねるwhat timeは2語を離さないように注意！

Unit 4 Be Prepared and Work Together (Scene 2)

教科書の重要ポイント　動詞の目的語が「人」と「疑問詞で始まる節」となる間接疑問文　教科書 pp.60～61

Tell me what you have done.

〔あなたが何をしたところかを教えてください。〕

〈動詞＋（人）＋疑問詞で始まる節〉で「（人）に（疑問詞で始まる節の内容）を…する」という意味になる。

| 疑問詞で始まる疑問文 | What have you done?　〔あなたは何をしたところですか。〕

間接疑問文の中では〈疑問詞＋主語＋動詞〉の語順に

| 間接疑問文 | Tell me what you have done.

動詞　人　　疑問詞で始まる節

動詞(tell)の目的語

この形の文を作る代表的な動詞はtellのほかに, showとteachがある。

| showを使った文 | Please show me how you use a fire extinguisher.

動詞　　人　　　　疑問詞で始まる節

動詞(show)の目的語

〔私に消火器をどのように使うのかを見せてください。〕

| teachを使った文 | Mr. Brown taught us what we should do in case of fire.

動詞　　　人　　　疑問詞で始まる節

動詞(taught)の目的語

〔ブラウン先生は私たちに火事の場合には何をすべきかを教えました。〕

ナルホド!

Words & Phrases　次の英語は日本語に, 日本語は英語にしなさい。

□(1) emergency　（　　　　　　　）　□(3) doの過去分詞　＿＿＿＿＿＿

□(2) kit　　　　　（　　　　　　　）　□(4) リンク, 接続　＿＿＿＿＿＿

1　日本語に合うように, （　）内から適切なものを選び, 記号を○で囲みなさい。

□(1) 私に図書館がどこかを教えてください。

Tell me (ア what　イ where　ウ when) the library is.

□(2) 私たちにあなたが手に持っているものは何かを教えてください。

Tell (ア we　イ our　ウ us) what you have in your hand.

□(3) 私にあなたがどのように一輪車に乗るのかを見せてくれますか。

Can you show me (ア who　イ how　ウ why) you ride a unicycle?

□(4) あの男の人があなたに次の電車がいつ来るかを教えてくれるでしょう。

That man will tell you (ア when　イ what　ウ where) the next train comes.

注目!

代名詞の形

(2)〈動詞＋(人)＋疑問詞で始まる節〉の「人」に代名詞がくるときは，「…を[に]」の形になる。

2 絵を見て例にならい，「私にあなたが…かを教えてください」という文を書きなさい。

例 what / want　(1) where / live　(2) when / watch TV

例 **Tell me what you want.**

□(1) Tell me ＿＿＿＿＿＿＿ you ＿＿＿＿＿＿＿.

□(2) Tell ＿＿＿＿＿＿ ＿＿＿＿＿＿ you ＿＿＿＿＿＿ TV.

テストによく出る!

〈動詞＋(人)＋疑問詞〉で始まる節

疑問詞で始まる節の中の語順は〈疑問詞(を含む語句)＋主語(＋助動詞)＋動詞〉となる。

3 日本語に合うように，(　)内の語句を並べかえて全文を書きなさい。

□(1) 私にあの選手がだれなのかを教えてください。

(me / player / is / that / who / tell).

_____

□(2) 彼女がマイクに何をしなければならないかを教えるでしょう。

(what / do / teach / to / she / Mike / he / will / has).

_____

□(3) 私はあなたにこのケーキを私がどのように作るのかを見せられます。

(you / I / I / this cake / make / show / how / can).

_____

□(4) あなたがどこでそのTシャツを手に入れたのか私たちに教えてくれますか。

(the T-shirt / got / where / can / us / you / you / tell)?

⚠ミスに注意

(2)疑問詞で始まる節の中の主語の人称にも注意！

Unit 4

ぴたトレ 1
要点チェック

Unit 4 Be Prepared and Work Together (Read and Think 1)

時間 **15**分

解答 p.15

〈新出語・熟語 別冊p.11〉

教科書の重要ポイント **前の名詞を修飾する現在分詞** 教科書 pp.62〜63

We spoke to a police officer passing by.

〔私たちは通り過ぎようとしている警察官に話しかけました。〕

現在分詞(…ing形)はすぐ前にある名詞を修飾し,「…している〜」という意味を表す。

名詞＋現在分詞の文 We spoke to a police officer passing by.

〈現在分詞＋語(句)〉が前の名詞を修飾する

〈名詞＋現在分詞＋語句〉が主語になることもある。どこまでが主語なのかに注意しよう。

名詞＋現在分詞＋語句が主語の文 The girl playing the piano is my sister.

ここまでが文の主語

〔ピアノをひいている女の子は私の妹[姉]です。〕

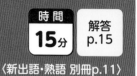

ナルホド!

Words & Phrases 次の英語は日本語に, 日本語は英語にしなさい。

☐(1) parking lot （　　　　）

☐(2) shaking （　　　　）

☐(3) scared （　　　　）

☐(4) terrible （　　　　）

☐(5) fortunately （　　　　）

☐(6) driveの過去形 ＿＿＿＿

☐(7) 地震 ＿＿＿＿

☐(8) 旅行者 ＿＿＿＿

☐(9) 最近の, 最新の ＿＿＿＿

☐(10) ついに, やっと ＿＿＿＿

1 日本語に合うように, （　）内から適切なものを選び, 記号を○で囲みなさい。

☐(1) 私は本を読んでいるあの男の子を知りません。

I don't know that boy (ア read　イ reads　ウ reading) a book.

□(2) 自転車に乗っているあの男性はあなたのお父さんですか。

Is that man (ア ride　イ riding　ウ rode) a bike your father?

□(3) 木の下ですわっているその子どもたちは眠そうに見えます。

The children sitting under the tree (ア look　イ looks ウ looking) sleepy.

□(4) あの走っている女の子は私の友達です。

That (ア runs　イ running　ウ to run) girl is my friend.

注目!

現在分詞だけで名詞を修飾する場合

(4)現在分詞が1語だけで名詞を修飾する場合，現在分詞は名詞の前に置く。

2 絵を見て例にならい，「…している〜を見なさい」という意味の文を完成させなさい。

例 **Look at the boy opening the door.**

□(1) Look at the girl ＿＿＿＿＿＿ ＿＿＿＿＿.

□(2) Look at the lion ＿＿＿＿＿＿ ＿＿＿＿＿.

テストによく出る!

「…している(名詞)」は
〈名詞＋現在分詞
＋語句〉の語順
名詞のあとに〈現在分詞＋語句〉のかたまりを置いて表す。

3 日本語に合うように，（ ）内の語句を並べかえて全文を書きなさい。

□(1) 歌を歌っているその男の人はだれですか。

(man / who / a / singing / the / song / is)?

＿＿＿＿＿＿＿＿＿＿＿＿＿＿＿＿＿＿

□(2) 私には北海道に住んでいるおじがいます。

(an uncle / Hokkaido / have / living / I / in).

＿＿＿＿＿＿＿＿＿＿＿＿＿＿＿＿＿＿

□(3) ベッドで眠っているあれらのネコはあなたのですか。

(on / those cats / yours / the bed / are / sleeping)?

＿＿＿＿＿＿＿＿＿＿＿＿＿＿＿＿＿＿

□(4) 公園で走っているその女の子はテニスがじょうずです。

(in / well / the girl / tennis / plays / the park / running).

＿＿＿＿＿＿＿＿＿＿＿＿＿＿＿＿＿＿

⚠ミスに注意

(3)(4)〈名詞＋現在分詞＋語句〉が主語になっている場合，文の動詞の形は「名詞」に合わせる！

ぴたトレ
1
要点チェック

Unit 4 Be Prepared and Work Together (Read and Think 2)

時間 15分

解答 p.15

〈新出語・熟語 別冊p.11〉

教科書の重要ポイント   前の名詞を修飾する過去分詞   教科書 pp.64 ～ 65

They followed instructions given in English.

〔彼らは英語で与えられる指示に従いました。〕

過去分詞はすぐ前にある名詞を修飾し,「…される[された]～」という意味を表す。

名詞＋過去分詞の文   They followed instructions given in English.

〈過去分詞＋語(句)〉が前の名詞を修飾する

〈名詞＋過去分詞＋語句〉が主語になることもある。どこまでが主語なのかに注意しよう。

名詞＋過去分詞＋語句が主語の文   The language used in Japan is Japanese.

ここまでが文の主語

〔日本で使われている言語は日本語です。〕

ナルホド!

Words & Phrases   次の英語は日本語に, 日本語は英語にしなさい。

□(1) evacuation   (   )   □(6) giveの過去分詞   _____

□(2) instruction   (   )   □(7) …にインタビューする _____

□(3) resident   (   )   □(8) 訓練, ドリル   _____

□(4) simulation   (   )   □(9) 観光客   _____

□(5) themselves   (   )   □(10) 単純な, 簡単な   _____

1 日本語に合うように, ( )内から適切なものを選び, 記号を○で囲みなさい。

□(1) これは10年前に撮られた写真です。

This is a picture (ア taken   イ took   ウ to take) ten years ago.

□(2) あなたのお父さんによって作られたいすはどれですか。

Which is the chair (ア making　イ made　ウ makes) by your father?

□(3) 200年前に建てられたこれらの家は小さいです。

These houses (ア build　イ to build　ウ built) 200 years ago are small.

□(4) ナオと呼ばれるその女の子は私の妹です。

The girl (ア calling　イ called　ウ call) Nao is my sister.

テストによく出る!

過去分詞の意味

過去分詞は「…される[された]」という受け身の意味を表す。現在分詞と同じように，名詞のあとに〈過去分詞＋語句〉を置いて，その名詞を修飾することができる。

2 絵を見て例にならい，「これは…される[された]〜です」という意味の文を完成させなさい。

例 bag　make / in Italy

(1) book　write / by Soseki

(2) festival　hold / in August

注目!

「…される[された]〜」は〈名詞＋過去分詞＋語句〉の語順

「…している〜」という意味を表す〈名詞＋現在分詞＋語句〉の形としっかり区別する。

例 **This is a bag made in Italy.**

□(1) This is a ＿＿＿＿＿＿ ＿＿＿＿＿＿ by Soseki.

□(2) This is a ＿＿＿＿＿＿ ＿＿＿＿＿＿ in August.

3 日本語に合うように，（　）内の語句を並べかえて全文を書きなさい。

□(1) 私は多くの子供たちに読まれている本を買いました。

(bought / many children / a book / by / read / I).

_____

□(2) その飾られた部屋に何人かの人がいました。

(room / some people / decorated / there / in / were / the).

_____

□(3) メグによって料理されたスパゲッティはとてもおいしかった。

(delicious / cooked / was / by / the spaghetti / Meg).

_____

□(4) これはアメリカで作られた自動車ですか。

(America / is / in / a car / this / made)?

_____

⚠ミスに注意

(2)現在分詞と同じように，過去分詞が1語だけで名詞を修飾する場合，過去分詞は名詞の前に置く。

Unit 4

Let's Talk 2 町中での手助け
―申し出る―

| 教科書の重要ポイント | 相手の立場に立って，困っている人に対応する | 教科書p.67 |

①Can I help you?は「お手伝いしましょうか。」と，困っている人に手助けを申し出るときの代表的な表現。

| 手助けの申し出 | Can I help you? |

| 申し出への応答 | Yes, please. 〔はい，お願いします。〕|

申し出を断るときには，次のように言おう。

| 申し出への応答 | No, thank you. I'm fine. 〔いいえ，だいじょうぶです。〕|

②Shall I ...?は「…しましょうか」と相手の意思をたずねて提案するときに使う。

| 申し出 | Shall I take you to the hotel? 〔そのホテルにお連れしましょうか。〕|

| 申し出への応答 | Thank you. 〔ありがとう。〕|

③Would you like me to ...?は「…しましょうか」と相手に提案するときのていねいな言い方。

would like ~ to ...は「~に…してほしい」を表す。You would like me to ....は「あなたは私に…してほしい」という意味だけど，その疑問文は「私があなたに…しましょうか」と提案する表現になるんだ。

| 申し出 | Would you like me to carry your bags? 〔あなたのバッグを運びましょうか。〕|

| 申し出への応答 | Thank you very much. 〔どうもありがとうございます。〕|

④助ける側，助けてもらう側の表現には次のようなものがある。

・助ける側

Do you need some help? 〔お手伝いが必要ですか。〕

Where would you like to go? 〔どこへ行きたいのですか。〕

Sorry, I can't help you. I'm in a hurry. 〔お役に立てずごめんなさい。急いでいるのです。〕

・助けてもらう側

Could you tell me where I can take a bus to the museum?

〔どこで博物館へ行くバスに乗れるか教えてくださいますか。〕

Could you help me buy a train ticket? 〔電車の切符を買うのを手伝ってくださいますか。〕

That's very kind of you. 〔どうもご親切にありがとうございます。〕

ナルホド!

1 絵を見て例にならい，自分が「…しましょうか」と声をかける文を完成させなさい。

例	(1)	(2)
take you there	carry the box	open the window

例 **Shall I take you there?**

☐(1) ＿＿＿＿＿＿＿ I ＿＿＿＿＿＿＿ the box?

☐(2) ＿＿＿＿＿＿＿ ＿＿＿＿＿＿＿ ＿＿＿＿＿＿＿ the window?

テストによく出る！

Shall I …?

shallは助動詞なので，I に続く動詞は原形とする。

2 次のようなとき，どのように言いますか。下から選び（　）に記号を書きなさい。

☐(1) 相手に道に迷っているのかとたずねるとき。　　　　　（　　）

☐(2) 相手に手伝いましょうかとたずねるとき。　　　　　　（　　）

☐(3) 相手に市役所の場所をたずねるとき。　　　　　　　　（　　）

☐(4) 相手に何か自分にできることがあるかとたずねるとき。（　　）

☐(5) 相手の親切に対して礼を述べるとき。　　　　　　　　（　　）

　　ア　Could you tell me where the city hall is?

　　イ　Can I help you?

　　ウ　That's very kind of you.

　　エ　Is there anything I can do for you?

　　オ　Are you lost?

注目！

ていねいな依頼

Could you …?は「…してくださいませんか」の意味で，Can you …? 「…してくれますか」よりもていねいな頼み方。

3 日本語に合うように，（　）内の語句を並べかえて全文を書きなさい。

☐(1) あなたたちはどこへ行きたいのですか。

（ like / go / you / to / where / would)?

＿＿＿＿＿＿＿＿＿＿＿＿＿＿＿＿＿＿＿＿＿＿

☐(2) その公園までの行き方を私に教えていただけますか。

（ the park / get / tell / could / me / how / you / to / to)?

＿＿＿＿＿＿＿＿＿＿＿＿＿＿＿＿＿＿＿＿＿＿

☐(3) あなたたちの写真を撮りましょうか。

（ me / pictures / your / to / like / you / would / take)?

＿＿＿＿＿＿＿＿＿＿＿＿＿＿＿＿＿＿＿＿＿＿

⚠ミスに注意

(1)(3)would like to …は「…したい」，would like ～ to …は「～に…してほしい」を表す。違いをしっかり区別しよう！

Let's Talk 2

Unit 4 ～ Let's Talk 2

❶ 正しいものを４つの選択肢の中から選びなさい。

☐(1) Who is the man (　　) with Mike?

　　ア talk　　イ talking　　ウ talked　　エ to talk

☐(2) The mountain (　　) from my room is beautiful.

　　ア seen　　イ seeing　　ウ to see　　エ see

☐(3) Tell (　　) where the post office is.

　　ア I　　イ my　　ウ me　　エ mine

> 現在分詞も過去分詞も名詞を後ろから修飾することができる。

❷ 日本語に合うように，＿＿＿に入る適切な語を書きなさい。

☐(1) 私はあまりに忙しくてあなたに電話できませんでした。

　　I was ＿＿＿＿＿＿＿＿ busy ＿＿＿＿＿＿＿＿ call you.

☐(2) 地震の場合，私たちが最初にすべきことは何ですか。

　　＿＿＿＿＿＿＿＿ ＿＿＿＿＿＿＿＿ of an earthquake, what should we do first?

☐(3) 彼らは何を配っているところですか。

　　What are they ＿＿＿＿＿＿＿＿ ＿＿＿＿＿＿＿＿?

❸ 日本語に合うように，（　）内の語句を並べかえて全文を書きなさい。

☐(1) 私はそのコンサートがいつかを知っています。

　　(is / know / when / I / the concert).

＿＿＿＿＿＿＿＿＿＿＿＿＿＿＿＿＿＿＿＿＿＿＿＿＿＿＿＿＿

☐(2) 大きなかばんを運んでいるあのお年寄りの女性を手伝いましょう。

　　(a big bag / that old woman / let's / carrying / help).

＿＿＿＿＿＿＿＿＿＿＿＿＿＿＿＿＿＿＿＿＿＿＿＿＿＿＿＿＿

☐(3) 私にあなたがどのように折り鶴を折るのか見せてくれますか。

　　(you / me / fold / can / a paper crane / show / you / how)?

＿＿＿＿＿＿＿＿＿＿＿＿＿＿＿＿＿＿＿＿＿＿＿＿＿＿＿＿＿

❹ 書く✐ 次の日本語を英語にしなさい。

☐(1) 母は日本製のコンピュータを買いました。

＿＿＿＿＿＿＿＿＿＿＿＿＿＿＿＿＿＿＿＿＿＿＿＿＿＿＿＿＿

☐(2) テニスをしているあの男の子はあなたの弟ですか。

＿＿＿＿＿＿＿＿＿＿＿＿＿＿＿＿＿＿＿＿＿＿＿＿＿＿＿＿＿

ヒント　❶(1)「話している男の人」 (2)「部屋から見える山」
　　　　❹(1)「日本製の」は「日本で作られた」と考える。

●名詞を修飾する分詞や間接疑問文が使いこなせるかどうかが問われるでしょう。
⇒分詞が後ろから名詞を修飾する〈名詞＋分詞〉の基本形は必ず押さえておきましょう。
⇒現在分詞と過去分詞を意味に合わせて使い分けられるようにしておきましょう。
⇒疑問文が文の中に入って動詞の目的語になる形を確認しておきましょう。

5 読む 次の英文を読んで，あとの問いに答えなさい。

When the earthquake began, ①(happening / I / know / was / didn't / what).
After the terrible shaking, I ran out of the house with my wife.　We didn't know
where (　②　) go, so we drove to a supermarket parking lot.　We stayed in our
car for five hours.　③We were too scared to get out.

□(1) 下線部①が「私は何が起こっているのかわかりませんでした」という意味になるように，
（　）内の語を並べかえて書きなさい。

_____

□(2) （　②　）に入る適切な語を書きなさい。

②_____

□(3) 下線部③の英文の日本語訳を完成させなさい。

私たちは(　　　　　　　　　　　　　　　　　　　　　　　)。

6 話す 次の文を声に出して読み，問題に答え，答えを声に出して読んでみましょう。アプリ

One day, Kase Saburo visited a center to teach origami to Vietnamese
children.　When he first came into the room, the children were afraid of him and
kept silent.

Kase soon took out origami paper and folded a lot of origami. The children
were surprised and very pleased. He began to teach them how to fold origami.

At the end of the class, the children made paper planes and flew them
together.　Kase hoped they could live in peace.

(注)　Vietnamese　ベトナム人の　　be afraid of ...　…をこわがる
　　　silent　沈黙した　　pleased　喜んで　　paper plane　紙飛行機
　　　flew　fly（飛ばす）の過去形

□(1) How were the children when Kase started folding a lot of origami?
　　— _____

□(2) What did the children make at the end of the class?
　　— _____

ヒント　**5**(1)間接疑問文にする。whatはknow以下の部分の主語となる。　(3)too ... to ~は「あまりにも…なので~できない」。

❶ 下線部の発音が同じものには〇を，そうでないものには×を，解答欄に書きなさい。　9点

(1) s<u>ur</u>vey　　　　　　(2) d<u>o</u>ne　　　　　　(3) res<u>i</u>dent
　 em<u>er</u>gency　　　　　　dr<u>o</u>ve　　　　　　vis<u>i</u>tor

❷ 最も強く発音する部分の記号を解答欄に書きなさい。　9点

(1) ter - ri - ble　　　　(2) fi - nal - ly　　　　(3) in - struc - tion
　 ア　イ　ウ　　　　　　ア　イ　ウ　　　　　　ア　　イ　　ウ

❸ 次の2文を1文にしなさい。　12点

よく出る (1) The girl is my sister. She is listening to music.

(2) Can you read the book? It is written in English.

(3) Do you know? Where did she go yesterday?

❹ 日本語に合うように，（　）内の語句を並べかえて全文を書きなさい。　15点

(1) 私はなぜボブがとても緊張しているのかわかりません。

（ why / nervous / know / don't / is / I / very / Bob ）.

(2) 次に何をしたらよいか私に教えてくれませんか。

（ what / do / can / tell / should / me / next / you / I ）?

差がつく (3) この家は住むには古すぎます。

（ old / this house / in / is / live / to / too ）.

❺ 読む📖 次のLilyの日記を読んで，あとの問いに答えなさい。　31点

　　I went to a popular singer's concert with my friend today. The man ①(play) the guitar looked cool and his performance was awesome. ②(know / was / I / who / didn't / he), but I became a fan of him. ③<u>On the way back, my friend told me about him.</u> He is a famous musician and also writes songs. Now I'm listening to a song written by him on the internet.

(1) 下線部①の（　）内の語を適切な形にしなさい。

(2) 下線部②が「私は彼がだれだか知りませんでした」という意味になるように，（　）内の語を正しく並べかえて書きなさい。

　　　成績評価の観点　知…言語や文化についての知識・技能　表…外国語表現の能力

⑶ 下線部③を日本語にしなさい。

⑷ 次の問いに英語で答えなさい。

　　① Whose concert did Lily see today?

　　② Did Lily go to the concert alone?

点
UP
❻ 書く 次の日本語を，（　）内の語を使って英語にしなさい。　　　24点

⑴ アイスクリームを食べているあの男の子は俳優です。(eating)

⑵ 私は祖父からもらったこの辞書を使います。(given)

⑶ あのおどっている女の子はだれですか。(dancing)

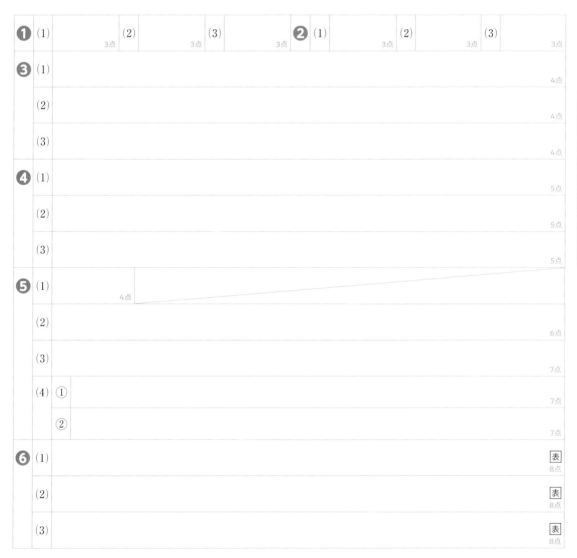

❶	(1)		(2)		(3)		❷	(1)		(2)		(3)	
		3点		3点		3点			3点		3点		3点

❸	(1)	
		4点
	(2)	
		4点
	(3)	
		4点

❹	(1)	
		5点
	(2)	
		5点
	(3)	
		5点

❺	(1)	
		4点
	(2)	
		6点
	(3)	
		7点
	(4)	①
		7点
		②
		7点

❻	(1)	
		表 8点
	(2)	
		表 8点
	(3)	
		表 8点

▶ 表 の印がない問題は全て 知 の観点です。

〈新出語・熟語 別冊p.12〉

教科書の重要ポイント **名詞を修飾する文**　教科書 pp.71〜73

This is a picture I found on the internet.

〔これは私がインターネットで見つけた写真です。〕

名詞のあとに〈主語＋動詞〉の文を続けて，「〜が…する（名詞）」と名詞に説明を加える。

名詞が目的語の文　I found a picture on the internet.　〔私はインターネットで写真を見つけました。〕

主語　動詞　目的語（名詞）

名詞を〈主語＋動詞〉の前に置き〈名詞＋主語＋動詞〉の語順に

名詞を修飾する文　This is a picture I found on the internet.

名詞を後ろから修飾

日本語では説明の語句は前に置かれるけれど，英語ではあとに置かれることが多いよ！

日本語　私が見つけた　写真

英語　a picture I found
　　　「写真」　「私が見つけた」

ナルホド！

Words & Phrases 次の英語は日本語に，日本語は英語にしなさい。

☐(1) legacy 　　　（　　　　　　　）　　☐(4) …を尊敬する 　＿＿＿＿＿＿＿

☐(2) non-violence 　（　　　　　　　）　　☐(5) 人，個人 　　　＿＿＿＿＿＿＿

☐(3) greatly 　　　（　　　　　　　）　　☐(6) 国際的な 　　　＿＿＿＿＿＿＿

1 日本語に合うように，＿＿＿に適切な語を書きなさい。

☐(1) 夏は私が好きな季節です。

　　 Summer is the season ＿＿＿＿＿＿ ＿＿＿＿＿.

☐(2) これはメグが好きな歌です。

　　 This is a song ＿＿＿＿＿＿ ＿＿＿＿＿.

□(3) あれはあなたが撮った写真です。

That is a picture ＿＿＿＿＿＿＿＿ ＿＿＿＿＿＿＿.

□(4) これは私たちが昨夜見た映画です。

This is the movie ＿＿＿＿＿＿＿＿ ＿＿＿＿＿＿＿＿ last night.

⚠ミスに注意

(3)(4)名詞のあとの〈主語
　＋動詞〉は過去の文。
　不規則動詞の変化形
　に注意！

2 絵を見て例にならい，「これは私が昨日…した～です」という文を書きなさい。

例	(1)	(2)
book / buy	letter / write	boy / meet

例 **This is the book I bought yesterday.**

□(1) This is the letter ＿＿＿＿＿＿＿＿ ＿＿＿＿＿＿＿＿ yesterday.

□(2) This is the ＿＿＿＿＿＿ ＿＿＿＿＿＿ ＿＿＿＿＿＿
yesterday.

テストによく出る!

名詞を修飾する文
名詞のあとに〈主語＋動詞〉を続けて説明を加える。説明する文の中の動詞は，主語や時に合わせる。

3 日本語に合うように，（　）内の語句を並べかえて全文を書きなさい。

□(1) これは私の姉が作ったスープです。

(made / is / my sister / the soup / this).

＿＿＿＿＿＿＿＿＿＿＿＿＿＿＿＿＿＿＿＿＿＿＿＿

□(2) あれはあなたが昨日見つけたネコですか。

(found / the cat / yesterday / that / is / you)?

＿＿＿＿＿＿＿＿＿＿＿＿＿＿＿＿＿＿＿＿＿＿＿＿

□(3) これらは私が毎日使うペンです。

(use / these / every day / the pens / I / are).

＿＿＿＿＿＿＿＿＿＿＿＿＿＿＿＿＿＿＿＿＿＿＿＿

□(4) あなたが今読んでいる本は何ですか。

(the book / what / now / are / is / you / reading)?

＿＿＿＿＿＿＿＿＿＿＿＿＿＿＿＿＿＿＿＿＿＿＿＿

□(5) これは私のおばが私に送ってくれたセーターではありません。

(me / is / this / not / my aunt / sent / the sweater).

＿＿＿＿＿＿＿＿＿＿＿＿＿＿＿＿＿＿＿＿＿＿＿＿

注目!

名詞＋修飾語句
説明を加える文は，名詞の前ではなくあとに続ける。日本語との語順の違いに注意！

Unit 5

ぴたトレ 1

要点チェック

Unit 5 A Legacy for Peace (Scene 2)

時間 **15分**

解答 p.18

〈新出語・熟語 別冊p.12〉

教科書の重要ポイント | **関係代名詞who** | 教科書 pp.74～75

Gandhi is a man who has influenced a lot of people.

〔ガンディーは多くの人々に影響を与えた人です。〕

〈人〉を表す名詞のあとに〈who＋動詞〉を続けて、「…する(人)」と説明を加える。このwhoを関係代名詞という。

| 中心になる文 | Gandhi is a man. 〔ガンディーは人です。〕

＋

Gandhi = He

| 説明の文 | He has influenced a lot of people. 〔彼は多くの人々に影響を与えました。〕

whoを使って1文に

| whoを使った文 | Gandhi is a man who has influenced a lot of people.

名詞 　　　　　　　　　　　　　　　　　　〈who＋動詞〉を名詞のあとに続ける

> whoは2つの文をつなぐ働きと、has influenced a lot of peopleの主語の働きをしているんだ。

ナルホド!

Words & Phrases 次の英語は日本語に、日本語は英語にしなさい。

☐(1) protest （　　　　　　　）　　☐(4) たたかう　　_____

☐(2) independence （　　　　　　　）　　☐(5) 暴力　　_____

☐(3) tough （　　　　　　　）

---

1 日本語に合うように、（ ）内から適切なものを選び、記号を〇で囲みなさい。

☐(1) カナはサッカーをする女の子です。

Kana is a girl (ア what　イ who) plays soccer.

☐(2) だれか赤いペンを2本持っている人はいますか。

Is there anyone (ア who　イ how) has two red pens?

☐(3) 私には私を手伝ってくれる友達がたくさんいます。

I have a lot of friends who (ア help　イ helps) me.

テストによく出る!

関係代名詞who

〈人〉を表す名詞について、「その人が…する」という説明を加えるときは、〈who＋動詞〉をあとに続ける。動詞は説明される名詞の数と文の表す時に合わせる。

☐(4) チャーリーはオーストラリア出身の男の子です。

Charlie is a boy who (ア are　イ is) from Australia.

2 絵を見て例にならい，「…は〜する生徒です」という文を書きなさい。

例 Emma	(1) Yuri	(2) Jun
use a computer	play basketball	live in Sydney

例 **Emma is a student who uses a computer.**

☐(1) Yuri is a student ＿＿＿＿＿＿ ＿＿＿＿＿＿ basketball.

☐(2) Jun is a ＿＿＿＿＿＿ ＿＿＿＿＿＿ ＿＿＿＿＿＿ in Sydney.

注目!

who＋動詞
名詞studentのあとに
〈who＋動詞〉を続ける。
studentは三人称単数で，
加える説明の内容は現在
のことなので，whoの
あとの動詞は三人称単数
現在形にする。

3 日本語に合うように，(　)内の語句を並べかえて全文を書きなさい。

☐(1) グリーン先生は髪の長い女の人です。

(the woman / who / is / long hair / has / Ms. Green).

＿＿＿＿＿＿＿＿＿＿＿＿＿＿＿＿＿＿＿＿＿＿＿＿＿

☐(2) 私には中国語を話す友達が何人かいます。

(have / Chinese / some friends / speak / I / who).

＿＿＿＿＿＿＿＿＿＿＿＿＿＿＿＿＿＿＿＿＿＿＿＿＿

☐(3) イトウ先生は私たちに科学を教えてくれた先生です。

(who / the teacher / science / Mr. Ito / taught / is / us).

＿＿＿＿＿＿＿＿＿＿＿＿＿＿＿＿＿＿＿＿＿＿＿＿＿

☐(4) 彼女にはギターのひける友達はいません。

(play / who / she / can / a friend / have / the guitar / doesn't).

＿＿＿＿＿＿＿＿＿＿＿＿＿＿＿＿＿＿＿＿＿＿＿＿＿

☐(5) 私はロンドンに行ったことがある生徒を何人か知っています。

(have / London / some students / I / to / know / who / been).

＿＿＿＿＿＿＿＿＿＿＿＿＿＿＿＿＿＿＿＿＿＿＿＿＿

⚠ミスに注意

(4)(5)〈who＋動詞〉に助
動詞を入れる場合，
〈who＋助動詞＋動
詞〉の語順になる。

Unit 5

ぴたトレ
1
要点チェック

Unit 5 A Legacy for Peace
(Read and Think 1)

時間 **15分**

解答 p.18

〈新出語・熟語 別冊p.12〉

教科書の
重要ポイント **関係代名詞that, which（主格）** 教科書 pp.76, 79

This is a movie that[which] makes people happy.

〔これは人々を幸せにする映画です。〕

〈もの〉を表す名詞のあとに〈that[which]＋動詞〉を続けて，「…する（もの）」と説明を加える。

| 中心になる文 | This is a movie.〔これは映画です。〕 |

a movie = It

| 説明の文 | It makes people happy.〔それは人々を幸せにします。〕 |

that[which]を使って1文に

| that[which]を使った文 | This is a movie that[which] makes people happy. |

名詞 〈that[which]＋動詞〉を名詞のあとに続ける

whoと同じように，that[which]は2つの文をつなぐ働きと，makes people happyの主語の働きをしているね。このように主語の働きをする関係代名詞を「主格」の関係代名詞というよ。

ナルホド！

Words & Phrases 次の英語は日本語に，日本語は英語にしなさい。

☐(1) accept （ 　　　　 ） ☐(6) …を導く ＿＿＿＿＿＿＿

☐(2) arrest （ 　　　　 ） ☐(7) 弁護士 ＿＿＿＿＿＿＿

☐(3) discrimination （ 　　　　 ） ☐(8) 怒った ＿＿＿＿＿＿＿

☐(4) movement （ 　　　　 ） ☐(9) 不公平な ＿＿＿＿＿＿＿

☐(5) freely （ 　　　　 ）

1 日本語に合うように，（　）内から適切なものを選び，記号を〇で囲みなさい。

☐(1) あれは駅へ行くバスです。

That is a bus (ア who　イ which) goes to the station.

□(2) これは午後10時まで開いている本屋です。

This is a bookstore (ア that　イ who) is open until 10 p.m.

□(3) 青い目をしたこのネコを見てください。

Look at this cat (ア which　イ how) has blue eyes.

□(4) この町にはTシャツを売るいくつかの店があります。

There are some shops (ア that　イ where) sell T-shirts in this town.

テストによく出る!

関係代名詞that[which]

〈もの〉を表す名詞に，「それが…する」という説明を加えるときは，〈that[which]＋動詞〉をあとに続ける。動詞は説明される名詞の数と文の表す時に合わせる。

2 絵を見て例にならい，**that**を使って「これは…する〜です」という文を書きなさい。

例 library	(1) bird	(2) car
have many books	speak Japanese	run fast

注目!

that＋動詞

〈もの〉を表す名詞のあとに〈that＋動詞〉を続ける。名詞がすべて三人称単数で，加える説明の内容は現在のことなので，thatのあとの動詞は三人称単数現在形にする。

例 **This is the library that has many books.**

□(1) This is the bird ＿＿＿＿＿＿ ＿＿＿＿＿＿ Japanese.

□(2) This is the ＿＿＿＿＿＿ ＿＿＿＿＿＿ ＿＿＿＿＿＿

　　 fast.

3 日本語に合うように，(　)内の語句を並べかえて全文を書きなさい。

□(1) これは私たちを悲しませる物語です。

(sad / is / makes / this / us / a story / that).

＿＿＿＿＿＿＿＿＿＿＿＿＿＿＿＿＿＿＿＿＿＿＿＿＿＿＿＿＿

□(2) ダイアンは泳ぎのじょうずなイヌを飼っています。

(a dog / well / has / which / Diane / swims).

＿＿＿＿＿＿＿＿＿＿＿＿＿＿＿＿＿＿＿＿＿＿＿＿＿＿＿＿＿

□(3) 私たちは昨年建てられたホテルに泊まりました。

(was / the hotel / stayed / last year / at / built / which / we).

⚠ミスに注意

(2)a dogのような動物を表す名詞は，〈もの〉として扱われることが多い。

□(4) これはとてもおいしい和食のあるレストランですか。

(that / the restaurant / Japanese food / has / this / delicious / is)?

＿＿＿＿＿＿＿＿＿＿＿＿＿＿＿＿＿＿＿＿＿＿＿＿＿＿＿＿＿

Unit5

Unit 5 A Legacy for Peace
(Read and Think 2)

教科書の
重要ポイント　**関係代名詞that，which（目的格）**　教科書 pp.77 ～ 79

This is a picture that[which] I found on the internet.

〔これは私がインターネットで見つけた写真です。〕

〈もの〉を表す名詞のあとに〈that[which]＋主語＋動詞〉を続けて，「～が…する（もの）」と説明を加える。

上の文はp.78の文と似ているね。どこが違うんだろう？

中心になる文　This is a picture.　〔これは写真です。〕

＋

a picture ＝ it

説明の文　I found it on the internet.　〔私はそれをインターネットで見つけました。〕

that[which]を使って1文に

that[which]を使った文　This is a picture that[which] I found on the internet.

名詞　　　　　　　　　　〈that[which]＋主語＋動詞〉を名詞のあとに続ける

このthat[which]は2つの文をつなぐ働きと，foundの目的語の働きをしているね。このように目的語の働きをする関係代名詞を「目的格」の関係代名詞というよ。目的格の関係代名詞は省略することができるんだ。p.78の文はpictureのあとのthat[which]が省略されているよ。

ナルホド!

Words & Phrases　次の英語は日本語に，日本語は英語にしなさい。

☐(1) kilometer　　（　　　　　　　）　　☐(6) …に到着する　_____

☐(2) salt　　　　（　　　　　　　）　　☐(7) 指導者　　　_____

☐(3) tax　　　　（　　　　　　　）　　☐(8) ニュース　　_____

☐(4) expensive　（　　　　　　　）　　☐(9) ほとんど　　_____

☐(5) peaceful　　（　　　　　　　）

1 日本語に合うように，（　）内から適切なものを選び，記号を〇で囲みなさい。

☐(1) あれは私たちが昨日訪れた水族館です。

That is the aquarium （ ア who　　イ which) we visited yesterday.

☐(2) 数学はエマが好きな科目です。

Math is the subject （ ア that　イ who) Emma likes.

☐(3) あれは私が先週会った男の子です。

That is the boy （ ア which　イ that) I met last week.

☐(4) 私は赤井先生が持っているあの辞書を知っています。

I know the dictionary which Mr. Akai （ ア has　イ has it).

注目!

関係代名詞that

(2)(3)関係代名詞thatは〈人〉にも〈もの〉にも説明を加えることができる。

2 絵を見て 例 にならい，「これは～が…した—です」という文を書きなさい。

例 Meg　the temple / visit
(1) Mike　the desk / make
(2) my father　the bike / buy

例 **This is the temple that[which] Meg visited.**

☐(1) This is the desk ＿＿＿＿＿＿ Mike ＿＿＿＿＿＿.

☐(2) This is the ＿＿＿＿＿＿ ＿＿＿＿＿＿ my father ＿＿＿＿＿＿.

テストによく出る!

関係代名詞that[which]

名詞について，「～が…する」という説明を加えるときは，〈that[which]＋主語＋動詞〉をあとに続ける。加える説明の内容は過去のことなので，that[which]のあとの動詞は過去形にする。

3 日本語に合うように，（　）内の語句を並べかえて全文を書きなさい。

☐(1) これは私が昨夜読んだ本です。

(the book / is / I / last night / this / read / which).

＿＿＿＿＿＿＿＿＿＿＿＿＿＿＿＿＿＿＿＿＿＿＿＿＿＿＿

☐(2) これは私がその店で見つけたすてきなセーターです。

(found / that / this / at / I / is / the nice sweater / the shop).

＿＿＿＿＿＿＿＿＿＿＿＿＿＿＿＿＿＿＿＿＿＿＿＿＿＿＿

☐(3) それはあなたのお父さんがあなたにくれたカメラですか。

(that / that / gave / you / your father / is / the camera)?

＿＿＿＿＿＿＿＿＿＿＿＿＿＿＿＿＿＿＿＿＿＿＿＿＿＿＿

⚠ミスに注意

(1)(2)目的格の関係代名詞には目的語の働きがあるので，そのあとの動詞は目的語を伴わないことに注意。

Unit 5

ぴたトレ
1
要点チェック

Let's Write 3 グラフや表の活用
—レポート—

時間 **15**分
解答 p.19

〈新出語・熟語 別冊p.12〉

| 教科書の 重要ポイント | 資料を使ったレポートの書き方 | 教科書p.81 |

資料から読み取った情報を伝えるレポートのまとめ方

1　導入と資料の紹介

何についての情報かを述べ，資料にもとづいた情報であることを知らせる表現を使う。

導入

Do you know where the hottest place in Japan is?　〔日本で最も暑い場所がどこか知っていますか。〕

資料の紹介

Here are the lists that show the five hottest places in Japan in the last five years.　〔ここに過去5年，日本で最も暑かった5つの場所を示すリストがあります。〕

2　説明

資料から読み取れる情報を説明する。

情報の説明

According to the lists, the hottest place is different almost every year.

〔リストによれば，最も暑かった場所はほぼ毎年違います。〕

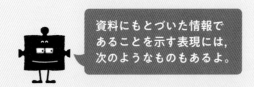

資料にもとづいた情報であることを示す表現には，次のようなものもあるよ。

・This figure shows that the Earth moves around the sun.

　〔この図は地球は太陽の周りを動くことを示します。〕

・You can see that a lot of foreign tourists visit Japan from the chart below.

　〔下の表から多くの外国人観光客が日本を訪れていることがわかります。〕

3　感想や意見

自分自身の感想や意見を示す。

自分の感想・意見

I think that we may have another hottest place this year.

　〔私は今年は別の最も暑い場所があるかもしれないと思います。〕

Words & Phrases　次の英語は日本語に，日本語は英語にしなさい。

☐(1) growth　　　（　　　　　　　）　　☐(3) 10億　　　　_____

☐(2) populous　　（　　　　　　　）　　☐(4) 力強い，有力な　_____

1 日本語に合うように，＿＿に適切な語を書きなさい。

□(1) ここにケンが京都で撮った何枚かの写真があります。

＿＿＿＿＿＿＿ ＿＿＿＿＿＿＿ some pictures taken by Ken in Kyoto.

□(2) 私のコンピュータはあなたのよりも古いです。

My computer is ＿＿＿＿＿＿＿ ＿＿＿＿＿＿＿ yours.

□(3) これはこのデパートで最も高価な腕時計です。

This is the ＿＿＿＿＿＿＿ ＿＿＿＿＿＿＿ watch in this department store.

□(4) その芸術家はますます有名になりました。

The artist became ＿＿＿＿＿＿＿ and ＿＿＿＿＿＿＿ famous.

□(5) 新聞によれば，この冬はとても寒くなるらしいです。

＿＿＿＿＿＿＿ ＿＿＿＿＿＿＿ the newspaper, it will be very cold this winter.

注目!

Here's[Here are] ....
⑴Here's[Here are]
....は「ここに…があ
ります」と目の前にあ
るものを紹介すると
きに使う表現。

2 アユミはクラスで「行きたい国はどこか」というアンケートをとり，その結果にもとづくレポートを書きました。次の表はアンケート結果をまとめたもので，レポート中に示されています。表を見て，レポートの英文の＿＿に適切な語を書きなさい。

1位	アメリカ	45%
2位	イギリス	15%
3位	オーストラリア	12.5%
4位	カナダ	12.5%
5位	ニュージーランド	10%

"Which □(1)＿＿＿＿＿＿ do you want to visit?" I asked you the question last week. □(2)＿＿＿＿＿＿ the list that shows the result of your answers.

According □(3)＿＿＿＿＿＿ this list, America is the □(4)＿＿＿＿＿＿ popular country. And Canada is as popular □(5)＿＿＿＿＿＿ Australia.

I think □(6)＿＿＿＿＿＿ we want to go to these countries because we can use English there.

(注)Canada　カナダ

注目!

資料を使ったレポート
の書き方
「資料の紹介→資料から
読み取れる情報の説明→
自分の感想・意見」の流
れでまとめる。

Grammar for Communication 3

教科書の重要ポイント　**後置修飾**　教科書 pp.82〜83

①名詞を後置修飾する語句

英語では名詞を修飾する語句や文が名詞の後ろに置かれるよ。これを「後置修飾」と呼ぶんだ。

前置詞＋語句　The cake on the table looks delicious.　〔テーブルの上のケーキはとてもおいしそうです。〕
「テーブルの上の」

不定詞　I want something to eat.　〔私は何か食べるものがほしいです。〕
「食べるための」

現在分詞　The boy sitting by the window is Ken.　〔窓のそばにすわっている男の子はケンです。〕
「窓のそばにすわっている」

過去分詞　This is a book written ten years ago.　〔これは10年前に書かれた本です。〕
「10年前に書かれた」

②名詞を後置修飾する文（接触節，関係代名詞節）

接触節　This is the bag I bought yesterday.　〔これは私が昨日買ったバッグです。〕
「私が昨日買った」

名詞を後ろから修飾する〈主語＋動詞〉を含む文が「接触節」だよ。次の文のthat[which]が省略されていると考えよう。

目的格の関係代名詞that[which]　This is the bag that[which] I bought yesterday.
「私が昨日買った」
〔これは私が昨日買ったバッグです。〕

thatは「人」にも使うことができる

主格の関係代名詞who[that]　Emi is the girl who[that] visited me last night.
「昨夜私を訪ねてきた」
〔エミは，昨夜私を訪ねてきた女の子です。〕

主格の関係代名詞that[which]　That is the train that[which] goes to Osaka.
「大阪へ行く」
〔あれは大阪へ行く電車です。〕

ナルホド!

1 日本語に合うように，_____に適切な語を書きなさい。

☐(1) 彼は日本製のカメラがほしいと思っています。

He wants a camera _____ in Japan.

☐(2) テニスは私の好きなスポーツです。

Tennis is a _____ _____ _____ .

☐(3) 何か飲む物をいかがですか。

Would you like something _____ _____ ?

☐(4) あなたはドアのそばに立っている男の人を知っていますか。

Do you know the man _____ by the door?

☐(5) ミカは長い髪の生徒です。

Mika is a student _____ has long hair.

⚠ミスに注意

(2)目的格の関係代名詞は省略できるので，名詞のあとに直接文が続く接触節の形になる！

2 ほぼ同じ内容を表すように，_____に適切な語を書きなさい。

☐(1) The boy is my brother. He is carrying a big box.

→ The boy _____ a big box is my brother.

☐(2) I like the bike. My father bought it for me.

→ I like the bike _____ my father bought for me.

☐(3) Look at the pictures. They were taken by Mike.

→ Look at the pictures _____ _____ Mike.

☐(4) Ken has a friend. She comes from India.

→ Ken has a friend _____ comes from India.

テストによく出る!

関係代名詞の使い分け whichは「もの」，whoは「人」，thatは「人・もの」を説明するときに用いる。

3 日本語に合うように，（　）内の語句を並べかえて全文を書きなさい。

☐(1) クミによって作られたケーキはとてもおいしかったです。

(made / Kumi / the cake / delicious / was / by).

_____

☐(2) 舞台の上でおどっている女の人はだれですか。

(the woman / who / the stage / is / dancing / on)?

_____

☐(3) これは私が知っている最もよいレストランです。

(that / restaurant / is / the best / this / know / I).

_____

☐(4) ボブはとても速く走るイヌを飼っています。

(which / very / has / runs / Bob / fast / a dog).

_____

注目!

現在分詞と過去分詞

(1)(2)現在分詞は進行形の意味，過去分詞は受け身の意味を表す。

Stage Activity 2 Discover Japan

教科書の重要ポイント 日本文化を紹介するパンフレットを作る 教科書 pp.84 ～ 86

パンフレットに載せたい日本文化を選び，詳しい情報を加えてそれを紹介する原稿を，次のような構成で書く。

1 名称・定義

A *yukata* is a kind of *kimono*. 〔浴衣は一種の着物です。〕

2 詳しい説明

Light cloth is used for a *yukata*. 〔軽い布が浴衣には使われています。〕

We usually wear it in summer. 〔私たちはたいてい夏にそれを着ます。〕 (注)wear …を着ている

Especially at a summer festival, you can see a lot of men and women wearing a *yukata*. 〔特に夏祭りでは，浴衣を着た多くの男女を見ることができます。〕

3 自分の考えやおすすめポイント

Various pretty things, such as plants, animals, or fireworks, are printed on *yukatas*. 〔植物，動物や花火といったさまざまなかわいいものが浴衣に印刷されています。〕

It isn't very difficult to wear a *yukata*. 〔浴衣を着るのはそれほど難しいわけではありません。〕

I'm sure that people from other countries can enjoy wearing a *yukata*.

〔外国から来た人もきっと浴衣を着るのを楽しむことができます。〕

受け身の表現や，「一種の…」を表すa kind ofは文化を紹介するときに便利な表現だね。

ナルホド!

Words & Phrases 次の英語は日本語に，日本語は英語にしなさい。

- (1) discover （　　　　　　　）
- (2) behavior （　　　　　　　）
- (3) resource （　　　　　　　）
- (4) wrestling （　　　　　　　）
- (5) convenient （　　　　　　　）

- (6) …をむだに使う ＿＿＿＿＿＿＿
- (7) 登場人物 ＿＿＿＿＿＿＿
- (8) 布，服地 ＿＿＿＿＿＿＿
- (9) かわいい，きれいな ＿＿＿＿＿＿＿
- (10) そのかわりに ＿＿＿＿＿＿＿

1 日本語に合うように，＿＿＿に適切な語を書きなさい。

☐(1) 花見に参加することは楽しいでしょう。

＿＿＿＿＿＿＿＿＿ will be fun ＿＿＿＿＿＿＿＿＿ join *hanami*.

☐(2) 七夕は夏に催される行事です。

Tanabata is an event which ＿＿＿＿＿＿＿＿ ＿＿＿＿＿＿＿＿ in summer.

☐(3) 私は多くの人にこれらの美しい花火を見てほしいです。

I ＿＿＿＿＿＿＿＿ many people ＿＿＿＿＿＿＿＿ see these beautiful fireworks.

☐(4) この本はおもしろいだけではなく，役にも立ちます。

This book is ＿＿＿＿＿＿＿＿ only interesting, ＿＿＿＿＿＿＿＿ useful.

> **注目!**
>
> 「人に…してほしい」
>
> (3)〈want＋人＋to＋動詞の原形〉で「人に…してほしい」を表す。wantの目的語の「人」が〈to＋動詞の原形〉の行為をする。

2 次の文は，「折り紙」について紹介している文です。下の[　]内の単語を，必要ならば適切な形にかえて，＿＿＿に書きなさい。

Origami is a ☐(1)＿＿＿＿＿＿＿ Japanese art. We make various things by folding a ☐(2)＿＿＿＿＿＿＿ of paper. Now *origami* is ☐(3)＿＿＿＿＿＿＿ by people around the world. Last year, I made *semba-zuru* for my grandmother ☐(4)＿＿＿＿＿＿＿ she was in the hospital. I ☐(5)＿＿＿＿＿＿＿ you will be interested in *origami*, too.

[enjoy　think　piece　traditional　when]

> **⚠ミスに注意**
>
> (2)paperは数えられない名詞。1枚，2枚と数を数えるときは，単位を表す名詞を使って表す。

3 日本語に合うように，（　）内の語句を並べかえて全文を書きなさい。

☐(1) うどんは一種のめんです。

(of / is / kind / noodle / *Udon* / a).

＿＿＿＿＿＿＿＿＿＿＿＿＿＿＿＿＿＿＿＿＿＿＿＿＿

☐(2) 私たちはテレビで野球を見て楽しみます。

(baseball / we / on / watching / TV / enjoy).

＿＿＿＿＿＿＿＿＿＿＿＿＿＿＿＿＿＿＿＿＿＿＿＿＿

☐(3) 彼女は四角の布を3枚買いました。

(bought / pieces / she / square cloth / three / of).

＿＿＿＿＿＿＿＿＿＿＿＿＿＿＿＿＿＿＿＿＿＿＿＿＿

☐(4) 私はその行事をインターネットで見つけました。

(the / the / event / on / found / internet / I).

＿＿＿＿＿＿＿＿＿＿＿＿＿＿＿＿＿＿＿＿＿＿＿＿＿

> **注目!**
>
> **a kind of**
>
> (1)a kind ofで「一種の…」を表す。ofのあとは冠詞のつかない単数形の名詞。

Stage Activity 2

Unit 5 〜 Stage Activity 2

① 正しいものを4つの選択肢の中から選びなさい。

☐(1) I have a brother (　　) is studying science in the United States.

　　ア who　　イ which　　ウ he　　エ him

☐(2) Kyoto is a city (　　) many foreign people visit every year.

　　ア who　　イ that　　ウ it　　エ there

☐(3) I like this song (　　) is popular in Japan.

　　ア who　　イ when　　ウ which　　エ where

> 関係代名詞には主格と目的格があったね。

② 日本語に合うように，＿＿に入る適切な語を書きなさい。

☐(1) 私はコーヒーのかわりに緑茶をいただきたいです。

　　I would like green tea ＿＿＿＿＿＿＿ of coffee.

☐(2) 父はたとえ高くても，その自転車を買うでしょう。

　　My father will buy the bike, ＿＿＿＿＿＿ ＿＿＿＿＿＿ it's expensive.

☐(3) その部屋には何千冊もの本があります。

　　There are ＿＿＿＿＿＿ ＿＿＿＿＿＿ books in the room.

③ 日本語に合うように，（　）内の語句を並べかえて全文を書きなさい。

☐(1) 私は母が作ってくれたバッグが好きです。

　　(which / me / the bag / made / I / my mother / like / for).

＿＿＿＿＿＿＿＿＿＿＿＿＿＿＿＿＿＿＿＿＿＿＿＿＿＿＿＿＿

☐(2) あなたはこの物語を書いた作家を知っていますか。

　　(wrote / do / the writer / you / who / know / this story)?

＿＿＿＿＿＿＿＿＿＿＿＿＿＿＿＿＿＿＿＿＿＿＿＿＿＿＿＿＿

☐(3) これはエマがロンドンで買ったTシャツです。

　　(London / in / is / the T-shirt / this / bought / Emma).

＿＿＿＿＿＿＿＿＿＿＿＿＿＿＿＿＿＿＿＿＿＿＿＿＿＿＿＿＿

④ 書く✍ 次の日本語を英語にしなさい。

☐(1) これらは私が昨日撮った写真です。

＿＿＿＿＿＿＿＿＿＿＿＿＿＿＿＿＿＿＿＿＿＿＿＿＿＿＿＿＿

☐(2) あれは動物園へ行くバスですか。

＿＿＿＿＿＿＿＿＿＿＿＿＿＿＿＿＿＿＿＿＿＿＿＿＿＿＿＿＿

ヒント　① (1)修飾されるのはbrotherで〈人〉。　(2)修飾されるのはcityで〈もの〉。
　　　　③ (3)関係代名詞が省略されている。

5 読む 次の英文を読んで，あとの問いに答えなさい。

　Gandhi moved （　①　） South Africa （　①　） work as a lawyer in 1893.　②It was under British rule at that time and there was a lot of ③discrimination.　For example, Indians could not go out at night freely or walk on the sidewalk.　There were also hotels ④(who, that, it) did not accept Indian guests.

□(1) （　①　）に入る適切な語を書きなさい。

①＿＿＿＿＿＿＿＿

□(2) 下線部②の英文の日本語訳を完成させなさい。

　南アフリカは（　　　　　　　　　　　　　　　　　　　）。

□(3) 下線部③の例としてあげられていることを日本語で書きなさい。

　（　　　　　　　　　　　　　　　　　　　　　　　　　）。

□(4) 下線部④の（　）内から正しい語を選びなさい。

④＿＿＿＿＿＿＿＿

6 話す 次の文を声に出して読み，問題に答え，答えを声に出して読んでみましょう。 アプリ

　These photos show the first humans to land on the moon. Three astronauts went to the moon on Apollo 11 in 1969. They wore special suits that protected them in space. You may know the famous words, " One small step for a man, one giant leap for mankind."

(注)　land　着陸する　　moon　月　　Apollo 11　アポロ11号(宇宙船の名前)

　　　wore　wear(…を着ている)の過去形　　suit　(ある目的のための)衣服

　　　space　宇宙空間　　step　歩み，一歩　　giant　巨大な，偉大な

　　　leap　跳躍，飛躍　　mankind　人類

□(1) In 1969, what happened?

　　—　＿＿＿＿＿＿＿＿＿＿＿＿＿＿＿＿＿

□(2) What did the astronauts wear?

　　—　＿＿＿＿＿＿＿＿＿＿＿＿＿＿＿＿＿

ヒント　5 (2)at that timeは「その当時」という意味。(4)目的格の関係代名詞が必要。

93

Unit 5 ~ Stage Activity 2

❶ 下線部の発音が同じものには〇を，そうでないものには×を，解答欄に書きなさい。 9点

(1) r<u>ea</u>ch
inst<u>ea</u>d

(2) f<u>igh</u>t
tou<u>gh</u>

(3) <u>a</u>lmost
cl<u>o</u>th

❷ 最も強く発音する部分の記号を解答欄に書きなさい。 9点

(1) char - ac - ter
　ア　　イ　　ウ

(2) con - ven - ient
　ア　　イ　　ウ

(3) ex - pen - sive
　ア　　イ　　ウ

❸ 次の各組の文が同じ内容を表すように，＿＿に入る適切な語を書きなさい。 12点

(1) { Let's have the spaghetti cooked by Yuka.
Let's have the spaghetti ＿＿＿＿ Yuka ＿＿＿＿.

(2) { Japan is a country. It has a long history.
Japan is a country ＿＿＿＿ ＿＿＿＿ a long history.

よく出る (3) { I know the girl. She plays the guitar well.
I know the girl ＿＿＿＿ ＿＿＿＿ the guitar well.

❹ 日本語に合うように，（　）内の語句を並べかえて全文を書きなさい。 15点

(1) あれはアメリカで作られた自動車です。

(was / is / that / in / a car / America / which / made).

差がつく (2) これは私の兄がよく聞く歌です。

(often / this / listens / the song / to / is / my brother).

(3) 私はロンドンに住んでいる友達と話したいです。

(lives / I / to / want / a friend / who / in / talk / London / with).

❺ **読む📖** 次のJunの父親についてのスピーチを読んで，あとの問いに答えなさい。 31点

①(was / Tokyo / born / my father / in). He got interested in taking pictures when he was in junior high school. This is the camera ②(　　　) my grandfather bought for my father. It was his first camera.

He became a photographer. ③Look at this picture he took in India. This is a picture of a temple that was built more than one thousand years ago.

成績評価の観点　知…言語や文化についての知識・技能　表…外国語表現の能力

(1) 下線部①が「私の父は東京で生まれました」という意味になるように，（　）内の語を正しく並べかえて全文を書きなさい。

(2) 下線部②の（　）に適切な関係代名詞を書きなさい。

(3) 下線部③を日本語にしなさい。

(4) 次の問いに英語で答えなさい。

　① Who bought a camera for Jun's father?

　② Is the temple in the picture five hundred years old?

点UP **❻** 書く✐ **次の日本語を，（　）内の語句を使って示された語数の英語にしなさい。** 24点

(1) 私には私を手伝ってくれる何人かの友だちが必要です。(who，7語)

(2) あなたは泳ぐのが得意なイヌを飼っていますか。(a dog，which，10語)

(3) あなたが今までに見たいちばんよい映画は何ですか。(that，seen，10語)

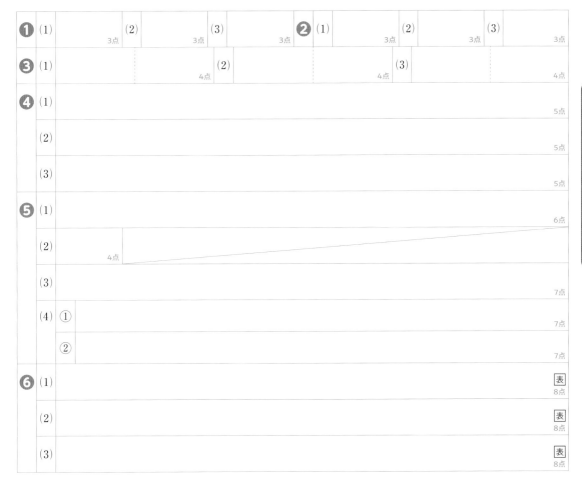

❶	(1)		(2)		(3)		❷	(1)		(2)		(3)	
		3点		3点		3点			3点		3点		3点

❸	(1)			(2)		(3)	
			4点		4点		4点

❹	(1)	5点
	(2)	5点
	(3)	5点

❺	(1)	6点
	(2)	4点
	(3)	7点
	(4)	①	7点
		②	7点

❻	(1)	表 8点
	(2)	表 8点
	(3)	表 8点

▶ 表 の印がない問題は全て 知 の観点です。

Unit 6 Beyond Borders (Scene 1)

時間 **15**分

解答 p.22

〈新出語・熟語 別冊p.13〉

教科書の重要ポイント 「…であればよいのに」の文　　教科書 pp.89〜91

I wish I could go to school.

〔学校へ行くことができればいいのになあ。〕

I wish I had pens and notebooks.

〔ペンやノートを持っていればいいのになあ。〕

「…であればよいのに」と現実とは異なる願望を表すときには〈I wish (that)＋主語＋動詞〉という仮定法の文を使う

I <u>can't</u> go to school. （学校に行くことができない：現実）
↓ wishのあとの助動詞は過去形
I wish I <u>could</u> go to school. （願望）

起こりうる可能性が低い願望を表すときにI wish …を使うよ。

I <u>don't have</u> pens and notebooks. （ペンやノートを持っていない：現実）
↓ wishのあとの動詞は過去形
I wish I <u>had</u> pens and notebooks. （願望）

ナルホド！

Words & Phrases 次の英語は日本語に，日本語は英語にしなさい。

☐(1) backpack　　（　　　　　　　）　　☐(4) …を寄付する　＿＿＿＿＿＿＿

☐(2) supplies　　（　　　　　　　）　　☐(5) 未使用の　　　＿＿＿＿＿＿＿

☐(3) this way　　（　　　　　　　）　　☐(6) キャンペーン　＿＿＿＿＿＿＿

1 日本語に合うように，（　）内から適切なものを選び，記号を〇で囲みなさい。

☐(1) 私がピアノをひけたらよいのですが。

　　I wish I（ ア can　イ could ）play the piano.

□(2) 私が自分のコンピュータを持っていたらよいのですが。

I wish I (ア have　イ had) my own computer.

□(3) メグが私の家の近くに住んでいればよいのですが。

I (ア hope　イ wish) Meg lived near my house.

□(4) 私が金持ちだとよいのですが。

I wish I (ア were　イ am) rich.

□(5) この街に博物館があるとよいのですが。

I wish there (ア is　イ were) a museum in this town.

テストによく出る!

be動詞の形

(4)(5)wishのあとのbe動詞は主語が何であってもwereを使うことが多い。

2 絵を見て例にならい，「私が…であればよいのに」という文を完成させなさい。

例 can speak Chinese　(1) can swim fast　(2) have a dog

例 **I wish I could speak Chinese.**

□(1) I ＿＿＿＿＿＿ I ＿＿＿＿＿＿ swim fast.

□(2) ＿＿＿＿＿ ＿＿＿＿＿ ＿＿＿＿＿ ＿＿＿＿＿

a dog.

⚠ミスに注意

現在のことを言うけれども，過去形の動詞や助動詞を使うよ。

3 日本語に合うように，（　）内の語句を並べかえて全文を書きなさい。

□(1) 私がもっと強そうに見えればよいのに。

(looked / wish / stronger / I / I).

□(2) 毎日つりに行けたらよいのに。

(go / wish / could / I / I / every day / fishing).

□(3) ブラウン先生が日本にいるとよいのに。

(Japan / were / in / wish / I / Ms. Brown).

□(4) 彼らは次の試合に勝つために熱心に練習しています。

(to / they / the next game / are / win / hard / practicing).

Unit 6

Unit 6 Beyond Borders (Scene 2)

教科書の重要ポイント　be動詞を使った「…であれば～だろう(に)」の文　教科書 pp.92～93

If I were you, I would ask my friends for help.

〔もし私があなたなら, 友達に助けを求めるでしょう。〕

「…であれば～だろう(に)」と現実とは異なる仮定を表すときには〈If＋主語＋be動詞の過去形(were) …, ～.〉という仮定法の文を使う。～の部分は〈主語＋助動詞の過去形＋動詞の原形〉となる。

> 仮定法は「もし…なら」というif …の文でも使うんだ。

I ≠ you
現実

I = you
現実とは異なる仮定

If I were you , I would ask my friends for help.
〈If＋主語＋be動詞の過去形(were) …〉 　〈主語＋助動詞の過去形＋動詞の原形〉

ナルホド！

Words & Phrases　次の英語は日本語に, 日本語は英語にしなさい。

☐(1) so far　　　(　　　　　　　)　　☐(2) もちろん, 確かに　_____

---

1 日本語に合うように, (　)内から適切なものを選び, 記号を〇で囲みなさい。

☐(1) もし私があなただったら, その本を読むのに。

　If I (ア am　イ do　ウ were) you, I would read the book.

☐(2) もし今日が雨だったら, 私たちは家で映画を見るでしょう。

　If it (ア is　イ does　ウ were) rainy today, we would watch a movie at home.

□(3) もしメグがここにいれば，私は彼女と話せるのに。

If Meg were here, I (ア can　イ could　ウ can't) talk to her.

□(4) もしボブが今，日本にいれば，彼は北海道にスキーに行くでしょう。

If Bob were in Japan now, he (ア will　イ would　ウ won't) go to Hokkaido to ski.

テストによく出る!

be動詞の形

「…であれば」という仮定法の文でのbe動詞は主語が何であってもwereを使う。

2 絵を見て例にならい，「私が金持ちであれば～だろうに」という文を完成させなさい。

例	(1)	(2)
will travel abroad	will have a cat	can buy a nice bike

⚠ミスに注意

「～だろうに」という仮定法の文で使う助動詞は過去形。

例 **If I were rich, I would travel abroad.**

□(1) If I ＿＿＿＿＿＿＿ rich, I ＿＿＿＿＿＿＿ have a cat.

□(2) If ＿＿＿＿＿＿ ＿＿＿＿＿＿ rich, ＿＿＿＿＿＿

＿＿＿＿＿＿ buy a nice bike.

3 日本語に合うように，（　）内の語句，符号を並べかえて全文を書きなさい。

□(1) もし私が獣医だったら，動物たちを救えるのに。

(animals / a vet / if / , / I / I / were / could / save).

_____

□(2) 私はテレビでおどっているグループのファンです。

(of / on TV / I'm / the group / dancing / a fan).

_____

□(3) あなたはその日本人芸術家のことを聞いたことがありますか。

(the Japanese artist / heard / ever / of / you / have)?

_____

□(4) もし今日が晴れなら，私たちは野球をするでしょう。

(, / today / we / if / play / would / it / were / sunny) baseball.

_____

注目!

, (コンマ)の位置

(1)(4)前半の〈If + 主語 + were …〉の後には「,」を置く。

Unit 6

ぴたトレ
1
要点チェック

Unit 6 Beyond Borders
(Read and Think 1)

時間 **15分**

解答 p.22

〈新出語・熟語 別冊p.13〉

教科書の重要ポイント ── 一般動詞・助動詞を使った「…であれば～だろう(に)」の文 教科書 pp.94, 96～97

If I had a school backpack, I would donate it.

〔もし私がランドセルを持っていれば, 寄付するでしょう。〕

現実とは異なる仮定を表すif節の中で使われる一般動詞・助動詞も過去形となる。

現実

I don't have a school backpack.

現実とは違う仮定

If I had a school backpack

→ 過去形

If I had a school backpack , I would donate it.

〈If＋主語＋一般動詞の過去形…〉 〈主語＋助動詞の過去形＋動詞の原形〉

ナルホド!

Words & Phrases 次の英語は日本語に, 日本語は英語にしなさい。

☐(1) ready ( ) ☐(6) …を受け取る _____

☐(2) air ( ) ☐(7) 娘 _____

☐(3) service ( ) ☐(8) 息子 _____

☐(4) globe ( ) ☐(9) 建物, ビル _____

☐(5) most of ( ) ☐(10) …を想像する _____

1 日本語に合うように, ( )内から適切なものを選び, 記号を〇で囲みなさい。

☐(1) もし私がコンピュータを持っていたら, インターネットが使えるのに。

If I (ア have イ had ウ were) a computer, I could use the internet.

(2) もしジュンがこの歌を知っていれば，いっしょに歌うのに。

If Jun (ア know　イ knows　ウ knew) this song, we would sing it together.

(3) もし私たちが何も食べなければ，生きることはできないでしょう。

If we (ア don't　イ didn't　ウ weren't) eat anything, we couldn't live.

テストによく出る!

動詞の形

仮定法では現在のことであっても過去形を使う。

2 絵を見て例にならい，「もし私が島を持っていたら，そこで～だろうに」という文を完成させなさい。

例	(1)	(2)
will go camping there	will enjoy fishing there	will let animals live there

例 **If I had an island, I would go camping there.**

(1) If I ＿＿＿＿＿＿＿＿ an island, I ＿＿＿＿＿＿＿＿ enjoy fishing there.

(2) If ＿＿＿＿＿＿＿ ＿＿＿＿＿＿＿ an island, ＿＿＿＿＿＿＿ ＿＿＿＿＿＿＿ let animals live there.

⚠ミスに注意

「～だろうに」という仮定法の文で使う助動詞は過去形。

3 日本語に合うように，（　）内の語句，符号を並べかえて全文を書きなさい。

(1) 彼の演技は私たちをわくわくさせます。

(makes / his / us / performance / excited).

＿＿＿＿＿＿＿＿＿＿＿＿＿＿＿＿＿＿＿＿＿＿＿＿＿

(2) もし私がロンドンに住んでいれば，デイビッドと毎日会えるのに。

(I / in London / I / if / lived / David / , / meet / could) every day.

＿＿＿＿＿＿＿＿＿＿＿＿＿＿＿＿＿＿＿＿＿＿＿＿＿

(3) 彼女は3時間ずっとテレビを見ています。

(TV / three hours / watching / she / for / has / been).

＿＿＿＿＿＿＿＿＿＿＿＿＿＿＿＿＿＿＿＿＿＿＿＿＿

(4) もし私たちが言葉を持っていなかったら，話せないでしょう。

(we / we / languages / , / talk / have / didn't / couldn't / if).

＿＿＿＿＿＿＿＿＿＿＿＿＿＿＿＿＿＿＿＿＿＿＿＿＿

Unit 6 Beyond Borders
(Read and Think 2)

教科書の重要ポイント **主語を説明する関係代名詞** 教科書 pp.95, 96〜97

Many things that we see every day come from overseas.

〔私たちが毎日目にする多くのものは海外から来ています。〕

文の主語を説明する関係代名詞の節は，文の主語と動詞の間に入る。

中心になる文 Many things come from overseas. 〔多くのものが海外から来ます。〕

+

説明する文 We see them every day. 〔私たちは毎日それらを目にします。〕

Many things that we see every day come from overseas.

主語　　　　　関係代名詞の節　　　　　動詞

\ナルホド!/

Words & Phrases 次の英語は日本語に，日本語は英語にしなさい。

□(1) exception 　(　　　　　　　) 　　□(6) …を輸入する 　_____

□(2) trade 　(　　　　　　　) 　　□(7) sellの過去分詞 　_____

□(3) pork 　(　　　　　　　) 　　□(8) 日常の 　_____

□(4) survival 　(　　　　　　　) 　　□(9) 上着, コート 　_____

□(5) depend on 　(　　　　　　　) 　　□(10) …を囲む 　_____

1 絵を見て例にならい，thatを使って「…した本はおもしろいです」という文を完成させなさい。

例	(1)	(2)
I / read / yesterday	I / buy / last week	my father / give me

例 The book that I read yesterday is interesting.

□(1) The book ＿＿＿＿＿＿ I ＿＿＿＿＿＿ last week is interesting.

□(2) The book ＿＿＿＿＿＿ ＿＿＿＿＿＿ ＿＿＿＿＿＿ ＿＿＿＿＿＿ ＿＿＿＿＿＿ is interesting.

2 日本語に合うように, ＿＿＿に入る適切な語を書きなさい。

□(1) 私の好きな中華料理店は駅の近くです。

The Chinese restaurant ＿＿＿＿＿＿ ＿＿＿＿＿＿ ＿＿＿＿＿＿ is near the station.

□(2) アメリカ出身のその女の子は歌がとてもじょうずです。

The girl ＿＿＿＿＿＿ is ＿＿＿＿＿＿ America ＿＿＿＿＿＿ very well.

□(3) 彼らが食べているスパゲッティはとてもおいしそうに見えます。

The spaghetti ＿＿＿＿＿＿ ＿＿＿＿＿＿ are eating ＿＿＿＿＿＿ delicious.

□(4) エミが沖縄で撮った写真は美しいです。

The pictures ＿＿＿＿＿＿ Emi ＿＿＿＿＿＿ in Okinawa ＿＿＿＿＿＿ beautiful.

3 日本語に合うように, ( )内の語句を並べかえて全文を書きなさい。

□(1) 私たちが今日会った男の人は横浜に住んでいます。

(in / today / Yokohama / that / the man / met / lives / we).

＿＿＿＿＿＿＿＿＿＿＿＿＿＿＿＿＿＿＿＿＿＿＿＿＿＿

□(2) 日本はほかの国々に多くのものを頼っています。

(other / Japan / countries / many / for / things / on / depends).

＿＿＿＿＿＿＿＿＿＿＿＿＿＿＿＿＿＿＿＿＿＿＿＿＿＿

□(3) 私が今朝乗った電車は混んでいました。

(morning / the train / took / crowded / was / I / that / this).

＿＿＿＿＿＿＿＿＿＿＿＿＿＿＿＿＿＿＿＿＿＿＿＿＿＿

□(4) あなたたちにとってお互いに助け合うことは必要です。

(for / to / other / you / necessary / help / each / it's).

＿＿＿＿＿＿＿＿＿＿＿＿＿＿＿＿＿＿＿＿＿＿＿＿＿＿

Unit 6

103

教科書の
重要ポイント　**賛成する・反対する**　教科書p.99

議論をするときには，相手の意見を踏まえたうえで自分の意見を述べる。

1　賛成する

I agree with this idea.　〔私はこの考えに賛成です。〕

I think so, too.　〔私もそう思います。〕

I also think that more people should go abroad when they are young.
〔私も，より多くの人々が若いときに外国に行くべきだと思います。〕

2-1　反対する

I disagree with this idea.　〔私はこの考えに反対です。〕

I don't think so.　〔私はそう思いません。〕

I don't think that more people should go abroad when they are young.
〔私は，より多くの人々が若いときに外国に行くべきだとは思いません。〕

I'm not sure about that.　〔私はそれについてはよくわかりません。〕

2-2　相手の意見に理解を示したうえで反対する

I see what you mean, but I have a different idea. / I see your point, but I have a different idea.
〔あなたの言いたいことはわかりますが，私の考えは違います。〕

You may be right, but I have a different idea.
〔あなたは正しいかもしれませんが，私の考えは違います。〕

3　理由を述べる

I think it's necessary to go abroad because we can study foreign languages.
〔外国に行くことが必要だと思うのは，私たちが外国語を勉強できるからです。〕

ナルホド!

Words & Phrases　次の英語は日本語に，日本語は英語にしなさい。

☐(1) besides　（　　　　　　　）

☐(2) transport　（　　　　　　　）

☐(3) cheap　（　　　　　　　）

☐(4) domestic　（　　　　　　　）

☐(5) in season　（　　　　　　　）

☐(6) 賛成する　＿＿＿＿＿＿＿

☐(7) 意見が合わない　＿＿＿＿＿＿＿

☐(8) 特徴, 論点　＿＿＿＿＿＿＿

☐(9) …のように思われる　＿＿＿＿＿＿＿

1 次のようなとき，どのように言いますか。下から選び（　）に記号を書きなさい。

テストによく出る!
意見を述べる表現
賛成・反対・理由を述べる決まった表現を覚えておこう。

□(1) 相手の意見に対して賛成の立場を表明するとき。　　　（　　）

□(2) 相手の意見に対して反対の立場を表明するとき。　　　（　　）

□(3) 理由を述べるとき。　　　（　　）

□(4) 相手の主張に理解を示したうえで反対する。　　　（　　）

ア I think you should use this device because it's useful.

イ I disagree with this idea.

ウ I think so, too.

エ I see your point, but his idea seems better.

2 タクヤとケイとアヤは「英語を学ぶことは重要か」の議論をしています。次のメモはそれぞれの主張をまとめたものです。メモを見て英文の議論の中の＿＿に適切な語を書きなさい。

タクヤ	重要。インターネットでたくさんの役に立つ情報を英語で得ることができる
ケイ	重要。英語は多くの国で使われているので，英語が話せたら，多くの国の人と意思疎通ができる
アヤ	重要だが，日本語や日本の歴史を学ぶことのほうがより重要。ほかの国の人との意思疎通には，自分たちの文化を理解していることが必要。

Takuya : I □(1)＿＿＿＿＿ it is important to study English □(2)＿＿＿＿＿ we can get a lot of useful information in English on the internet.

Kei : I □(3)＿＿＿＿＿ with you. English is the language □(4)＿＿＿＿＿ is used in many countries. □(5)＿＿＿＿＿ we can speak English, we can communicate with people from many countries.

Aya : I see □(6)＿＿＿＿＿ you mean, but it's more important for us □(7)＿＿＿＿＿ study Japanese and Japanese history. I think we need to understand our own culture when we communicate with people from other countries.

注目!
反対のしかた
相手の主張に耳を傾けてから話すことが大切。反対意見を一方的に述べないようにする。

Let's Talk 3

教科書の 重要ポイント	仮定法	教科書p.100

▼ 「…であればよいのに」と現実とは異なる願望を表す，〈I wish (that) ＋主語＋動詞〉の仮定法の文。

現実 I don't have a camera. 〔私はカメラを持っていません。〕

願望 I wish I had a camera. 〔私がカメラを持っていればなあ。〕
└── I wishに続く文の動詞は過去形

現実 I'm not in India now. 〔私は今，インドにいません。〕

願望 I wish I were in India now. 〔私が今，インドにいればなあ。〕
└── 仮定法ではbe動詞は主語に関係なくwere

▼ 「…であれば～だろう(に)」と現実とは異なる仮定を表す，〈If＋主語＋動詞の過去形，主語＋助動詞の過去形(would/could)＋動詞の原形 ....〉の仮定法の文。

あり得る想定 If it is sunny tomorrow, I will run in the park.
〔もし明日晴れれば，公園で走ります。〕

現実と異なる想定 If it were sunny today, I would run in the park.
└── 仮定法では現在のことでも動詞は過去形。be動詞ならwere

〔もし今日晴れていたら，公園で走るのに。〕

あり得る想定 If you buy a newspaper, you can read the article.
〔もし新聞を買えば，その記事が読めます。〕

現実と異なる想定 If you had a newspaper now, you could read the article.
└── 一般動詞や助動詞も仮定法では過去形
〔もし今新聞を持っていれば，その記事が読めるのに。〕

1 日本語に合うように，（　　）内から適切なものを選び，記号を○で囲みなさい。

☐(1) 私が運動選手ならよいのですが。

　I wish I (ア am　イ do　ウ were) an athlete.

☐(2) マイクが今，お金を持っていたらハンバーガーを買うだろうに。

　If Mike had some money now, he (ア will　イ would
　ウ can) buy a hamburger.

☐(3) 私が今ひまならあなたの宿題を手伝えるのですが。

　If I (ア am　イ were　ウ could) free now, I could help you
　with your homework.

テストによく出る！

be動詞の形

(1)(3)仮定法ではbe動詞は主語が何であってもwereを使うことが多い。

2 日本語に合うように，＿＿＿に入る適切な語を書きなさい。

☐(1) もし私がボブと知り合いなら，あなたに彼を紹介するのですが。

＿＿＿＿＿＿＿ I ＿＿＿＿＿＿＿ Bob, I ＿＿＿＿＿＿＿

introduce him to you.

☐(2) 彼女が私たちのチームの一員だったらなあ。

I ＿＿＿＿＿＿＿ ＿＿＿＿＿＿＿ ＿＿＿＿＿＿＿ a member of

our team.

☐(3) 私たちがいっしょにテレビゲームをする十分な時間があればなあ。

＿＿＿＿＿＿＿ ＿＿＿＿＿＿＿ we ＿＿＿＿＿＿＿ enough

time to play video games together.

☐(4) もしあなたが今ここにいれば，母の作ったケーキが食べられるのに。

If ＿＿＿＿＿＿＿ ＿＿＿＿＿＿＿ here now, you

＿＿＿＿＿＿＿ eat the cake made by my mother.

☐(5) もし私の母が火を使わなければ，彼女は料理ができません。

If my mother ＿＿＿＿＿＿＿ ＿＿＿＿＿＿＿ fire, she

＿＿＿＿＿＿＿ cook.

> **⚠ミスに注意**
>
> 仮定法の文では，助動詞
> も過去形に。

3 日本語に合うように，（ ）内の語句，符号を並べかえて全文
を書きなさい。

☐(1) 私が車を運転できたらよいのに。

(could / wish / a car / drive / I / I).

＿＿＿＿＿＿＿＿＿＿＿＿＿＿＿＿＿＿＿＿＿＿＿＿＿＿

☐(2) 地震がまったくなければよいのに。

(there / earthquakes / were / I / no / wish).

＿＿＿＿＿＿＿＿＿＿＿＿＿＿＿＿＿＿＿＿＿＿＿＿＿＿

☐(3) もし私があなたなら，お金を節約するでしょう。

(money / if / I / I / , / would / were / you / save).

＿＿＿＿＿＿＿＿＿＿＿＿＿＿＿＿＿＿＿＿＿＿＿＿＿＿

☐(4) 私がコンピュータを持っていれば，彼にメールを送れるのですが。

(I / I / could / him / had / , / a computer / send / if) an

e-mail.

＿＿＿＿＿＿＿＿＿＿＿＿＿＿＿＿＿＿＿＿＿＿＿＿＿＿

☐(5) もしあなたたちが学校に行かなければ，友達といっしょに勉強す
ることはできないでしょう。

(didn't / , / you / you / go to / study / couldn't / if /
school) with your friends.

＿＿＿＿＿＿＿＿＿＿＿＿＿＿＿＿＿＿＿＿＿＿＿＿＿＿

> **注目！**
>
> 仮定法の使い分け
> 「願望」ならI wish ...，
> 「現実とは異なる仮定」な
> らIf ...の文。

ぴたトレ
1
要点チェック

Stage Activity 3
Let's Have a Mini Debate

時間 **15分**

解答 p.24

〈新出語・熟語 別冊p.13〉

| 教科書の重要ポイント | 明確な理由にもとづいた主張によって，ディベートをする | 教科書 pp.102 ～ 105 |

① ディベートとは，ある論題について賛成側と反対側が主張を述べ，どちらが説得力があるかを審判（judge）が判定するゲーム。

| 賛成側 | | 反対側 |

賛成の主張　　　　　　　　　　　　　　　　　　　反対の主張

反対側への反論・質疑　　━━━━━━━━━▶

　　　　　　　◀━━━━━━━━━　賛成側への反論・質疑への応答

　　　　　　　◀━━━━━━━━━　賛成側への反論・質疑

反対側の反論・質疑への応答　━━━━━━━━━▶

審判（judge）

判定

② ディベートの実践

1　論題の設定

Tokyo is a good place to live in.　〔東京は住むのによい場所である。〕

2　賛成・反対の主張

There are a great variety of shops in Tokyo.

〔東京には非常に多様な店があります。〕**（賛成）**

Things seem expensive in Tokyo.　〔東京ではものが高価に思えます。〕**（反対）**

3　賛成・反対への反論

People need a lot of time to decide where to buy.

〔人々はどこで買うべきかを決めるのに多くの時間を必要とします。〕**（賛成への反論）**

I often find cheap things at a local supermarket.

〔私はよく地元のスーパーで安いものを見つけます。〕**（反対への反論）**

| Words & Phrases | 次の英語は日本語に，日本語は英語にしなさい。 |

☐(1) colorful　　　　　（　　　　　　　　）　　☐(4) …を着ている　　＿＿＿＿＿＿

☐(2) uniform　　　　　（　　　　　　　　）　　☐(5) 側, 面　　　　　＿＿＿＿＿＿

☐(3) eat out　　　　　（　　　　　　　　）　　☐(6) 審判員　　　　　＿＿＿＿＿＿

1 日本語に合うように，＿＿＿に入る適切な語を書きなさい。

⚠️**ミスに注意**

(3)every …(どの…も)は
三人称単数の扱いなの
で動詞の形に注意。

☐(1) グリーンさんは2年間日本に住んでいます。

Ms. Green ＿＿＿＿＿＿ ＿＿＿＿＿＿ in Japan

＿＿＿＿＿＿ two years.

☐(2) 私は彼のことをまったく知りません。

I ＿＿＿＿＿＿ know him ＿＿＿＿＿＿ ＿＿＿＿＿＿.

☐(3) どの生徒も8時15分までに学校に来なければなりません。

Every student ＿＿＿＿＿＿ ＿＿＿＿＿＿ come to school

by 8: 15.

2 次のメモは「学生は制服を着るべき」という論題についての
ディベートでの賛成の主張と，それに対する反論をまとめ
たものです。英文のディベートの＿＿＿に適切な語を書きな
さい。

賛成（A）	お金が節約できるから。毎日制服を着るので，学校用にほかの服を買わなくてよい。
反論（B）	制服は安くはない。大きく成長すれば，より大きなものを買わなければならない。

A : I ☐(1)＿＿＿＿＿＿ that we should wear school uniforms

☐(2)＿＿＿＿＿＿ we can ☐(3)＿＿＿＿＿＿ money.

We wear school uniform every day, so we don't

☐(4)＿＿＿＿＿＿ to buy other clothes for school.

注目!

重要表現

「…しなくてよい」はdon't
[doesn't] have to …。

B : I ☐(5)＿＿＿＿＿＿ what you mean, but school uniforms

aren't cheap. And when you ☐(6)＿＿＿＿＿＿ bigger,

you have to buy a larger one.

Stage Activity 3

3 日本語に合うように，（　）内の語句を並べかえて全文を書
きなさい。

☐(1) 私は週に一度外食したい。

(want / out / week / to / I / once / eat / a).

＿＿＿＿＿＿＿＿＿＿＿＿＿＿＿＿＿＿＿＿

☐(2) 私はなぜあなたがこの古い辞書を使うのか理解できません。

(old dictionary / you / I / understand / use / why / this /
don't).

＿＿＿＿＿＿＿＿＿＿＿＿＿＿＿＿＿＿＿＿

テストによく出る!

間接疑問文の語順

(2)疑問文が別の文に入る
と，〈疑問詞＋主語＋
動詞〉の語順になる。

① 正しいものを４つの選択肢の中から選びなさい。

☐(1) I wish you (　　) with me.
　　ア agree　　イ agreeing　　ウ agrees　　エ agreed

☐(2) If it (　　) sunny today, I would play tennis.
　　ア is　　イ were　　ウ are　　エ has been

☐(3) I wish I (　　) like him.
　　ア sing　　イ could sing　　ウ am singing　　エ can sing

> 現実とは異なることは仮定法の文で表すよ。

② 日本語に合うように，＿＿＿に入る適切な語を書きなさい。

☐(1) 私の同級生の大部分はこの辞書を使っています。
＿＿＿＿＿＿＿ ＿＿＿＿＿＿＿ my classmates use this dictionary.

☐(2) 日本は米をほかの国に頼ってはいません。
Japan doesn't ＿＿＿＿＿＿＿ ＿＿＿＿＿＿＿ other countries for rice.

☐(3) 家の近くにコンビニがあったらいいのに。
I ＿＿＿＿＿＿＿ there ＿＿＿＿＿＿＿ a convenience store near my house.

③ 日本語に合うように，（　）内の語句，符号を並べかえて全文を書きなさい。

☐(1) 彼が着ていたシャツはかっこよかった。
(that / the shirt / was / was / he / cool / wearing).

＿＿＿＿＿＿＿＿＿＿＿＿＿＿＿＿＿＿＿＿＿＿＿＿＿＿＿＿

☐(2) このバッグがずっと安ければ，私は買うのですが。
(were / , / I / it / buy / much cheaper / if / would / this bag).

＿＿＿＿＿＿＿＿＿＿＿＿＿＿＿＿＿＿＿＿＿＿＿＿＿＿＿＿

☐(3) もし私たちが何も輸入しなければ，私たちは暮らしていけないでしょう。
(import / , / we / live / anything / couldn't / didn't / we / if).

＿＿＿＿＿＿＿＿＿＿＿＿＿＿＿＿＿＿＿＿＿＿＿＿＿＿＿＿

④ 書く✏ 次の日本語を英語にしなさい。

☐(1) 私がもっと速く走れたらいいのに。

＿＿＿＿＿＿＿＿＿＿＿＿＿＿＿＿＿＿＿＿＿＿＿＿＿＿＿＿

☐(2) もし私があなたなら，メグに電話するでしょう。

＿＿＿＿＿＿＿＿＿＿＿＿＿＿＿＿＿＿＿＿＿＿＿＿＿＿＿＿

ヒント　②(3)実際にはコンビニは家の近くにないので，動詞を過去形にする。　③(1)関係代名詞の節が主語を修飾する形になる。

5 読む 次の英文を読んで，あとの問いに答えなさい。

Imagine your life without school. ①If you didn't study, you couldn't read or write. If you were illiterate, you couldn't get information through books or websites. In some parts of the world, there are children living like this.

Children like these in Afghanistan receive school backpacks from Japan. ②(それは彼らを幸せにします。) ③It also (   ) their parents to send their sons and daughters to school.

□(1) 下線部①の英文の日本語訳を完成させなさい。

もしあなたが(   )でしょう。

□(2) 下線部②の( )内の日本語を英語にしなさい。

② _____

□(3) 下線部③が「それはまた彼らの親に息子や娘を学校にやるように促します。」という意味になるように，( )に入る適切な語を書きなさい。

③ _____

6 話す 次の文を声に出して読み，問題に答え，答えを声に出して読んでみましょう。 アプリ

Have you ever eaten soup curry? It was created as a local food of Sapporo. Later, it became famous across Japan and overseas. Many visitors visit Sapporo and enjoy soup curry. I also like soup curry very much. I wish I could eat it every day.

（注） eaten eatの過去分詞

□(1) Where was soup curry created?

— _____

□(2) What do many visitors do when they visit Sapporo?

— _____

ヒント 5(3)「…に～するように促す」はencourage … to ～で表せる。

ぴたトレ

3

確認テスト

Unit 6 〜
Stage Activity 3

時間 30分 ／100点

合格 70点

解答 p.25

教科書 pp.89 〜 105

❶ 下線部の発音が同じものには〇を，そうでないものには×を，解答欄に書きなさい。 9点

(1) c<u>oa</u>t
s<u>o</u>ld

(2) r<u>ea</u>dy
ch<u>ea</u>p

(3) s<u>i</u>de
un<u>i</u>form

❷ 最も強く発音する部分の記号を解答欄に書きなさい。 9点

(1) im - ag - ine
　ア　イ　ウ

(2) en - cour - age
　ア　イ　ウ

(3) a - gree
　ア　イ

❸ 日本語に合うように，（　）内の語句，符号を並べかえて全文を書きなさい。 15点

(1) メグが今日の午後電話した男の子はユタカです。

(that / this / Yutaka / afternoon / Meg / the boy / called / is).

(2) あなたがもっと本を読む時間があればよいのに。

(you / I / to / more / read / time / books / had / wish).

(3) そのコンピュータが高くなければ，私は買えるのに。

(the computer / if / , / it / buy / could / weren't / I / expensive).

❹ 上の英文とほぼ同じ内容を仮定法で表すとき，＿＿に入る適切な語を書きなさい。 12点

(1) { I want to go fishing with you, but I can't.
I ＿＿＿ ＿＿＿ ＿＿＿ go fishing with you.

(2) { Mike isn't interested in science fiction, so he won't see the movie.
＿＿＿ Mike ＿＿＿ interested in science fiction, he ＿＿＿ see the movie.

❺ 読む 次の土曜日の電話での会話文を読んで，あとの問いに答えなさい。 31点

Bob : Hi, Shinji. ①<u>The movie that we can see at the theater near the station seems very interesting.</u> How about going to see it together today?

Shinji : I've heard of the movie. I wish I (②) go. But I don't feel well now. I have a fever and a headache.

Bob : That's too bad. If you get well tomorrow, can you go?

Shinji : I'm sorry, I can't. I have to write a science report. I have to bring it to school on Monday, but I haven't written anything.

Bob : Oh. ③(good / , / if / I / I / at / would / science / were) help you.

成績評価の観点　知 …言語や文化についての知識・技能　表 …外国語表現の能力

(1) 下線部①を日本語にしなさい。

(2) (②)に入る最も適切なものを1つ選び，記号を書きなさい。

　　ア can　　イ could　　ウ will

(3) 下線部③が「もし私が科学が得意ならあなたを手伝うのに。」という意味になるように，（　　）内の語，符号を正しく並べかえて，全文を書きなさい。

(4) 次の問いに英語で答えなさい。

　　① Is Shinji going to see a movie this weekend?

　　② What is Shinji going to do on Sunday?

6 書く♪ **次のようなとき英語でどのように言うか，（　）内の指示にしたがって書きなさい。** 24点

(1) 自分が昨日食べたカレーがとてもおいしかったと伝えたいとき。（The curryで始めて関係代名詞thatを使って，8語で）

(2) 相手が自分の学校の生徒だったらという願望を伝えたいとき。（wishを使って，9語で）

(3) 雨がふっているときに，晴れていたら図書館に行くのにと伝えたいとき。（sunnyを使って，10語で）

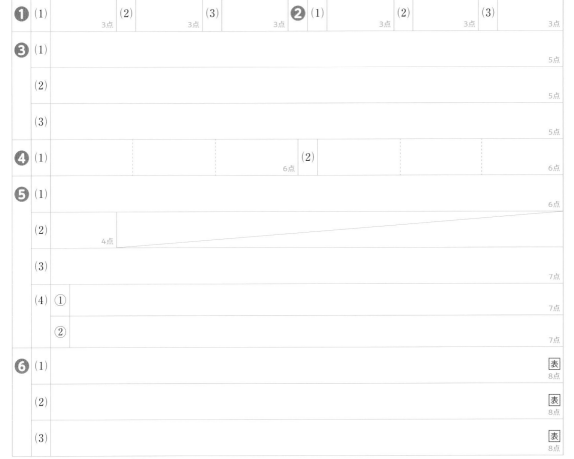

は解答欄の表（罫線のみ）

▶ 表 の印がない問題は全て 知 の観点です。

Let's Read 2 Power Your Future ①

| 教科書の 重要ポイント | 仮定法（復習）／過去分詞を使った後置修飾（復習） | 教科書 pp.106〜107 |

If the electricity were cut, what would happen to our lives?

〔もし電気の供給がとめられたら，私たちの生活に何が起こるでしょうか。〕

「…であれば〜だろう（に）」と現実とは異なる仮定を表すときには，〈If＋主語＋動詞［助動詞］の過去形…, 〜.〉という仮定法を使う。〜の部分は〈主語＋助動詞の過去形＋動詞の原形〉となる。受け身を含む仮定法では，助動詞の働きをするbe動詞を過去形とする。

受け身に使われるbe動詞は助動詞

仮定法の文　If the electricity were cut, what would happen to our lives?

〈If＋主語＋be動詞の過去形＋過去分詞〉　　〈主語＋助動詞の過去形＋動詞の原形〉

上の文は後半が疑問文となって，「…であれば〜だろうか」を表しているよ。

ナルホド!

One quarter of the electricity used here comes from wind.

〔ここで使われる電気の4分の1は風からきています。〕

過去分詞で始まる語句は直前の名詞を後置修飾し，「…される［された］〜」という意味を表す。

名詞＋過去分詞　One quarter of the electricity used here comes from wind.

ここまでが文の主語

ナルホド!

| Words & Phrases | 次の英語は日本語に，日本語は英語にしなさい。 |

☐(1) solve　　　　（　　　　　　）

☐(2) electricity　（　　　　　　）

☐(3) quarter　　（　　　　　　）

☐(4) sunshine　（　　　　　　）

☐(5) renewable　（　　　　　　）

☐(6) …の供給をとめる　＿＿＿＿＿＿＿

☐(7) エネルギー　＿＿＿＿＿＿＿

☐(8) 健康　＿＿＿＿＿＿＿

☐(9) 油, 石油　＿＿＿＿＿＿＿

☐(10) 風　＿＿＿＿＿＿＿

1 日本語に合うように，（　）内から適切なものを選び，記号を〇で囲みなさい。

☐(1) この店で売られているすべての野菜は日本で生産されました。

All the vegetables (ア selling　イ sold) at this store were produced in Japan.

☐(2) もし日本語がどの国でも話されていれば，より多くの日本人が外国に行くでしょう。

If Japanese (ア is　　イ were) spoken in every country, more Japanese would go abroad.

☐(3) トシと呼ばれている男の子は私の友達の一人です。

The boy (ア called　イ calls) Toshi is one of my friends.

⚠ミスに注意

(2)日本語はどの国でも話されているわけではないから，現実とは異なるね。

2 日本語に合うように，＿＿＿＿に適切な語を書きなさい。

☐(1) 私たちは青森で開かれた祭りを見に行きました。

We went to see the festival ＿＿＿＿＿＿＿ in Aomori.

☐(2) もし私が今その写真を持っていたら，あなたに見せるでしょう。

If I ＿＿＿＿＿＿＿ the picture now, I ＿＿＿＿＿＿＿ show it to you.

☐(3) もし私の父がコンピュータを持っていなければ，彼は仕事ができないでしょう。

If my father ＿＿＿＿＿＿＿ have a computer, he ＿＿＿＿＿＿＿ do his job.

☐(4) マイクに使われている机は古く見えます。

The desk ＿＿＿＿＿＿＿ ＿＿＿＿＿＿＿ Mike looks old.

注目!

過去分詞による後置修飾

(1)(4)過去分詞は受け身の意味をもつので，「…される[された]（名詞）」を表す。

3 日本語に合うように，（　）内の語句，符号を並べかえて全文を書きなさい。

☐(1) もし私があなたなら今日は家にいるでしょう。

(I'd / home / were / stay / if / you / I / ,) today.

＿＿＿＿＿＿＿＿＿＿＿＿＿＿＿＿＿＿＿＿＿＿＿

☐(2) あの包まれた箱の中には何がありますか。

(is / box / in / that / what / wrapped)?

＿＿＿＿＿＿＿＿＿＿＿＿＿＿＿＿＿＿＿＿＿＿＿

☐(3) これは約50年前に設立された会社です。

(established / a company / about / ago / fifty years / is / this).

＿＿＿＿＿＿＿＿＿＿＿＿＿＿＿＿＿＿＿＿＿＿＿

注目!

過去分詞だけで名詞を修飾する場合

(2)過去分詞が1語だけで名詞を修飾する場合，過去分詞は名詞の前に置く。

Let's Read 2

ぴたトレ
1
要点チェック

Let's Read 2 Power Your Future ②

時間 **15**分

解答 p.27

〈新出語・熟語 別冊p.14〉

教科書の
重要ポイント | 間接疑問文(復習)／SVOCの文(復習) | 教科書 pp.108～109

You can decide what kind of energy you want to use.

〔あなたたちはどんな種類のエネルギーを使いたいかを決められます。〕

疑問文が別の文の中に入る形を間接疑問文といい，疑問文の部分は〈疑問詞(を含む語句)＋
主語(＋助動詞)＋動詞〉の語順になる。

疑問詞ではじまる疑問文 What kind of energy do you want to use?

〔あなたたちはどんな種類のエネルギーを使いたいですか。〕

間接疑問文 You can decide what kind of energy you want to use.

疑問詞を含む語句　　　主語　動詞

上の文では〈疑問詞を含む語
句＋主語＋動詞〉がdecideの
目的語となっているよ。

ナルホド!

What can we do to make our energy future brighter?

〔私たちのエネルギーの未来をより明るくするために私たちは何ができるでしょうか。〕

〈make＋(代)名詞＋形容詞〉で「…((代)名詞)を～(形容詞)の状態にする」という意味の
SVOCの文をつくる。

makeの主語にあたる
(S)　　　　　V　　　　O　　　　　　C
SVOCの文 What can we do to make our energy future brighter?

make　　　　(代)名詞　　　形容詞(の比較級)

ナルホド!

Words & Phrases 次の英語は日本語に，日本語は英語にしなさい。

☐(1) battery 　　　(　　　　　　　　)　　☐(6) …を発明する 　＿＿＿＿＿＿＿＿＿

☐(2) consumer 　　(　　　　　　　　)　　☐(7) 明かり,ランプ 　＿＿＿＿＿＿＿＿＿

☐(3) inventor 　　 (　　　　　　　　)　　☐(8) リットル 　＿＿＿＿＿＿＿＿＿

☐(4) rainwater 　　(　　　　　　　　)　　☐(9) 雨 　＿＿＿＿＿＿＿＿＿

☐(5) sustainable 　(　　　　　　　　)　　☐(10) 秒 　＿＿＿＿＿＿＿＿＿

1 日本語に合うように，（　）内から適切なものを選び，記号を〇で囲みなさい。

☐(1) 音楽を聞くことはメグを幸せにします。

Listening to music（ ア make　イ makes　ウ making ）Meg happy.

☐(2) その知らせは私たちを驚かせました。

The news made （ ア we　イ our　ウ us ）surprised.

☐(3) 私は彼女が何を言ったか覚えています。

I remember（ ア what　イ which　ウ that ）she said.

☐(4) あなたはあの女の人がだれか知っていますか。

Do you know（ ア what　イ who　ウ anyone ）she is?

⚠ミスに注意

(2)〈make＋(代)名詞＋形容詞〉の文の代名詞は「…を［に］」の形。

2 日本語に合うように，＿＿＿＿に適切な語を書きなさい。

☐(1) 私はダイアンが今どこにいるか知りません。

I don't ＿＿＿＿＿＿＿ ＿＿＿＿＿＿＿ Diane is now.

☐(2) 彼の演技がこの劇をよりよいものにしています。

His performance ＿＿＿＿＿＿＿ this drama ＿＿＿＿＿＿＿.

☐(3) このカメラがいくらか私に教えてくれますか。

Can you tell me ＿＿＿＿＿＿＿ ＿＿＿＿＿＿＿ this camera is?

☐(4) 何がケンをそんなにわくわくさせたのですか。

What ＿＿＿＿＿＿＿ Ken so ＿＿＿＿＿＿＿?

注目!

SVOOとなる間接疑問文

(3)代名詞のmeと疑問詞で始まる節が，ともにtellの目的語となっている。

3 日本語に合うように，（　）内の語句を並べかえて全文を書きなさい。

☐(1) 彼はすばらしいスピーチで有名になりました。

(him / famous / his great speech / made).

＿＿＿＿＿＿＿＿＿＿＿＿＿＿＿＿＿＿＿＿＿＿＿＿

☐(2) この機器を使うことはあなたの仕事をより簡単にするでしょう。

(will / easier / this device / your work / using / make).

＿＿＿＿＿＿＿＿＿＿＿＿＿＿＿＿＿＿＿＿＿＿＿＿

☐(3) 彼女は私にあのタワーがどのくらいの高さなのかたずねました。

(is / that tower / me / asked / she / how / tall).

＿＿＿＿＿＿＿＿＿＿＿＿＿＿＿＿＿＿＿＿＿＿＿＿

☐(4) 私はボブがなぜイヌを好きではないのか知りたいです。

(Bob / I / know / want / doesn't / dogs / to / like / why).

注目!

間接疑問文の語順

(3)be動詞を使う場合は〈疑問詞（を含む語句）＋主語＋be動詞〉となる。

Let's Read 2

ぴたトレ 2 練習 — Let's Read 2

時間 40分 / 解答 p.27 / 教科書 pp.106〜109

① 正しいものを4つの選択肢の中から選びなさい。

(1) If it were sunny today, I ( ) run in the park.
ア will イ would ウ do エ did

(2) David has a picture ( ) by a famous photographer.
ア take イ takes ウ took エ taken

(3) The movie I saw yesterday ( ) me bored.
ア make イ makes ウ making エ made

(4) I know ( ) the new stadium is.
ア where イ when ウ how often エ how many

(5) All the books ( ) at that bookstore are comic books.
ア sell イ sells ウ sold エ selling

(6) If I ( ) free now, I could help you.
ア am イ are ウ were エ be

疑問文が別の文の中に入った形が間接疑問文だったね。

② 日本語に合うように，＿＿に入る適切な語を書きなさい。

(1) このダムは電気を作るために大量の水を使います。
This dam uses a large ＿＿＿＿ ＿＿＿＿ water to make electricity.

(2) あなたはその本を辞書を使わずに読めますか。
Can you read the book ＿＿＿＿ ＿＿＿＿ a dictionary?

(3) 日本で使われる石油はほかの国から来ています。
The oil used in Japan ＿＿＿＿ ＿＿＿＿ other countries.

(4) 私の母は常に私のことを心配しています。
My mother worries about me all ＿＿＿＿ ＿＿＿＿.

(5) もしこの物語がやさしい英語で書かれていたら，私はそれを楽しめるのに。
If this story ＿＿＿＿ written in easy English, I ＿＿＿＿ enjoy it.

(6) チャーリーはオーストラリア出身の学生の1人です。
Charlie is ＿＿＿＿ ＿＿＿＿ the students who come from Australia.

(7) 彼はいつお金を使い果たしたのですか。
When did he ＿＿＿＿ out ＿＿＿＿ money?

ヒント ❶(1)(6)仮定法の文。 (4)間接疑問文。文の意味から適切な疑問詞を選ぶ。
❷(2)前置詞のあとを動名詞にする。

118

定期テスト
予報

●仮定法・過去分詞の後置修飾・makeを使ったSVOCの文・間接疑問文が問われるでしょう。
⇒仮定法の用法と意味をもう一度確認しておきましょう。
⇒名詞を修飾する過去分詞の使い方を復習しておきましょう。
⇒SVOCの文，間接疑問文の形を復習しておきましょう。

❸ 例にならい，2つの文を1文にしなさい。

例 **I know. / What do you mean?**

　　→ I know what you mean.

☐(1) Ken knows. / What is that building?

_____

☐(2) I don't know. / Who is this soccer player?

_____

☐(3) Do you know? / Where do they usually play tennis?

_____

☐(4) I remember. / How much was the bike?

_____

☐(5) Emma wants to know. / When will the baseball game start?

_____

☐(6) I can understand. / Why did Josh study math very hard?

_____

❹ 日本語に合うように，（　）内の語句，符号を並べかえて全文を書きなさい。

☐(1) これはあなたのお姉さんによって料理されたスープですか。

　　(the soup / your sister / this / by / is / cooked)?

_____

☐(2) あなたがその古いギターをどうやって手に入れたのか私に教えてください。

　　(me / how / the old guitar / tell / got / you).

_____

☐(3) もし私がお金持ちなら，大きな家に住むでしょう。

　　(I / I'd , / were / in / rich / live / if) a large house.

_____

☐(4) 私は彼女を驚かせるためにそのプレゼントを彼女に送りました。

　　(sent / make / the present / surprised / I / her / her / to).

_____

☐(5) もし私たちが何も食べなければ，私たちは生きられません。

　　(we / we / anything / if , / eat / couldn't / didn't) live.

_____

ヒント　❸ すべて間接疑問文とする。
　　　　❹ (3)仮定法の文。I'd は I would の短縮形。　(4)makeを使った「…を～の状態にする」の文。

5 書く✎ ( )内の指示に従って，英文を書きかえなさい。

☐(1) We don't have enough money to eat out. (「…であれば～できるのに」という意味の文に)
_____

☐(2) She felt sad when she read the letter.
   (the letter を主語にして，make を使い，ほぼ同じ意味の文に)
_____

☐(3) Do you know this song? It is loved by many Japanese people.
   (過去分詞の後置修飾を使って1文に)
_____

☐(4) The movie is popular. It was made in America. (過去分詞の後置修飾を使って1文に)
_____

☐(5) Bob is busy, so he won't come to the party. (仮定法を使ってほぼ同じ内容の1文に)
_____

☐(6) Why are you so excited? (make を使ってほぼ同じ意味の文に)
_____

☐(7) How long is this bridge? (左の内容を知っているかを相手にたずねる間接疑問文に)
_____

6 書く✎ 次の日本語を( )内の語句を使って英語にしなさい。

☐(1) 私はグリーンさんによって書かれた本を読んでいます。(a book, written, Mr. Green)
_____

☐(2) もし私が今日ひまなら，このコンサートが見られるのに。(free, see)
_____

☐(3) 彼らは火事の場合に何をすべきか知っています。(should, in case of)
_____

☐(4) この映画が彼に日本文化に興味をいだかせました。(made, interested)
_____

☐(5) 彼女はクロ(Kuro)と名づけられたイヌを飼っています。(named)
_____

☐(6) もし私が今スマートフォンを持っていたら，あなたにEメールを送るでしょう。(send, an e-mail)
_____

☐(7) 私にあなたがこのピザをどう作るのか見せていただけますか。(could, show)
_____

ヒント **5**(1)「もし持っていたら」と考える。　(4)主語となる名詞を過去分詞が修飾する。
　　　6(2)(6)仮定法では動詞，助動詞は過去形を使う。

7 読む 次の英文を読んで，あとの問いに答えなさい。

If the electricity ①(are, is, were) cut for one week, what would happen to our lives? ②The lights would be off. Trains would stop. We ③(can) not charge our smartphones. We depend (④) electricity to power most of our daily activities. How can we make the electricity we need for our future?

☐(1) 下線部①の（ ）内から正しい語を選びなさい。

①＿＿＿＿＿＿＿＿＿＿＿＿

☐(2) 下線部②の英文の日本語訳を書きなさい。

（ ＿＿＿＿＿＿＿＿＿＿＿＿＿＿＿＿＿ ）。

☐(3) 下線部③の（ ）内の語を適切な形にしなさい。

③＿＿＿＿＿＿＿＿＿＿＿＿

☐(4) （ ④ ）に適切な語を入れなさい。

④＿＿＿＿＿＿＿＿＿＿＿＿

8 読む 次の英文を読んで，あとの問いに答えなさい。

Research in other ①renewable energy technologies is progressing. Already, Denmark gets forty percent of its electricity from wind power. One quarter of the electricity used in Iceland comes from the natural heat in the ground. ②(are / solve / the world / people / to / working / around) our energy problems.

☐(1) 下線部①に該当するものを英文から2つ英語のまま書き抜きなさい。

＿＿＿＿＿＿＿＿＿＿＿＿＿＿＿＿＿＿＿＿＿＿＿＿

＿＿＿＿＿＿＿＿＿＿＿＿＿＿＿＿＿＿＿＿＿＿＿＿

☐(2) 下線部②が「世界中の人々が解決するために努力しています」という意味になるように，（ ）内の語句を並べかえて書きなさい。

＿＿＿＿＿＿＿＿＿＿＿＿＿＿＿＿＿＿＿＿＿＿＿＿

☐(3) 次の文が本文の内容に合っていれば○を，合っていなければ×を書きなさい。

1. Denmark has not used any electricity made from wind power yet.

( )

2. Twenty-five percent of the electricity used in Iceland is made from the natural heat in the ground. ( )

ヒント　**7** ⑵⑶if節の省略された仮定法の文。
8 ⑵peopleを〈前置詞＋語句〉が後置修飾する形にする。

ぴたトレ 1

要点チェック

Let's Read 3 A Graduation Gift from Steve Jobs ①

時間 **15**分

解答 p.29

〈新出語・熟語 別冊p.15〉

教科書の重要ポイント | **接続詞when（復習）／get＋過去分詞** | 教科書 pp.110〜111

When I was 20 years old, I started the company.

〔私は20歳のときに，その会社を始めました。〕

whenは「…（の）ときに」という時を表し，〈when＋文A, 文B.〉または〈文B＋when＋文A.〉の形の文を作る。

2つの文　I was 20 years old. I started the company.　〔私は20歳でした。その会社を始めました。〕

whenで結ばれた文　When I was 20 years old, I started the company.

　　　　　　　　　　文A（時を表す）　　　　　　　　　　　文B（中心となる内容）

コンマ

whenで結ばれた文　I started the company when I was 20 years old.

　　　　　　　　　　文B（中心となる内容）　　　　　　　文A（時を表す）

when …を文の前半に置く場合は，そのあとにコンマ(,)が必要なんだ。

ナルホド！

I got fired from the company.　〔私はその会社を解雇されました。〕

〈get＋過去分詞〉で「…される」という受け身の意味を表すことができる。

受け身の文　I was fired from the company.　〔私はその会社を解雇されました。〕

　　　　　　　be動詞 過去分詞

get＋過去分詞の文　I got fired from the company.

　　　　　　　　　　　get　過去分詞

ナルホド！

Words & Phrases 　次の英語は日本語に，日本語は英語にしなさい。

□(1) attend 　　　　（　　　　　　　）　　□(6) …を信頼する 　＿＿＿＿＿＿＿

□(2) graduate 　　　（　　　　　　　）　　□(7) (単科)大学 　　＿＿＿＿＿＿＿

□(3) difference 　　（　　　　　　　）　　□(8) 中心 　　　　　＿＿＿＿＿＿＿

□(4) dot 　　　　　（　　　　　　　）　　□(9) 興味 　　　　　＿＿＿＿＿＿＿

□(5) successful 　　（　　　　　　　）　　□(10) 幸運な 　　　　＿＿＿＿＿＿＿

1 日本語に合うように，（　）内から適切なものを選び，記号を○で囲みなさい。

□(1) 私が電話したとき，デイビッドはテレビを見ていました。

David was watching TV（ ア because　イ if　ウ when ）I called him.

□(2) 彼は解雇されるかもしれません。

He may（ ア get　イ is　ウ gets ）fired.

□(3) その知らせを聞いたとき，私は悲しかったです。

（ ア Because　イ If　ウ When ）I heard the news, I was sad.

注目!

接続詞 when, because

(1)(3)when, because で始まる節は文の前半にも後半にも置ける。

2 日本語に合うように，＿＿＿＿＿＿に適切な語を書きなさい。

□(1) 恐竜がその映画の中で殺されました。

A dinosaur got ＿＿＿＿＿＿＿＿ in the movie.

□(2) 私が10歳のときに，私の家族は大阪に引っこしました。

＿＿＿＿＿＿＿＿ I was ten years old, my family moved to Osaka.

□(3) 大きな地震が起きたときには，私たちはどうするべきですか。

What should we do ＿＿＿＿＿＿＿ a big earthquake happens?

□(4) 多くの人々が逮捕されました。（be動詞を使わずに）

A lot of people ＿＿＿＿＿＿＿ ＿＿＿＿＿＿＿.

⚠ ミスに注意

(1)(4)get のあとに過去分詞がくると「…される」を表すことができる。

3 日本語に合うように，（　）内の語句，符号を並べかえて全文を書きなさい。

□(1) 彼が来たらこの箱をあげてください。

(him / he / when / comes / give / this box).

＿＿＿＿＿＿＿＿＿＿＿＿＿＿＿＿＿＿＿＿＿＿＿

□(2) 環境はどのように損害を受けますか。

(damaged / does / get / the environment / how)?

＿＿＿＿＿＿＿＿＿＿＿＿＿＿＿＿＿＿＿＿＿＿＿

□(3) これは彼が作ったコンピュータです。

(made / he / the computer / this / is).

＿＿＿＿＿＿＿＿＿＿＿＿＿＿＿＿＿＿＿＿＿＿＿

□(4) 私がメグと会ったとき，彼女は青いTシャツを着ていました。

(Meg / when / she / was / I / a blue T-shirt / wearing / met / ,).

＿＿＿＿＿＿＿＿＿＿＿＿＿＿＿＿＿＿＿＿＿＿＿

注目!

接続詞 when とコンマ

(4)接続詞 when で始まる節が文の前半にくる場合は，When …のあとにコンマをつける。

Let's Read 3

Let's Read 3 A Graduation Gift from Steve Jobs ②

時間 **15分**　解答 p.30

〈新出語・熟語 別冊p.15〉

教科書の重要ポイント **接続詞though／現在完了形（復習）** 教科書 pp.112～113

Though I didn't see it then, getting fired was a good thing.

〔そのときにはわからなかったけれども，解雇されたことはよいことだった。〕

> thoughは「…だけれども」という意味を表し，〈though＋文A，文B.〉または〈文B＋though＋文A.〉の形の文を作る。
>
> | thoughの文 | Though I didn't see it then, getting fired was a good thing. |
>
> コンマ
>
> 文A（「…だけれども」）　　　文B（中心となる内容）
>
> | thoughの文 | Getting fired was a good thing though I didn't see it then. |
>
> 文B（中心となる内容）　　　文A（「…だけれども」）

though …を文の前半に置く場合は，そのあとにコンマ(,)が必要だよ。

ナルホド!

I haven't found the thing I love yet. 〔私はまだ私が愛するものを見つけていません。〕

> 〈have[has]＋過去分詞〉の形で表される現在完了形には経験・完了・継続の用法がある。
>
> | 完了 | I haven't found the thing I love yet. |
>
> have　過去分詞
>
> | 継続 | He has always wished this for himself. 〔彼はいつもずっとこのことを彼自身に望んでいます。〕 |
>
> has　過去分詞
>
> | 経験 | I have worked for the company before. 〔私は以前その会社で働いたことがあります。〕 |
>
> have　過去分詞

ナルホド!

Words & Phrases　次の英語は日本語に，日本語は英語にしなさい。

□(1) animation　（　　　　　　）　　□(6) 雑誌　＿＿＿＿＿＿＿

□(2) cancer　（　　　　　　）　　□(7) 鏡　＿＿＿＿＿＿＿

□(3) creative　（　　　　　　）　　□(8) 愚かな　＿＿＿＿＿＿＿

□(4) limited　（　　　　　　）　　□(9) …だけれども　＿＿＿＿＿＿＿

□(5) else　（　　　　　　）　　□(10) だれか，ある人　＿＿＿＿＿＿＿

1 日本語に合うように，（　）内から適切なものを選び，記号を○で囲みなさい。

□(1) ケイコは東京に5年間住んでいます。

Keiko has (ア live　イ lives　ウ lived) in Tokyo for five years.

□(2) 私は疲れていたけれども，宿題をしました。

(ア Though　イ But　ウ Because) I was tired, I did my homework.

□(3) 私たちはちょうどその仕事を終えたところです。

We (ア are　イ have　ウ did) just finished the work.

注目！

現在完了形

(1)(3)現在完了形は〈have[has]＋過去分詞〉の形で経験・完了・継続を表す。

2 日本語に合うように，＿＿＿に適切な語を書きなさい。

□(1) 私の父はすでにその雑誌を読みました。

My father ＿＿＿＿＿＿ ＿＿＿＿＿＿ read the magazine.

□(2) 私は今までに一度もそのスタジアムをおとずれたことがありません。

＿＿＿＿＿＿ never ＿＿＿＿＿＿ the stadium.

□(3) 高価だったけれども，彼はその辞書を買いました。

He bought the dictionary ＿＿＿＿＿＿ it was expensive.

□(4) ジョシュはどのくらい長く体育館にいるのですか。

How long ＿＿＿＿＿＿ Josh ＿＿＿＿＿＿ in the gym?

⚠ミスに注意

(2)haveを使った短縮形には，I've, we've, you've, haven't, hasn'tなどがあったね。

3 日本語に合うように，（　）内の語句，符号を並べかえて全文を書きなさい。

□(1) その野球の試合はまだ終わっていません。

(has / yet / not / ended / the baseball game).

＿＿＿＿＿＿＿＿＿＿＿＿＿＿＿＿＿＿＿＿

□(2) あなたはこれまでにその会社について聞いたことはありますか。

(ever / of / heard / the company / you / have)?

＿＿＿＿＿＿＿＿＿＿＿＿＿＿＿＿＿＿＿＿

□(3) 私のおばは先週からシドニーに滞在しています。

(last week / stayed / since / in / has / my aunt / Sydney).

＿＿＿＿＿＿＿＿＿＿＿＿＿＿＿＿＿＿＿＿

□(4) 寒かったですが，私たちは外で歩くことを楽しみました。

(we / cold / though / was / outside / walking / enjoyed / it / ,).

＿＿＿＿＿＿＿＿＿＿＿＿＿＿＿＿＿＿＿＿

注目！

現在完了形と副詞

(1)(2)現在完了形では次のような副詞をよく使う。
・already（すでに），yet（まだ，もう），just（ちょうど），ever（これまでに），never（一度も…ない），before（以前に）

❶ 正しいものを４つの選択肢の中から選びなさい。

☐(1) I have (　　) this TV drama before.

　　ア see　　イ saw　　ウ seen　　エ seeing

☐(2) Why did he get (　　)?

　　ア fire　　イ fires　　ウ firing　　エ fired

☐(3) Bob looked sleepy (　　) I saw him.

　　ア when　　イ because　　ウ if　　エ or

☐(4) (　　) already washed my bike.

　　ア I'm　　イ I've　　ウ I'd　　エ I'll

☐(5) She has never (　　) America.

　　ア visit　　イ visits　　ウ visiting　　エ visited

☐(6) I went to the party (　　) I was busy.

　　ア if　　イ both　　ウ or　　エ though

☐(7) The train has (　　) arrived in Nara.

　　ア before　　イ just　　ウ very　　エ soon

> 現在完了形の形
> や用法，覚えて
> いるかな？

❷ 日本語に合うように，＿＿に入る適切な語を書きなさい。

☐(1) 彼は大学に通っていましたが，中退しました。

　　He attended college, but he ＿＿＿＿＿＿ ＿＿＿＿＿＿.

☐(2) あなたはこれまでに逃げたいと思ったことはありますか。

　　Have you ever wanted to ＿＿＿＿＿＿ ＿＿＿＿＿＿?

☐(3) エマはよく私に沖縄に行きたいと言います。

　　Emma often tells ＿＿＿＿＿＿ ＿＿＿＿＿＿ she wants to go to Okinawa.

☐(4) 私はボブがどこに行ったか見当もつきませんでした。

　　I ＿＿＿＿＿＿ no ＿＿＿＿＿＿ where Bob went.

☐(5) 私たちは次に何をすべきかわかりませんでした。

　　We didn't know ＿＿＿＿＿＿ ＿＿＿＿＿＿ do next.

☐(6) この考えは大きなちがいを生むかもしれません。

　　This idea may ＿＿＿＿＿＿ all the ＿＿＿＿＿＿.

☐(7) だれもその問題への答えを知りません。

　　No ＿＿＿＿＿＿ ＿＿＿＿＿＿ the answer to the question.

ヒント　❶(1)(4)(5)(7)現在完了形の文。　(3)(6)文の意味から適切な接続詞を選ぶ。
　　　　❷(3)SVOO(that節)の文。　(5)〈疑問詞＋to＋動詞の原形〉をknowの目的語に。

③ 日本語に合うように，（ ）内の語句を並べかえて全文を書きなさい。

☐(1) 私の母は一度もケーキを作ったことがありません。

(never / has / made / a cake / my mother).

☐(2) だれがきのうの夜逮捕されたのですか。

(got / night / arrested / last / who)?

☐(3) ブラウンさんは一度書道をやってみたことがあります。

(calligraphy / has / tried / Mr. Brown) once.

☐(4) 彼らは3度神戸に行ったことがあります。

(have / to / times / Kobe / three / they / been).

☐(5) 私が駅に着いたとき，雪が降りはじめました。

(to / to / it / the station / when / got / I / started / snow).

☐(6) あなたはもうそのインターネットの記事を読んでしまいましたか。

(read / yet / you / the internet / the article / have / on)?

---

④ 書く✎ 次の日本語を（ ）内の語を使って英語にしなさい。

☐(1) 私は子どものときは野菜がきらいでした。（when）

☐(2) 彼女は2度その劇場をおとずれたことがあります。（twice）

☐(3) この部屋は毎日そうじされますか。（get）

☐(4) あなたはどのくらい長く仙台に住んでいますか。（long）

☐(5) 私は野球ファンではないけれど，その野球の試合を楽しみました。（though）

ヒント	③(2)〈get＋過去分詞〉で「…される」を表す。　(4)3回以上の回数は … timesとする。 ④(1)(5)接続詞のwhenとthoughは，ともにwhen …, though …の節を文の前半にも後半にも置ける。

Let's Read 3

⑤ 読む📖 **教科書p.110の7～14行目(I loved the artistic posters ... all the difference.)を読んで，あとの問いに答えなさい。**

☐(1) 教科書の7行目のpostersとIの間に補うことができる語を，次の選択肢の中から選びなさい。

ア where　　イ that　　ウ those　　エ who　　　　　　　　　　（　　）

☐(2) ジョブズがcalligraphyを学んだことは，どのような成果につながりましたか。次の文を完成させなさい。

（　　　　　　　　　　　　　　　　　　　　　　　　　　　　　　　）をもつコンピュータができた。

☐(3) 教科書の10行目のThe dots of my lifeがさすものを本文中から2つ英語のまま書き抜きなさい。

_____

_____

⑥ 読む📖 **教科書p.112の8～13行目(So here's my advice ... as the years go on.)を読んで，あとの問いに答えなさい。**

☐(1) 教科書の10行目のTo doと同じ用法の不定詞を含む文を下から選びなさい。

ア　To be a singer is my dream.

イ　We were hungry and needed something to eat.

ウ　He studies hard to be a doctor.　　　　　　　　　　　　（　　）

☐(2) 教科書の12行目のfind itのitがさすものを本文中から英語のまま書き抜きなさい。

_____

☐(3) 教科書の12行目のasと同じ用法のasを含む文を下から選びなさい。

ア　As she grew older, she became interested in science.

イ　He is famous as an artist.

ウ　I like Japanese food, such as sushi and tempura.　　　　（　　）

☐(4) 次の文が本文の内容に合っていれば○を，合っていなければ×を書きなさい。

1. If we do great work, it'll make us satisfied.　　　　　　　（　　）

2. We should find the thing we love.　　　　　　　　　　　（　　）

ヒント　⑤(1)I saw at collegeは接触節。　(2)calligraphyは「書道」のこと。
　　　　⑥(2)直前の文のlooking for itのitとさすものは同じ。

128

\\ 定期テスト //

予想問題

テスト前に役立つ!

チェック!

テスト前に解いて,わからない問題やまちがえた問題は,もう一度確認しておこう!

- テスト本番を意識し,時間を計って解きましょう。
- 取り組んだあとは,必ず答え合わせを行い,まちがえたところを復習しましょう。
- 観点別評価を活用して,自分の苦手なところを確認しましょう。

教科書の単元		本書のページ	教科書のページ
予想問題 1	Unit 0 ~ Let's Write 1	▶ pp.130 ~ 131	pp.4 ~ 17
予想問題 2	Unit 2 ~ Stage Activity 1	▶ pp.132 ~ 133	pp.19 ~ 50
予想問題 3	Let's Read 1 ~ Grammar for Communication 3	▶ pp.134 ~ 135	pp.52 ~ 83
予想問題 4	Stage Activity 2 ~ Grammar for Communication 4	▶ pp.136 ~ 137	pp.84 ~ 100
予想問題 5	Stage Activity 3 ~ Let's Read 3	▶ pp.138 ~ 139	pp.102 ~ 113

リスニングテスト

▶ pp.140 ~ 149
全10回

アプリを使って,リスニング問題を解きましょう。

英作文にチャレンジ!

▶ pp.150 ~ 152

英作文問題に挑戦してみましょう。

英作文ができたらパーフェクトだね!

129

Unit 0 ~ Let's Write 1

① 読む 次のボブとエミの対話を読んで，あとの問いに答えなさい。　　　36点

> *Bob*: I went to Yokohama with my brother last weekend. ①Have you ever (be) there?
>
> *Emi*: No, I haven't. How was it?
>
> *Bob*: 　A 　It was exciting. There are a lot of things to see around its *port, such as a large park, a tall tower, a beautiful bridge, an amusement park, museums and even a baseball stadium.
>
> *Emi*: Oh! Did you visit all of them?
>
> *Bob*: No. It wasn't possible to do that in one day. 　B
>
> *Emi*: I see. What was the most interesting place for you?
>
> *Bob*: 　C 　It is called "*Yokohama Marine Tower." ②It's more than 100 meters tall and was once used as a *lighthouse.
>
> *Emi*: What a tall lighthouse! That's amazing. I know there is a famous *Chinatown in Yokohama. Did you go there?
>
> *Bob*: Of course. 　D 　I was surprised to see a lot of *Chinese restaurants in one area. My brother and I enjoyed delicious Chinese food there.
>
> *Emi*: Your story made me interested in the city.
>
> 注) port 港／Yokohama Marine Tower 横浜マリンタワー／lighthouse 灯台／Chinatown 中華街／Chinese 中国の

(1) 下線部①について，(be)を適切な形に直しなさい。

(2) 本文中の　A 　~　D 　のいずれかに，A tall tower was. という1文を補います。どこに補うのが最も適切ですか。　A 　~　D 　の中から1つ選び，その記号を書きなさい。

(3) 下線部②をitの内容を明らかにして日本語にしなさい。

(4) 次の問いに英語で答えなさい。

1. Why was Bob surprised at the Chinatown in Yokohama?

2. Is Emi interested in Yokohama now?

② 日本語に合うように，＿＿に適切な語を書きなさい。　　　12点

(1) この物語は多くの言語に訳されていると言われています。

It is ＿＿＿ ＿＿＿ this story is translated in many languages.

(2) 私たちはたくさんのおもしろい動画をインターネットで見つけることができます。

We can find a lot of interesting videos ＿＿＿ ＿＿＿ internet.

成績評価の観点　知…言語や文化についての知識・技能　表…外国語表現の能力

❸ 次の語句を並べ替えて，文を完成させなさい。 28点

(1) この料理は英語で何と呼ばれていますか。

(what / this dish / is / in / called / English)?

(2) あなたはこれまでにその作家について聞いたことがありますか。

(ever / have / of / heard / the writer / you)?

(3) この写真は私たちに地球が美しい惑星であることを示しています。

(that / this photograph /the Earth / shows / a beautiful planet / us / is).

(4) たくさんの花火がその祭りをよりわくわくさせるものにしました。

(the festival / of / more / lot / a / made / exciting / fireworks).

❹ 書く✍ （　）内の指示に従って，英文を書き換えなさい。 表 24点

(1) I didn't see the science fiction movie. （「一度も…ない」という意味の現在完了形の文に）

(2) My father took this picture ten years ago. （下線部を主語にして受け身の文に）

(3) Ms. Green went to Italy. （「一度行ったことがある」という意味の現在完了形の文に）

❶	(1)		(2)	
		6点		6点
	(3)			
				8点
	(4)	1.		
				8点
		2.		
				8点
❷	(1)			
				6点
	(2)			
				6点
❸	(1)			
				7点
	(2)			
				7点
	(3)			
				7点
	(4)			
				7点
❹	(1)			表 8点
	(2)			表 8点
	(3)			表 8点

▶ 表 の印がない問題は全て 知 の観点です。

  ／36点　 ／12点　 ／28点　 ／24点

Unit 2 ～ Stage Activity 1

時間30分 ／100点　合格70点　解答 p.32

❶ 読む📖 デイビッド（David）の書いた次の英文を読んで，あとの問いに答えなさい。

36点

　①I have been (read) this book since last week. This is the *original story of a popular movie. I like the movie very much, so I was interested in its original story.

　But I don't read many books because it is ②more interesting for me to play games or watch videos on the internet. My friends also *spend a lot of time using the internet. Some of them haven't read any books for many weeks. They *don't even watch TV very much.

　③(want / read / books / me / my parents / more / to). They often tell me that reading books helps me think about things for myself. Is that true? How many books do you read a week or a month? Is it helpful for you to read books?

注） original story　原作／spend ～ ...ing　～を…して過ごす／not ... very much　あまり…しない

(1) 下線部①について，(read)を適切な形に直しなさい。

(2) 下線部②について，何と比べて何がよりおもしろいのでしょうか。最も適切なものを，次のア～エの中から1つ選び，その記号を書きなさい。

　ア インターネットを使うことが，本を読むことよりもおもしろい。

　イ 本を読むことが，インターネットを使うことよりもおもしろい。

　ウ インターネットで動画を見ることが，テレビを見ることよりもおもしろい。

　エ インターネットでゲームをすることが，動画を見ることよりもおもしろい。

(3) 下線部③の（　）内の語を並べかえて，全文を書きなさい。

(4) 次のア～エの中から英文の内容と合うものを2つ選び，その記号を書きなさい。

　ア David likes reading books very much.

　イ David likes playing games on the internet.

　ウ David's parents tell him that reading books is helpful.

　エ David is going to read more books.

❷ 日本語に合うように，＿＿＿に適切な語を書きなさい。

12点

よく出る (1) これらのブドウはとても酸っぱいので，食べられません。

　These grapes are ＿＿＿ sour ＿＿＿ you can't eat them.

(2) 私の姉はピアノだけでなく，バイオリンもひけます。

　My sister can play ＿＿＿ ＿＿＿ the piano, ＿＿＿ also the violin.

　成績評価の観点　知…言語や文化についての知識・技能　表…外国語表現の能力

❸ 次の語句を並べ替えて，文を完成させなさい。 　28点

(1) 私に今日の新聞を読ませてください。

(newspaper / me / today's / read / let).

(2) エマはすでに3通のEメールを書きました。

(e-mails / three / Emma / already / has / written).

(3) 私がこのポスターをかべにはるのを手伝ってくれますか。

(the wall / can / this poster / put / help / you / me / on)?

(4) ベーカーさんは5年間ずっと東京に住んでいます。

(five years / Tokyo / lived / in / has / for / Mr. Baker).

❹ 書く✐ （　）内の指示に従って，英文を書き換えなさい。 表 　24点

(1) She is doing her homework. （「今朝から」という意味を加えて現在完了進行形の文に）

(2) I need to study English hard. （itではじめてほぼ同じ意味の文に）

(3) They have stayed in India <u>for a month</u>. （下線部をたずねる疑問文に）

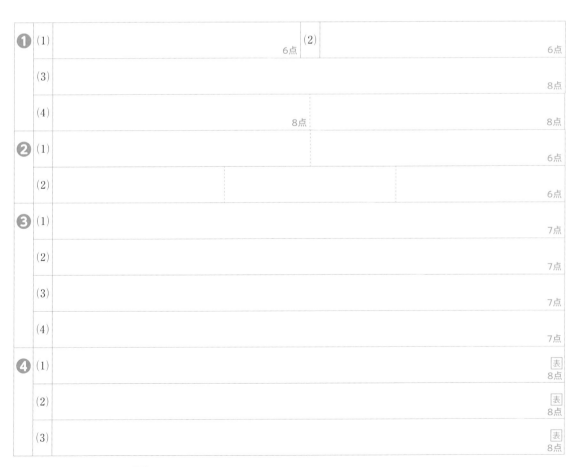

❶	(1)			6点	(2)			6点
	(3)							8点
	(4)			8点				8点
❷	(1)							6点
	(2)							6点
❸	(1)							7点
	(2)							7点
	(3)							7点
	(4)							7点
❹	(1)							表 8点
	(2)							表 8点
	(3)							表 8点

▶ 表 の印がない問題は全て 知 の観点です。

❶ 読む📖 次のケンとマイクの対話文を読んで，あとの問いに答えなさい。　　　36点

Ken: ①You have lived in Japan (　　　) more than two years.

Mike: Well, I enjoy Japanese food and Japanese pop culture every day.

Ken: So, you are happy to live here, right?

Mike: Yes. ②But there are some things (　　　) make me *unhappy.

Ken: Oh, what are they?

Mike: In spring, I have *hay fever. I didn't have it when I was in my country. In summer, I sometimes get sick because of the hot and *humid climate. And in fall, we have *typhoons in Japan. ③I saw many houses damaged by a big typhoon on TV. It really made me scared.

Ken: Then, is winter the only season you like in Japan?

Mike: *Not exactly. *I'm always afraid of a big earthquake. And I often see the websites which show us what we should do when a big earthquake happens.

注) unhappy　不幸な，悲しい／hay fever　花粉症／humid　湿気の多い／typhoon　台風／
Not exactly.　そういうわけでもありません。／be afraid of ...　…がこわい

---

(1) 下線部①について，（ ）にあてはまる最も適切な1語を，次のア〜エの中から1つ選び，その記号を書きなさい。

　　ア when　　イ from　　ウ since　　エ for

(2) 下線部②について，（ ）にあてはまる最も適切な1語を，次のア〜エの中から1つ選び，その記号を書きなさい。

　　ア it　　イ who　　ウ that　　エ this

(3) 下線部③を日本語にしなさい。

(4) 次のア〜エの中から英文の内容と合うものを2つ選び，その記号を書きなさい。

　　ア Mike isn't always happy to be in Japan.

　　イ Hay fever makes Mike unhappy in summer.

　　ウ Mike wants to leave Japan because of a lot of natural disasters.

　　エ Mike often uses the internet to know what to do in case of a big earthquake.

❷ 日本語に合うように，＿＿に適切な語を書きなさい。　　　12点

よく出る (1) そのイヌはあまりにも歳をとっていたので，速く走れませんでした。

　　The dog was ＿＿＿ old ＿＿＿ run fast.

(2) あなたを最も近いバス停までお連れしましょうか。

　　＿＿＿ ＿＿＿ like me to take you to the nearest bus stop?

❸ 次の語句を並べ替えて，文を完成させなさい。　28点

(1) 通りを横切っているあの男の人はだれですか。

(is / the street / man / that / crossing / who)?

(2) 私は新しい市役所がどこにあるか知りません。

(is / don't / the new city hall / know / I / where).

(3) エマは秋田で開かれるその有名な祭りを見たいと思っています。

(to / Akita / the famous festival / Emma / in / held / wants / see).

差がつく (4) 昨夜のパーティーにだれが来たのか私に教えてくれますか。

(who / came / me / the party / tell / last night / you / to / can)?

点UP ❹ 書く！ (　)内の指示に従って，英文を書き換えなさい。表　24点

(1) This is my favorite bag. My grandmother gave me the bag.
(関係代名詞を使って1つの文に)

(2) Do you know the writer?
(関係代名詞を使い，下線部に「この物語を書いた」という内容を加えて)

(3) This is the most exciting tennis match.
(関係代名詞を使わないで，下線部に「私がこれまでに見た」という内容を加えて)

❶	(1)		6点	(2)		6点
	(3)					8点
	(4)		8点			8点
❷	(1)					6点
	(2)					6点
❸	(1)					7点
	(2)					7点
	(3)					7点
	(4)					7点
❹	(1)					表 8点
	(2)					表 8点
	(3)					表 8点

▶ 表 の印がない問題は全て 知 の観点です。

 ❶ /36点　❷ /12点　❸ /28点　❹ /24点

135

❶ 読む📖 次の英文を読んで，あとの問いに答えなさい。　　　　　　36点

> 　　Now we often hear that wild animals, such as monkeys and *boars, eat the vegetables which people *grow in the *fields. And bears sometimes come into houses to look for something to eat. This is ①a problem not only for humans, but for animals. ②If animals could get enough food in the places they live, they (　　) have to eat food that people have. We have destroyed forests and mountains to make roads or buildings. Animals' habitats have become smaller and only a little food can be found there.
> 　　③We also have damaged the *marine environment. There are a lot of plastic bags in the sea. *Oil or *chemicals *pollute the water. ④They are killing many fish and animals (live) in the sea.
> 　　⑤We must make efforts to protect the environment for both animals (　　) ourselves.
>
> 注) boar イノシシ／grow 栽培する／field 畑／marine 海の／oil 石油／chemical 化学物質／pollute 汚染する

(1) 下線部①の原因として英文の内容と合うものを，次のア～エの中から１つ選び，その記号を書きなさい。

　　ア 野生動物たちが人間の作る野菜がおいしいことを知ったから。

　　イ 野生動物たちが森や山を荒らしたので，食べ物が見つけられなくなったから。

　　ウ 人間の自然破壊によって，野生動物たちが得られる食べ物が減ったから。

　　エ 自然破壊によって，人間も野生動物もすむ場所がせまくなったから。

(2) 下線部②について，（　）にあてはまる最も適切な語句を，次のア～エの中から１つ選び，その記号を書きなさい。

　　ア will　　イ will not　　ウ would　　エ would not

(3) 下線部③を日本語にしなさい。

(4) 下線部④について，(live)を適切な形に直しなさい。

(5) 下線部⑤について，（　）に入る適切な語を書きなさい。

❷ 日本語に合うように，＿＿に適切な語を書きなさい。　　　　　　12点

よく出る (1) マイクは私の意見に賛成しませんでした。

　　Mike didn't ＿＿＿＿ ＿＿＿＿ my opinion.

(2) 彼女はケーキのかわりにクッキーを買いました。

　　She bought some cookies ＿＿＿＿ ＿＿＿＿ a cake.

❸ 次の語句，符号を並べ替えて，文を完成させなさい。 28点

(1) 焼きそばはめんの一種です。

(a / *yakisoba* / of / kind / noodle / is).

(2) 私が車を運転できたらよいのに。

(a car / could / drive / I / I / wish).

(3) スミスさんはあなたが頼りにできる人です。

(you / a person / Mr. Smith / on / is / depend / can).

(4) もし私に時間があれば，その映画を見るのですが。

(I / I / see / time / if / the movie / would / had / ,).

 ❹ 書く✏ （　）内の指示に従って，英文を書き換えなさい。表 24点

(1) <u>The languages</u> are English and Japanese.

(関係代名詞を使い，下線部に「彼女が話すことができる」という内容を加えて)

(2) I don't have my own computer.

(仮定法を使い，「持っていたらいいのに」という内容を表す文に)

(3) It is rainy today, so we can't play tennis.

(仮定法を使い，「雨でなければ…できるのに」という内容を表す文に)

❶	(1)		8点	(2)		8点
	(3)					8点
	(4)		6点	(5)		6点
❷	(1)					6点
	(2)					6点
❸	(1)					7点
	(2)					7点
	(3)					7点
	(4)					7点
❹	(1)					表 8点
	(2)					表 8点
	(3)					表 8点

▶ 表 の印がない問題は全て 知 の観点です。

❶ 読む📖 次のダイアン（Diane）の書いた英文を読んで，あとの問いに答えなさい。

36点

> What do you want to do in the future? A *professional athlete? A person who creates games? A doctor or a teacher? ☐ A ☐
>
> ①But it is (say) that some of them may be lost because AI will do them better than humans. ☐ B ☐ The job that you want to do may be done by computers. ☐ C ☐ On the other hand, there will be new types of jobs that we don't have now. Progress of science and technology will create new jobs. We know that the invention of cars, telephones or computers have created many new jobs.
>
> ②No one knows what jobs will be created in the future. ☐ D ☐ How should we prepare for those jobs? I think we should keep studying things that we are interested in. And it is important for us to connect the thing we have learned to those new jobs.
>
> 注) professional　プロの

(1) 本文中の ☐ A ☐ ～ ☐ D ☐ のいずれかに，There are many kinds of jobs in the world. という1文を補います。どこに補うのが最も適切ですか。 ☐ A ☐ ～ ☐ D ☐ の中から1つ選び，その記号を書きなさい。

(2) 下線部①について，(say)を適切な形に直しなさい。

(3) これからも新たな仕事を生みだすものとは何か，英文中からその英語を抜き出して書きなさい。

(4) 下線部②を日本語にしなさい。

(5) 次の問いに英語で答えなさい。

In Diane's opinion, what should we do to prepare for our new jobs?

❷ 日本語に合うように，＿＿に適切な語を書きなさい。

12点

よく
出る (1) 私は少しも疲れていません。

I'm not tired ＿＿＿＿ ＿＿＿＿.

(2) 私たちは将来，石油を使い果たしてしまうかもしれません。

We may ＿＿＿＿ ＿＿＿＿ of oil in the future.

成績評価の観点　知…言語や文化についての知識・技能　表…外国語表現の能力

❸ 次の語句を並べ替えて，文を完成させなさい。 28点

(1) その事故でだれかけがをしましたか。

(anyone / get / did / injured / the accident / in)?

(2) その発明家はいくつかの便利な装置を発明してきました。

(has / the inventor / some / devices / invented / useful).

(3) あなたはあなたの学校がいつ設立されたのか知っていますか。

(established / know / was / when / your school / you / do)?

(4) ボブは足は速くないけれども，よいサッカー選手です。

(doesn't / fast / is / though / run / he / Bob / a good soccer player).

点UP ❹ 書く✍ ( )内の指示に従って，英文を書き換えなさい。 表 24点

(1) I use this watch. It was given by my grandmother. （過去分詞の後置修飾を使って1文に）

(2) Why are you so nervous? （makeを使ってほぼ同じ意味の文に）

差がつく (3) I'm sleepy, so I can't do my homework. （「…だったら～できるのに」という文に）

❶	(1)		(2)	
		6点		6点
	(3)			8点
	(4)			8点
	(5)			8点
❷	(1)			6点
	(2)			6点
❸	(1)			7点
	(2)			7点
	(3)			7点
	(4)			7点
❹	(1)			表 8点
	(2)			表 8点
	(3)			表 8点

▶ 表 の印がない問題は全て 知 の観点です。

❶ /36点　❷ /12点　❸ /28点　❹ /24点

定期テスト予想問題

Stage Activity 3 ～ Let's Read 3　教科書102～113ページ

❶ これから３つの英文とその内容についての質問文を放送します。質問の答えとして最も適切なものをア～エの中から１つずつ選び，記号で答えなさい。英文は２回読まれます。

(4点×3) ポケリス♪ ❶

(1) ア　Mexico.

　　イ　India.

　　ウ　Brazil.

　　エ　Japan.

(2) ア　Once.

　　イ　Twice.

　　ウ　Three times.

　　エ　She has never seen it.

(3) ア　Ken has.

　　イ　Mike has.

　　ウ　John has.

　　エ　Ken and John have.

(1)		(2)		(3)	

❷ これからリョウとケイトの対話文を放送します。そのあとに対話文の内容について４つの質問文を読みます。質問の答えとして正しくなるように，それぞれの英文の空欄に英語を１語ずつ書きなさい。英文は２回読まれます。

(1) She has read (　　　　　) comic books.

(2) (　　　　　), she (　　　　　).

(3) It's near the (　　　　　).

(4) (　　　　　) (　　　　　).

(2点×4) ポケリス♪ ❷

(1)		(2)	
(3)		(4)	

❶ これから 3 つの英文とその内容についての質問文を放送します。質問の答えとして最も適切なものをそれぞれの絵のア～エから 1 つずつ選び，記号で答えなさい。英文は 2 回読まれます。

（4点×3）　

(1)　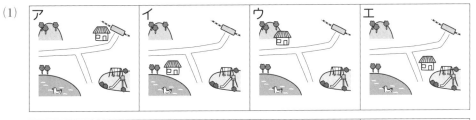

(2)　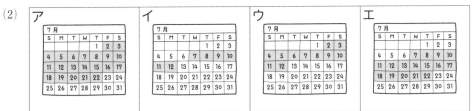

(3)　

(1)		(2)		(3)	

❷ これからマイクのスピーチを放送します。スピーチを聞いて(1)～(4)の質問に日本語で答えなさい。英文は 2 回読まれます。

（2点×4）

(1) マイクはどのくらいの間，日本語を勉強していますか。

(2) マイクは将来，日本で何がしたいと言っていますか。

(3) マイクのおばは，何が多くのことを教えてくれると言っていますか。

(4) マイクは，どうすることがとても重要だと考えていますか。

(1)		(2)	
(3)		(4)	

❶ これから放送する対話文を聞いて，その内容についての質問に答える問題です。質問の答えとして最も適切なものをア〜エから１つ選び，記号で答えなさい。英文は２回読まれます。

(8点)　ポケリス♪ ❺

❷ これからユミの部活動についての説明文を放送します。そのあとに説明文の内容について３つの質問文を読みます。質問の答えとして正しくなるように，それぞれの英文の空欄に英語を１語ずつ書きなさい。英文は２回読まれます。

(4点×3)　ポケリス♪ ❻

(1) It was held (　　　　) (　　　　) (　　　　).

(2) To (　　　　) (　　　　) (　　　　) to improve their performance.

(3) Because the brass band (　　　　) (　　　　) (　　　　).

(1)		
(2)		
(3)		

❶ これから 3 つの英文を読みます。それぞれの内容が絵に合っていれば〇を，
合っていなければ×を書きなさい。英文は 2 回読まれます。

（4点×3）ポケリス♪ ❼

(1) 　Mike　Emma

(2) 　Jun　Jun's mother

(3) 　数学 35　国語 100　英語 90　Kana

(1)		(2)		(3)	

❷ これからケイトが道で男性に会ったときの対話文と，その内容についての 2 つの
質問文を放送します。質問の答えとして最も適切なものをア〜エの中から 1 つ
ずつ選び，記号で答えなさい。英文は 2 回読まれます。

（4点×2）ポケリス♪ ❽

(1) ア It's at the next corner.

　イ It's near the bag shop.

　ウ It's around the fifth stop.

　エ It's in front of the station.

(2) ア She will take a train at the station.

　イ She will get on a bus at the hospital.

　ウ She will carry her bike to the bus stop.

　エ She will walk to the next corner.

(1)		(2)	

❶ これから放送する英文を聞いて，その内容に合う人物を絵のア～キの中から１人ずつ選び，記号で答えなさい。英文は２回読まれます。 (3点×4)

ポケリス♪ ❾

ケン		エミ		ユウタ		アヤ	

❷ これからタカシのスピーチと,その内容についての２つの質問文を放送します。質問の答えとして最も適切なものをア～エの中から１つずつ選び，記号で答えなさい。英文は２回読まれます。 (4点×2)

ポケリス♪ ❿

(1) ア A watch made in Japan.

　イ A book written in English.

　ウ A good dictionary.

　エ A CD of Takashi's favorite singer.

(2) ア She played the guitar.

　イ She sang some songs.

　ウ She made a delicious cake.

　エ She took some pictures.

(1)		(2)	

❶ これから4つの英文を読みます。それぞれの内容に合う絵を1つずつ選び，記号で答えなさい。英文は2回読まれます。

(2点×4) ポケリス♪ ⓫

(1)		(2)		(3)		(4)	

❷ これから放送するクミとマイクの対話文を聞いて，グラフの(1)～(4)に入る適切な日本語または数字を書きなさい。英文は2回読まれます。

(3点×4) ポケリス♪ ⓬

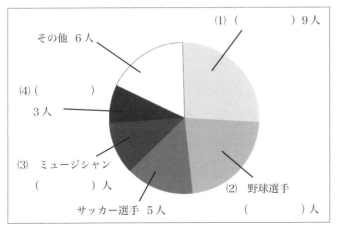

その他　6人

(1) (　　　　　) 9人

(4) (　　　　)
3人

(3) ミュージシャン
(　　　　) 人

サッカー選手　5人

(2) 野球選手
(　　　　) 人

(1)	
(2)	
(3)	
(4)	

/ 20点　解答 p.42

❶ これから放送する対話文を聞いて，その内容についての質問に答える問題です。
質問の答えとして最も適切なものをア～エから１つ選び，記号で答えなさい。
英文は２回読まれます。

（6点）　ポケリス♪ ⑬

❷ これから放送するメアリーとジョシュの対話文を聞いて，その内容に合うものを
ア～オの中から２つ選び，記号で答えなさい。英文は２回読まれます。

ア　Josh went to his sister's concert.

（7点×2）　ポケリス♪ ⑭

イ　Mary wants to be like Josh's sister.

ウ　Josh likes singing as much as his sister does.

エ　Mary sometimes goes camping with her father.

オ　Josh and Mary's father like spending time in the mountains.

❶ これから 3 つの対話文を放送します。それぞれの最後にくる文として最も適切なものをア〜エの中から 1 つずつ選び，記号で答えなさい。英文は 2 回読まれます。

（4点×3） ポケ ⑮ リス♪

(1) ア Yes. She's very kind.

イ Yes. She's my friend, Jane.

ウ No. She isn't from Australia.

エ No. She doesn't know me.

(2) ア I think it will start at seven.

イ I think it's near the station.

ウ I don't think it's interesting.

エ I don't think it will end soon.

(3) ア It was born two weeks ago.

イ It likes drinking milk.

ウ I like it very much.

エ I call it Momo.

(1)		(2)		(3)	

❷ これから放送するリカとトムのお母さんの電話での対話文を聞いて，その内容に合うものをア〜カの中から 2 つ選び，記号で答えなさい。英文は 2 回読まれます。

（4点×2） ポケ ⑯ リス♪

ア Tom was not home when Rika called him.

イ Tom's mother didn't know he was out.

ウ Rika wanted to know where Tom was.

エ Rika asked Tom's mother to call her later.

オ Rika is going to give a birthday present to Tom.

カ Tom's mother thinks he will be happy to know Rika called him.

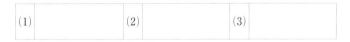

❶ これから3つの英文とその内容についての質問文を放送します。質問の答えとして最も適切なものをア〜エの中から1つずつ選び，記号で答えなさい。英文は2回読まれます。

(4点×3)

ポケ
リス♪ **17**

(1) ア George.

　　 イ Lucy.

　　 ウ Patty.

　　 エ Meg.

(2) ア He wants her to join the volleyball team.

　　 イ He wants her to meet the coach of the volleyball team.

　　 ウ He wants her to write a song for the volleyball team.

　　 エ He wants her to go to the gym.

(3) ア Gonta.

　　 イ Kurumi.

　　 ウ Hana.

　　 エ Sora.

(1)		(2)		(3)	

❷ これからブライアンとスージーの対話文を放送します。次の文はその内容をまとめたものです。内容を聞き取って，(1)〜(4)のそれぞれにあてはまる日本語を書きなさい。英文は2回読まれます。

(2点×4)

ポケ
リス♪ **18**

ブライアンは（　　(1)　　）が書いた本が気に入っていて，スージーはそれを借りようとしています。スージーは祖父が（　　(2)　　）にとった写真をブライアンに見せています。それがとられた場所は市立の（　　(3)　　）で，スージーの父が写っています。スージーの父が手にしているバナナは，彼が子どものときから（　　(4)　　）食べ物です。

(1)		(2)	
(3)		(4)	

/ 20点

解答
p.44

❶ これからケンと彼のお母さんの対話文を放送します。ケンの行動を表す絵として最も適切なものをア〜エから1つ選び，記号で答えなさい。英文は2回読まれます。

(8点)

ポケ
リス♪ ⑲

❷ これからサラのスピーチを放送します。そのあとにスピーチの内容について3つの質問文を読みます。質問の答えとして正しくなるように，それぞれの英文の空欄に英語を1語ずつ書きなさい。英文は2回読まれます。

(4点×3)

ポケ
リス♪ ⑳

(1) She (　　　　) (　　　　).

(2) He often (　　　　) (　　　　).

(3) (　　　　) he (　　　　) a child.

(1)		
(2)		
(3)		

149

❶ 次のグラフを見て，そこから読み取れることを50語程度の英文にまとめなさい。

一般財団法人ペットフード協会「全国犬猫飼育実態調査」をもとに作成

❷ 日本の文化や行事を紹介する文として「こどもの日（Children's Day）」を説明する英文を，40〜50語でまとめなさい。

❸ あなたは夏休みに外国人の友だちを訪れる予定で，それについて友達へEメールを書いています。(1)あなたが楽しみにしていることを表す文，(2)あなたが相手にしてもらいたいことを表す文，(3)相手の家族について何か教えてほしいと頼む文を，内容を自由に設定して，それぞれ英語の1文で表しなさい。

(1)	
(2)	
(3)	

❹ 「中学生は新聞を毎日読むべきか」という論題について，「賛成」か「反対」のどちらか一方の立場で，その理由も含めてあなたの主張を60語程度の英文にまとめなさい。

英作文にチャレンジ！

151

5 次の地図とその注意書きについて，日本語のわからない外国人にその内容を説明する英文を，50語程度で書きなさい。

緊急避難場所マップ

サクラ中学校

市立体育館

アケボノ劇場

ミドリスタジアム

※各避難所へは自動車を使わず徒歩でお願いします。

※状況によって開設されない避難所があります。下をご確認ください。

開設されない場合	施設名
大火事	サクラ中学校
大雨	ミドリスタジアム

6 次の英語の質問文に対する応答文を，3つの英文にまとめなさい。ただし，3文のうちの1つはifを含む仮定法の文に，もう1つはI wishで始まる仮定法の文にしなさい。

If you could do anything, what would you do?

Unit 0

pp.6〜7 ぴたトレ**1**

Words & Phrases

(1)…を増やす，増大させる　(2)頭脳

(3)研究者　(4)幅の広い，（範囲などが）広い

(5)believe　(6)spoken　(7)fact

1 (1)ウ　(2)ウ　(3)ア　(4)ウ

2 (1)is visited　(2)English is studied by

3 (1)Baseball is played by eighteen players.

(2)This room was cleaned by Ken yesterday.

(3)This temple was built in the 15th century.

(4)Is this dog loved by your family?

(5)What language is spoken in Italy?

解き方 **1** 受け身の文は〈be動詞＋過去分詞〉で表す。be動詞は主語と時によって使い分ける。(1)useは規則動詞。(2)seeは不規則動詞で過去分詞はseen。(3)現在の文で主語が三人称単数なので，be動詞はis。(4)過去の文で主語が複数なので，be動詞はwere。

2 (1)「沖縄は多くの人々に訪れられます。」(2)「英語は多くの人々に学ばれています。」

3 (1)(2)(3)受け身の文は〈主語＋be動詞＋過去分詞....〉の語順。(4)受け身の疑問文は〈be動詞＋主語＋過去分詞...?〉の語順。(5)what languageを主語とする受け身の疑問文とする。

pp.8〜9 ぴたトレ**2**

1 (1)エ　(2)ウ　(3)ウ

2 (1)variety of　(2)It, said　(3)was, built

3 (1)Kyoto is visited by a lot of people.

(2)The concert isn't held at this hall.

(3)Some famous pictures can be seen in the museum.

4 (1)Is English used in your country?

(2)Our classroom is cleaned by us.

5 (1)世界で話されていると言われています

(2)by　(3)of people

6 (1)a wide variety of

(2)(例)ほかの国々から毎年多くの人が街を訪れるから。

解き方 **1** (1)「これらの辞書は英語の授業で使われています。」受け身の文。useは規則動詞。(2)「この自動車は毎週洗われます。」現在の文で主語のthis carは三人称単数。(3)「この写真はジョシュによって撮られたのですか。」受け身の疑問文。takeは不規則動詞。

2 (1)「さまざまな…」＝a variety of ...　(2)「…であるといわれている。」＝It is said that ....　(3)build(建てる)の過去分詞はbuilt。

3 (1)受け身の文。〈主語＋be動詞＋過去分詞....〉の語順に。(2)受け身の否定文。ここではis notの短縮形のisn'tを使っている。heldはholdの過去分詞。(3)助動詞つきの受け身は〈助動詞＋be動詞＋過去分詞〉の形になる。

4 (1)〈be動詞＋主語＋過去分詞 ...?〉の受け身の疑問文にする。現在の文で主語はEnglishで単数なので，be動詞はis。(2)「…されている」は〈be動詞＋過去分詞〉の受け身の形で表す。現在の文で主語はOur classroomで単数なので，be動詞はis。「…によって」を〈by＋行為者〉で示す。

5 (1)It is said that ....で「…であるといわれている。」を表す。that以下は受け身の文となっている。(2)受け身の文で行為者を表すbyが入る。(3)前文にもthe greatest numberがあることに注目する。

6 (1)a ... variety of 〜で「…な種類の〜」を表す。...にはwideやlargeなどの語が入る。(2)下線部②に続く文で，理由が述べられている。

全訳

　私たちの町は日本で最も人気のある観光地の1つです。ここには多くの種類のおもしろいものがあります。たとえば，寺，神社，古い家屋，伝統的なレストラン，博物館などです。私たちの町の観光客向けのこのガイドブックを見てください。それにはいくつかの言語が使われ

ています。私たちの町は毎年ほかの国からの多くの人に訪れられているので，このようなガイドブックが必要なのです。

Unit 1〜Let's Write 1

pp.10〜11 **ぴたトレ1**

Words & Phrases

(1)題名，表題　(2)トライアスロン
(3)どこかに[へ，で]　(4)apply　(5)above
(6)below

1 (1)イ　(2)ウ　(3)ウ　(4)ア
2 (1)have watched　(2)has skated once
3 (1)Aya has climbed the mountain twice.
(2)I have talked with him before.
(3)They have traveled to Hokkaido three times.
(4)She has never studied Japanese.

解き方
1 「…したことがある」という経験は，〈have[has]＋過去分詞〉で表す。　(1)主語はIなので〈have＋過去分詞〉で表す。　(2)主語が三人称単数なので〈has＋過去分詞〉で表す。　(3)seeは不規則動詞で過去分詞はseen。　(4)「一度も…したことがない」という意味の否定文は，have[has]のあとにneverを置く。
2 経験を表す現在完了形の文。(1)「私は1度その劇を見たことがあります。」主語がIなのでhaveを使う。　(2)「彼は1度スケートをしたことがあります。」主語が三人称単数なのでhasを使う。
3 (1)(2)(3)「…したことがある」＝〈主語＋have[has]＋過去分詞〜.〉　(4)「一度も…したことがない」＝〈主語＋have[has]never＋過去分詞〜.〉

pp.12〜13 **ぴたトレ1**

Words & Phrases

(1)運動選手，アスリート　(2)試合，競技
(3)テレビで　(4)internet　(5)been

1 (1)イ　(2)イ　(3)ア　(4)ア
2 (1)Have, played, have not
(2)Has, ever tried, he has
3 (1)Have you ever heard of the writer?
(2)Has your brother ever worked at the bookstore?
(3)Have you ever been to Nagasaki?
(4)I have been to Kyushu once.

解き方
1 「(これまでに)…したことがありますか」と経験をたずねるときは，〈Have[Has]＋主語(＋ever)＋過去分詞〜?〉で表す。答えの文もhave[has]を使う。　(1)主語がyouなのでhaveを使う。　(2)主語はIになるのでhaveを使って答える。　(3)主語がKenで三人称単数なのでhasを使う。　(4)答えの主語も三人称単数なのでhasを使って答える。
2 経験をたずねる現在完了形の疑問文とその答え。　(1)「あなたはこれまでにピアノをひいたことがありますか。—いいえ，ありません。」　(2)「彼はこれまでに料理をしてみたことがありますか。—はい，あります。」
3 (1)(2)「これまでに…したことがありますか」＝〈Have[Has]＋主語＋ever＋過去分詞〜?〉　(3)「これまでに…に行ったことがありますか」＝〈Have[Has]＋主語＋ever been to ...?〉　(4)「これまでに…に行ったことがある」＝〈主語＋have[has]＋been to ....〉

pp.14〜15 **ぴたトレ1**

Words & Phrases

(1)選手権，優勝　(2)肯定の，前向きな
(3)心地よくない　(4)有名な　(5)speed
(6)winner　(7)amazing

1 (1)イ　(2)ウ　(3)ウ　(4)イ
2 (1)made, happy　(2)made me sad
3 (1)Practicing rugby made David tired.
(2)We will make the kitchen clean.
(3)This computer will make your work easier.
(4)She has won the world championship twice.

解き方
1 「…を〜の状態にする」は〈make＋(代)名詞＋形容詞〉の形で表す。代名詞は「…を[に]」の形にする。(1)動名詞が主語になる場合は三人称単数として扱う。(2)過去の文なので動詞は過去形を選ぶ。　(3)「彼を」＝him　(4)「私たちを」＝us
2 〈make＋(代)名詞＋形容詞〉の過去の文。(1)「チョコレートは私を幸せにしました。」(2)「その映画は私を悲しくさせました。」
3 (1)〈make＋(代)名詞＋形容詞〉の過去の文。(2)willを使って〈make＋(代)名詞＋形容詞〉の未来の文とする。　(3)「もっと簡単にする」なので，〈make＋(代)名詞＋形容詞〉の形容

詞easyが比較級となっている。 (4)「…した
ことがある」と経験を表すので，〈have[has]
＋過去分詞〉の現在完了形の文とする。

pp.16〜17 ぴたトレ1

Words & Phrases

(1)実用的な (2)ふつうの
(3)(物事が)可能な，できる
(4)スポーティーな，走りの軽快な
(5)おしゃれな，センスのよい
(6)establish (7)satisfy (8)support
(9)opinion (10)user

1 (1)ウ (2)ア (3)イ (4)ウ

2 (1)told, that (2)told me that, studied

3 (1)Josh told me that the movie was
interesting.
(2)This article shows us that AI may
change our lives.
(3)I taught him that he should help others.
(4)He wrote this song to make people happy.

解き方 1 いずれも「(人)に(〜ということ)を…する」
を表すSVOO(that節)の文。Oが代名詞の
場合は，「…を[に]」の形にする。 (1)〈show
＋O(人)＋O(that節)〉の文。 (2)〈tell＋O
(人)＋O(that節)〉の文。 (3)〈teach＋O
(人)＋O(that節)〉の文。「彼女に」＝her
(4)〈tell＋O(人)＋O(that節)〉の文。「彼ら
に」＝them
2 〈tell＋O(人)＋O(that節)〉のSVOOの文。
(1)「彼は私にテニスをしたと話しました。」
(2)「彼は私に数学を勉強したと話しました。」
3 (1)〈tell＋O(人)＋O(that節)〉のSVOOの
文。 (2)〈show＋O(人)＋O(that節)〉の
SVOOの文。 (3)〈teach＋O(人)＋O(that
節)〉のSVOOの文。 (4)「人々を幸せにす
る」は〈make＋人＋形容詞〉で表す。

pp.18〜19 ぴたトレ1

Words & Phrases

(1)聴衆，観客 (2)難問
(3)すばらしい，最高の (4)とても，すごく
(5)horizon (6)bright (7)hopeful

1 (1)エ (2)イ (3)ア (4)オ (5)ウ

2 (1)live (2)fan (3)yours (4)when
(5)listen (6)have (7)When (8)hope

解き方 1 (1)「あなたのファン」＝a fan of yours
(2)awesomeには「すばらしい，最高の」とい
う意味がある。 (3)「質問」＝question
(4)All the best,は「万事うまくいきますよ
うに」という意味で手紙の最後に入れる決
まった表現。 (5)「…に手紙の返事を書く」＝
write ... back

2 「5月5日 親愛なるエレン様 私の名前は
ユキです。15歳です。私は日本の横浜に住
んでいます。私はあなたの大ファンです。
私は3年前にあなたの横浜でのショーを見
たとき，あなたの歌をとても楽しみました。
今では，私はあなたの歌を毎日聞いていま
す。 1つ質問があります。次はいつ日本に
来る予定ですか。私はあなたに横浜ですぐ
にまた会えることを願っています！ 万事
うまくいきますように カトウユキ」

pp.20〜21 ぴたトレ2

◆ (1)ウ (2)イ (3)エ

◆ (1)on, internet (2)was amazed
(3)satisfied with

◆ (1)My father has taken that train many
times.
(2)Winning a match always makes me excited.
(3)Emma told me that the department
store was crowded.

◆ (1)I've[I have] never played the guitar.
(2)Have you ever been to Hiroshima?

◆ (1)won
(2)彼の力とスピードに驚きました
(3)It makes me uncomfortable.

◆ (1)Yes, they do. (2)Halal marks do.

解き方 ◆ (1)「あなたはこれまでに彼女を見かけたこと
がありますか」経験をたずねる現在完了形の
疑問文。 (2)「この料理はそのシェフを有名
にしました」〈make＋名詞＋形容詞〉の過
去の文。 (3)「私は1度シドニーを訪れたこ
とがあります」経験を表すので，〈have
[has]＋過去分詞〉の現在完了形の文。

◆ (1)「インターネットで」＝on the internet
(2)「…に驚かされる」＝be amazed at。過
去の文なのでbe動詞は過去形にする。 (3)
「…に満足する」＝be satisfied with。

◆ (1)「…したことがある」は〈主語＋have[has]

英語 3

+過去分詞〉の語順。 (2)winning a match を主語とする，〈make + 人 + 形容詞〉の文を作る。 (3)〈tell + O(人) + O(that節)〉のSVOOの文とする。

④ (1)「一度も…したことがない」は〈主語 + have[has] never + 過去分詞….〉で表す。 (2)「これまでに…に行ったことがありますか」は〈Have[Has] + 主語 + ever been to ...?〉で表す。

⑤ (1)現在完了形の文なので，過去分詞wonにする。 (2)be amazed atで「…に驚かされる」を表す。 (3)〈主語 + make + 代名詞 + 形容詞〉の語順にする。

⑥ (1)「日本にいるイスラム教徒はハラール食品を食べますか。」「はい，食べます。」So Muslims in Japan don't eat halal food? という否定の内容の疑問文に対して，Yesで答えているので，「食べている」ことになる。 (2)「イスラム教徒がハラール食品をほしいとき，何が彼らを助けますか。」「ハラールマークが助けます。」Halal marks help us. と言っている。usはMuslimsのこと。

全訳

　日本ではハラール食品を見つけることは難しいです。では，日本にいるイスラム教徒はハラール食品を食べないのでしょうか。いいえ，食べます。ハラールマークが私たちを助けてくれます。食料品にハラールマークがついていれば，私はそれがハラール食品だとわかります。日本でハラールマークつきの食料品が増えているのを見て，うれしく思います。

pp.22〜23 　　　　　ぴたトレ3

❶ (1)○ (2)× (3)○

❷ (1)ア (2)イ (3)ア

❸ (1)I've[I have] never seen the festival.
(2)Has Bob ever visited this stadium?
(3)Playing video games makes me happy.

❹ (1)Ms. Brown has been to five countries.
(2)This list shows us that Italy has many World Heritage sites.
(3)I've played tennis with Meg several times.

❺ (1)あなたはこれまでにラグビーの試合を見たことがありますか。 (2)ウ

(3)They made me very excited.
(4)①Yes, he has.
②He is[He's] going to join a[the] rugby team.

❻ (1)I've tried wheelchair tennis before.
(2)What made you so sad?
(3)Have you ever been to the U.K.?

解き方
❶ (1)title[táitl]（題名），bright[bráit]（明るい） (2)support[səpɔ́:rt]（…を支援する），super[súːpər]（とても） (3)match[mǽtʃ]（試合），athlete[ǽθliːt]（運動選手）

❷ (1)(3)は最初の音節を，(2)は2番目の音節を強く発音する。 (1)インターネット (2)意見 (3)難問

❸ (1)「私は一度もその祭りを見たことがありません。」「一度も…したことがない」を表すneverはhaveのあとに置く。 (2)「ボブはこれまでにこのスタジアムを訪れたことがありますか。」現在完了形の疑問文は，hasを主語の前に出す。「これまでに」を表すeverは過去分詞の前に置く。 (3)「テレビゲームをすることは私を幸せにします。」もとの文を，「…を〜の状態にする」という〈make +（代）名詞 + 形容詞〉の形に言いかえる。

❹ (1)「…に行ったことがある」はhave[has] been toで表す。 (2)〈show + O(人) + O(that節)〉の文。 (3)「…したことがある」なので，〈have[has] + 過去分詞〉の現在完了形で表す。「何度か」= several times

❺ (1)経験をたずねる現在完了形の疑問文。 (2)「テレビで」= on TV (3)madeと形容詞のexcitedがあることに注目する。〈make +（代）名詞 + 形容詞〉の文を作る。 (4)①「ケンはこれまでにラグビーの試合を見たことがありますか。」1行目に注目。 ②「ケンは高校では何をするつもりですか。」5〜6行目に注目。

全訳

　あなたはこれまでにラグビーの試合を見たことがありますか。私は2019年にそれを初めて見ました。ラグビーワールドカップが2019年に日本で開かれたのです。私はその時に何試合かをテレビで見ました。それらは私をとてもわくわくさせました。また，私は日本チームが強いことを知り，驚きました。そのチームは日本人がラグビーをじょうずにプレーできることを

見せてくれました。私は一度もラグビーをした
ことがありませんが，高校ではラグビー部に入
るつもりです。

⑥ (1)経験を表す現在完了形の文を作る。語数
よりI haveは短縮形のI'veとする。「して
みた」なので動詞はtryを使う。 (2)made
を使うので，「何があなたをそんなに悲しま
せたのですか。」と考える。主語をWhatと
し，そのあとに〈make＋(代)名詞＋形容詞〉
の形を続ける。 (3)経験をたずねる現在完了
形の疑問文，〈Have[Has]＋主語＋ever＋
過去分詞 ～?〉で表す。「…に行ったことが
ある」はhave[has] been toで表す。

英作文の採点ポイント

□単語のつづりが正しい。（2点）

□（ ）内の語数で書けている。（2点）

□(1)現在完了形が正しく使えている。 (2)〈make
＋(代)名詞＋形容詞〉の語順が正しい。 (3)現
在完了形の疑問文でhave[has] been toが使
えている。（4点）

Unit 2～Grammar for Communication 1

pp.24～25 ぴたトレ **1**

Words & Phrases

(1)眠る，寝ている (2)もう，すでに

(3)read (4)yet

1 (1)イ (2)ア (3)ア (4)イ

2 (1)have, cooked

(2)has already finished

3 (1)We have just arrived in Kyoto.

(2)Have you opened the box yet?

(3)Bob has not eaten lunch yet.

(4)I can't wait to visit the amusement
park.

解き方 1 「…したところだ」という過去から現在まで
の動作の完了は，〈have[has]＋過去分詞〉
で表す。 (1)cleanは規則動詞なので，過去
分詞は原形の語尾に-edをつける。
(2)readは不規則動詞。過去形，過去分詞と
も read。 (3)肯定文での「すでに」は
alreadyで表す。 (4)否定文での「まだ」は
yetで表す。

2 「すでに…してしまった」なので，完了を表
す現在完了形の文とする。already「すで

に」はhave[has]と過去分詞の間に置く。
(1)「私たちはすでにカレーを料理してしまい
ました。」 (2)「彼はすでに仕事を終えてしま
いました。」

3 (1)現在完了形の文。just「ちょうど」は
have[has]と過去分詞の間に置く。 (2)現在
完了形の疑問文は〈Have[Has]＋主語＋過
去分詞 ～?〉の語順。yet「もう」は文末に置
く。 (3)現在完了形の否定文は，have[has]
のあとにnotを置く。yet「まだ」は文末に置
く。 (4)「待ちきれない」は〈can't wait＋to
＋動詞の原形〉で表す。

---

pp.26～27 ぴたトレ **1**

Words & Phrases

(1)詩人 (2)好奇心の強い (3)image

(4)since

1 (1)ウ (2)ウ (3)ウ (4)ア

2 (1)have known, since (2)has been, for

3 (1)Mr. Brown has stayed in Nagano for
three days.

(2)How long has Meg been in the library?

(3)I have wanted to see the concert since
last year.

(4)This long story made me bored.

解き方 1 過去から現在まである状態がずっと続いて
いることは，〈have[has]＋過去分詞〉の現
在完了形で表す。 (1)liveは規則動詞なの
で，過去分詞は原形の語尾に-dをつける。
(2)knowは不規則動詞。(3)期間をたずねる
ので，how longを文のはじめに置き，現在
完了形の疑問文の形を続ける。(4)「期間」を
表すforを使って答える。

2 「ずっと～している」なので，継続を表す現
在完了形の文とする。(1)「私たちはおたがい
を2015年からずっと知っています。」2015
という「過去の一時点」があるのでsinceを
使う。 (2)「1週間ずっと雨です。」主語itは三
人称単数なのでhasを使う。また，rainyは
形容詞なのでbe動詞の過去分詞beenを入
れる。a weekという「期間」を表す語句があ
るのでforを使う。

3 (1)現在完了形の文。「3日間」はfor three days
で文末に置く。 (2)how longを文のはじめに置
き，現在完了形の疑問文の形を続ける。 (3)現
在完了形の文。「去年から」はsince last year

で文末に置く。 (4)this long storyが主語の〈make + (代)名詞 + 形容詞〉の形の文とする。

Words & Phrases

(1)…を含む，含める　(2)詩　(3)季節の
(4)rhythm　(5)written

1 (1)ウ　(2)イ　(3)イ　(4)ア

2 (1)have been running
(2)has been cooking since

3 (1)You've been doing your homework since this morning.
(2)I've been listening to music for an hour.
(3)It has been snowing for two days.
(4)I have been a fan of the band since 2018.

解き方

1 過去から現在まである動作がずっと続いていることは，〈have[has] been + …ing〉の現在完了進行形で表す。(1)現在完了進行形ではhave[has]のあとにbe動詞の過去分詞beenを置く。(2)主語は三人称単数なのでhasを使う。(3)beenのあとは動詞の…ing形。(4)「正午から」と動作の始まった時点を示すのでsinceを使う。

2 「ずっと〜している」を現在完了進行形で表す。(1)「彼らは30分間ずっと走っています。」runの…ing形はrunningとnを重ねることに注意。(2)「彼女は午後4時からずっと料理をしています。」4 p.m.という「動作の始まった時点」が示されているのでsinceを使う。

3 (1)(2)現在完了進行形の文。〈代名詞 + have〉がそれぞれyou've，I'veの短縮形となっている。(3)天候を表すitを主語として，現在完了進行形の文にする。(4)「ファンである」という状態の継続なので，〈have + 過去分詞〉の現在完了形の形にする。

Words & Phrases

(1)ウェブサイト　(2)厳しい　(3)実は，本当は
(4)かなり，相当　(5)pop　(6)less
(7)become

1 (1)イ　(2)ア　(3)ウ　(4)イ

2 (1)has been swimming
(2)have been making, since

3 (1)I've been using the computer since noon.
(2)He has been skiing for two hours.
(3)I was so hungry that I ate three hamburgers.
(4)We have already finished our work.

解き方

1 いずれも「ずっと…している」と過去から現在まで動作が続いている，現在完了進行形の文。〈have[has] been + …ing〉の形とする。(1)beenのあとは動詞の…ing形。(2)(4)have[has]のあとはbe動詞の過去分詞のbeen。(3)主語はtheyなのでhaveを使う。

2 現在完了進行形の文。(1)主語はmy brotherで三人称単数なのでhasを使う。(2)主語はweなのでhaveを使う。this morningという「動作の始まった時点」が示されているので，since this morningとする。

3 (1)現在完了進行形の文。I haveは短縮形のI'veとなっている。(2)現在完了進行形の文。skiingは動詞のski(スキーをする)の…ing形。(3)「とても…なので〜だ」なので，so … that 〜を使った文にする。(4)〈have + 過去分詞〉の完了を表す現在完了形の文とする。alreadyはhaveのあとに置く。

Words & Phrases

(1)さようなら　(2)we've

1 (1)イ　(2)エ　(3)オ　(4)ウ　(5)ア

2 (1)Welcome to　(2)Welcome to Tokyo

3 (1)Feel free to read these books.
(2)I've been looking forward to seeing you.
(3)I hope you enjoy this traditional festival.
(4)Is this your first time trying *soba*?

解き方

1 (1)イ「遠慮なく質問してください。」feel free toで「遠慮なく…する」を表す。(2)エ「すもうを見るのははじめてですか。」(3)オ「どうぞ楽にしてください。」(4)ウ「あなたは以前，さっぽろ雪まつりに行ったことがありますか。」経験をたずねる現在完了形の疑問文。(5)ア「ここにお迎えできてうれしいです。」happyのあとに原因を表す副詞的

用法の不定詞が続いている。

2 いずれもWelcome toで文を始める。(1)「パーティーへようこそ。」(2)「東京へようこそ。」

3 (1)「遠慮なく…する」を表すfeel free toを命令文の形で使う。(2)「…を楽しみに待つ」を表すlook forward toを現在完了進行形の文で使う。(3)「…を望む」はI hope (that) ...で表す。ここではthatは省略されている。(4)「…するのははじめてですか」とたずねる場合、Is this your first time ...ing?で表す。

pp.34〜35 ぴたトレ1

1 (1)has just arrived
　(2)I've wanted, since
　(3)have been swimming
　(4)have never used

2 (1)I haven't[have not] read the newspaper yet.
　(2)My father has been to London once.
　(3)How long has Ken known Emma?
　(4)Bob has been studying Japanese since this morning.

3 (1)She has already finished her homework.
　(2)Have you ever seen the picture?
　(3)My mother has been writing a letter since 10 a.m.
　(4)I've been a fan of the actor for five years.

解き方

1 (1)「ちょうど…したところ」なので、〈have[has]＋過去分詞〉の形の完了を表す現在完了形の文とする。(2)「ほしい」を意味するwantは状態を表す動詞。継続を表す現在完了形の文とする。(3)「ずっと…している」なので現在完了進行形の文。〈have[has] been + ...ing〉の形にする。(4)「一度も…したことがない」という現在完了形の否定文にする。have[has]のあとにneverを置く。

2 (1)「私はまだその新聞を読んでいません。」現在完了形の否定文は、have[has]のあとにnotを置く。「まだ」を表すyetは文末に置く。(2)「私の父はロンドンに一度行ったことがあります。」「…に行ったことがある」という意味はhave[has] been toで表す。主語はmy fatherで三人称単数なので、ここではhasを使う。「一度」はonce。(3)「どのくらい長くケンはエマを知っているのですか。」下線

部は「4年間」という「期間」なので、how longで文を始めて、現在完了形の疑問文の形を続ける。(4)「ボブは今朝からずっと日本語を勉強しています。」since this morningという「動作の始まる時点」が加えられるので、〈have[has] been + ...ing〉の現在完了進行形の文とする。

3 (1)「すでに…した」なので、〈have[has]＋過去分詞〉の形の完了を表す現在完了形の文とする。(2)経験をたずねる現在完了形の疑問文。〈Have[Has]＋主語＋過去分詞 〜?〉の語順にする。(3)「ずっと…している」なので、現在完了進行形の文とする。(4)状態の継続を表す現在完了形の文とする。

pp.36〜37 ぴたトレ2

1 (1)エ　(2)ウ　(3)イ

2 (1)different from　(2)not always
　(3)only, also

3 (1)I have already washed my shoes.
　(2)The singer has been singing for about two hours.
　(3)The picture is so beautiful that everyone loves it.

4 (1)How long has your uncle stayed in Nagoya?
　(2)My mother has been cooking for an[one] hour.

5 (1)writing
　(2)Haiku in English have become quite popular
　(3)必ずしも必要とは限りません
　(4)either

6 (1)They produce ultrasonic sound when railroads are busy.
　(2)They keep away from the railroads.

解き方

1 (1)「ジョシュはまだ宿題を終えていません。」現在完了形の否定文。主語はJoshで三人称単数なのでhasを使う。(2)「アヤは10歳のときからこの自転車をずっともっています。」継続を表す現在完了形の文。hasのあとには過去分詞が必要。(3)「私は3時間ずっとこの本を読んでいます。」現在完了進行形の文。〈have[has] been + ...ing〉の形になる。

2 (1)「…とはちがっている」＝ be different from　(2)「いつも…とは限らない」＝ not

always　(3)「…だけでなく〜もまた」= not only ... but also 〜

❸ (1)「もう…してしまった」なので，〈have[has] + 過去分詞〉の形の完了を表す現在完了形の文とする。　(2)「ずっと歌っている」という動作の継続を表すので，現在完了進行形の文。〈have[has] been + ...ing〉の語順とする。　(3)「とても…なので〜だ」は so ... that 〜で表す。ここでは so のあとに形容詞の beautiful を入れる。

❹ (1)「どれくらい長く」と期間をたずねるので，how long で文を始めて，現在完了形の疑問文の形を続ける。　(2)「料理をする」という動作が継続しているので，現在完了進行形の文にする。主語は my mother で三人称単数なので has を使う。

❺ (1)（　）の前が have been であることから，現在完了進行形の文だと判断する。write を ...ing 形にする。　(2)並べかえる語の中に have と become があることに注目。現在完了形の文とする。ここでの become は過去分詞。haiku in English（英語での俳句）を主語にする。　(3)not always は「必ずしも…とは限らない」を表す。　(4)either は否定文の文末に用いて，「…もまた（〜ない）」を表す。

❻ (1)「『シカの踏切』はどのようにしてずっとシカを救ってきていますか。」「それらは線路の通行量が多いとき，超音波を発します。」2文目で述べられている。　(2)「シカは超音波を聞くと，何をしますか。」「彼らは線路に近づきません。」Deer dislike the sound and keep away from the railroads. と述べられている。

【全訳】
奈良では『シカの踏切』が2016年からずっとシカを救ってきています。『シカの踏切』は線路の通行量が多いとき，超音波を発します。シカはその音を嫌い，線路に近づきません。踏切のおかげで，シカはもう電車にはねられることはないのです。

pp.38〜39　ぴたトレ3

❶ (1)○　(2)×　(3)×

❷ (1)イ　(2)イ　(3)ア

❸ (1)Ms. Brown has lived in Chiba for five[5] years.
(2)Has the game ended yet?

(3)How long has Ken liked the soccer player?

❹ (1)The students have just cleaned their classroom.
(2)It has been cloudy since last Friday.
(3)The boy has been sleeping for ten hours.

❺ (1)I've lived in Tokyo for six years
(2)あなたは以前その祭りに行ったことがありますか。　(3)イ
(4)①He is[He's] interested in Japanese festivals.
②Yes, she has.

❻ (1)I've already finished my homework.
(2)How long have you had your dog?
(3)Since I was five[5] years old.

解き方

❶ (1)sleep[slíːp]（眠る），either[íːðər]（…もまた（〜ない））　(2)rhyme[ráim]（韻をふむ），rhythm[ríðm]（リズム）　(3)write[ráit]（書く），written[rítn]（write の過去分詞）

❷ (1)(2)は2番目の音節を，(3)は最初の音節を強く発音する。　(1)さようなら　(2)すでに　(3)像，肖像，印象

❸ (1)「ブラウンさんは5年間ずっと千葉に住んでいます。」〈have[has] + 過去分詞〉の形にする。主語の Ms. Brown は三人称単数なので has を使う。　(2)「試合はもう終わりましたか。」完了を表す現在完了形の疑問文にする。〈Have[Has] + 主語 + 過去分詞 〜?〉の語順にし，疑問文での「もう」を表す yet を文末に置く。　(3)「ケンはどのくらい長くそのサッカー選手が好きなのですか。」下線部は「10年間」という「期間」なので，how long で文を始めて，現在完了形の疑問文の形を続ける。

❹ (1)「ちょうど…した」なので完了を表す現在完了形の文とする。just は have と過去分詞の間に置く。　(2)「くもっている」という状態が継続しているので，天候を表す it が主語の現在完了形の文とする。　(3)「眠る」という動作が継続しているので，現在完了進行形の文。〈have[has] been + ...ing〉の語順とする。

❺ (1)継続を表す現在完了形の文にするので，〈have + 過去分詞〉の形を使う。I have が短縮形の I've となっていることに注意。

(2)「…に行ったことがありますか」は〈Have [Has]＋主語＋been to ...?〉でたずねる。 (3)look forward toは「…を楽しみに待つ」を意味する。toのあとに動詞がくる場合は動名詞にする。 (4)①「デイビッドは何に興味がありますか。」1行目に注目。 ②「エミはこれまでに三社祭を見たことがありますか。」5行目に注目。

全訳

エミ：私はあなたが日本の祭りに興味があることを知っています。あなたはこれまでに浅草の三社祭を見たことがありますか。

デイビッド：いいえ。私は東京に6年間住んでいますが，一度もそれを見たことがありません。あなたは以前その祭りに行ったことがありますか。

エミ：はい。私は昨年それを見に行きました。それはとてもわくわくしました。私はその町のだれもが祭りに参加しているのだと思いました。

デイビッド：本当ですか？　私はこの夏，父とそれを見に行く予定です。私は美しいみこしを見ることをずっと楽しみにしているのです。

6 (1)「もう…してしまった」なので，完了を表す現在完了形の文とする。語数からI haveの短縮形のI'veを使う。 (2)期間をたずねるので，how longで文を始めて，現在完了形の疑問文の形を続ける。「飼う」を表すhaveは不規則動詞。 (3)「…から」なのでsinceのあとに文を続けて答える。

英作文の採点ポイント
□単語のつづりが正しい。（2点）
□（　）内の語数で書けている。（2点）
□(1)現在完了形が正しく使えている。 (2)How long ...?，現在完了形が正しく使えている。疑問詞ではじまる疑問文の語順が正しい。 (3)〈since＋文〉が正しく使えている。（4点）

Unit 3〜Stage Activity 1

pp.40〜41 ぴたトレ**1**

Words & Phrases

(1)…を守る，保護する　(2)状況
(3)絶滅の危機にさらされている
(4)survive　(5)climate　(6)danger

1 (1)ア　(2)ウ　(3)イ　(4)ア
2 (1)for me　(2)fun, to dance
3 (1)It's interesting for me to watch animals.
(2)It is not difficult for my brother to ride a bike.
(3)It's important to prepare for the test.
(4)Is it necessary for us to help animals?

解き方

1 〈It is ... for＋人＋to＋動詞の原形〉の文。 (1)形式的な主語となるのはit。 (2)forのあとが代名詞なら「…を[に]」の形にする。 (3)〈to＋動詞の原形〉の前には，その動作を行う人を〈for＋人〉で示す。 (4)toのあとは動詞の原形。

2 〈It is ... for＋人＋to＋動詞の原形〉で表す。 (1)「私にとって野球の試合を見ることはわくわくします。」 (2)「私にとっておどることは楽しいです。」

3 (1)〈It is ... for＋人＋to＋動詞の原形〉の形とする。ここではIt isは短縮形のIt'sとなっている。 (2)否定文なので，〈It is ... for＋人＋to＋動詞の原形〉のbe動詞のあとにnotを入れる。 (3)「試験の準備をする」という動作をする人を示さないので，〈It is ... ＋to＋動詞の原形〉の形となる。 (4)〈It is ... for＋人＋to＋動詞の原形〉の疑問文では，be動詞を主語のitの前に出す。

pp.42〜43 ぴたトレ**1**

Words & Phrases

(1)チーター
1 (1)ウ　(2)ウ　(3)イ　(4)ウ
2 (1)want, to　(2)want, to join
3 (1)I want him to be a tennis player.
(2)I wanted my brother to help me with my homework.
(3)Mike doesn't want his sister to use his computer.
(4)Why don't we eat lunch at that restaurant?

解き方

1 〈want＋人＋to＋動詞の原形〉の文。 (1)(4)wantのあとの「人」が代名詞の場合は「…を[に]」の形を使う。 (2)「人」のあとは〈to＋動詞の原形〉。 (3)主語はheで三人称単数。

2 「（人）に…してほしい」なので〈want＋人＋to＋動詞の原形〉の形で表す。 (1)「私はケイコにドアを閉めてほしい。」 (2)「私はエミ

に私のチームに加わってほしい。」

3 (1)〈want＋人＋to＋動詞の原形〉の文。〈to＋動詞の原形〉の部分はto beとなる。 (2)〈want＋人＋to＋動詞の原形〉の文だが，過去の文なのでwantを過去形にする。 (3)〈want＋人＋to＋動詞の原形〉を否定文にする場合，主語や時に合わせて，don't, doesn't, didn'tなどをwantの前に入れる。 (4)「…しませんか」をWhy don't we ...?を使った文にする。

pp.44〜45 ぴたトレ1

Words & Phrases

(1)…を破壊する (2)環境 (3)時代，年代 (4)政府 (5)速く，急速に (6)die (7)fly (8)population (9)safely (10)until

1 (1)イ (2)ア (3)ウ (4)ア

2 (1)helped her (2)helped them buy

3 (1)Let me take a picture of you.
(2)She helped me wash the dishes.
(3)It was difficult for him to ride a bike.
(4)Ms. Brown has been drawing a picture for an hour.

解き方 1 (1)(3)は〈let＋人＋動詞の原形〉，(2)(4)は〈help＋人＋動詞の原形〉の文。いずれも「人」に代名詞がくる場合は，「…を[に]」の形にする。

2 「人が…するのを助ける」を表す〈help＋人＋動詞の原形〉を使った過去の文にする。 (1)「私は彼女がぼうしを選ぶのを助けました。」sheをherにかえる。 (2)「私は彼らが切符を買うのを助けました。」theyをthemにかえる。

3 (1)〈let＋人＋動詞の原形〉を命令文の形で使う。 (2)〈主語＋help＋人＋動詞の原形〉の語順。過去の文なのでhelpedとなっている。 (3)並べかえる語の中にitとforがあることに注目。〈It is ... for＋人＋to＋動詞の原形〉の形とする。過去の文なのでbe動詞はwasとなっている。 (4)「絵をかく」という動作が継続しているので現在完了進行形の文とする。〈主語＋have[has] been＋...ing〉の語順になる。

pp.46〜47 ぴたトレ1

Words & Phrases

(1)(…に)関係がある (2)生態系 (3)人間(全体) (4)電子の (5)驚いたことには

(6)affect (7)device (8)metal (9)species

1 (1)ア (2)ウ (3)ウ (4)ウ

2 (1)for her (2)fun, him to

3 (1)It's exciting for them to play soccer.
(2)My brother doesn't help me clean our room.
(3)AI may teach at school in the future.
(4)Do we have to stay in this room?

解き方 1 (1)(4)は〈help＋人＋動詞の原形〉の文。(2)(3)は〈It is ... for＋人＋to＋動詞の原形〉の文。いずれも「人」に代名詞が入る場合は，「…を[に]」の形にする。

2 〈It is ... for＋人＋to＋動詞の原形〉のbe動詞をwasにかえた過去の文とする。 (1)「彼女にとってケーキを作ることは難しかったです。」sheをherにかえる。 (2)「彼にとって外国に旅行することは楽しかったです。」heをhimにかえる。

3 (1)〈It is ... for＋人＋to＋動詞の原形〉の語順にする。ここではit isは短縮形のit'sとなっている。 (2)〈help＋人＋動詞の原形〉を否定文にする。主語のmy brotherが三人称単数なのでdoesn'tが使われている。 (3)「…かもしれない」を助動詞のmayで表す。「将来」はin the future。 (4)「…しなければならない」はhave toで表す。

pp.48〜49 ぴたトレ1

Words & Phrases

(1)携帯電話などでメッセージをおくる (2)事故 (3)効果的な (4)違法な (5)ban (6)drive (7)decision (8)law

1 (1)working on (2)I think (3)what about (4)make

2 (1)think (2)reasons (3)First (4)on (5)Second (6)when (7)more

解き方 1 (1)「…に取り組む」＝work on (2)「私は…だと思う」はI think ....で表す。 (3)「…についてはどう思いますか」をWhat about ...?でたずねる。 (4)make a decisionで「決定する」を表す。

2 「私はコンピュータは必要だと思います。2つ理由があります。 第一に，スマートフォンの画面は小さいです。ですから，インターネットの記事を読むのに，しばしばとても時間を必要とします。 第二に，仕事の

ために何かを作るとき，人はコンピュータ
を使います。たとえば，私の父は，レポー
トを書いたり，グラフや地図を作るためコ
ンピュータを使います。 さまざまな場合
で，コンピュータはスマートフォンよりも
便利です。コンピュータは必要なのです。」

1 (1)told, to help　(2)It, for, to
(3)want, to go　(4)Let me cook
2 (1)It is[It's] easy for him to speak English.
(2)I want her to make breakfast.
(3)I helped my father make this chair.
(4)Mr. Green told us to clean the gym.
3 (1)Meg told Akio to look at the map.
(2)Do you want her to meet your sister?
(3)Is it difficult for you to use a camera?
(4)Let me ask you some questions.

解き方
1 (1)「人に…するように言った」なので，〈tell
＋人＋to＋動詞の原形〉の形を使い，過去
の文とする。　(2)「人にとって〜するのは…
だ」なので，〈It is ... for＋人＋to＋動詞の
原形〉の形にする。　(3)「（人）に…してほし
い」なので〈want＋人＋to＋動詞の原形〉の
形で表す。　(4)「私に…させてください」を
〈let＋人＋動詞の原形〉の命令文の形で表
す。
2 (1)「彼にとって英語を話すことは簡単です。」
〈It is ...＋to＋動詞の原形〉に〈for＋人〉を
加える。　(2)「私は彼女に朝食を作ってほし
いです。」「（人）に…してほしい」なので
〈want＋人＋to＋動詞の原形〉の形で表す。
sheをherにかえる。　(3)「私は父がこのい
すを作るのを手伝いました。」「人が…する
のを手伝う」は〈help＋人＋動詞の原形〉で
表す。　(4)「グリーン先生は私たちに体育館
をそうじするように言いました。」〈tell＋
人＋to＋動詞の原形〉の形の文とする。we
をusにかえる。
3 (1)〈主語＋tell＋人＋to＋動詞の原形〉の語
順。　(2)〈want＋人＋to＋動詞の原形〉を
使った疑問文とする。　(3)〈It is ... for＋人
＋to＋動詞の原形〉のbe動詞を主語の前に
出して疑問文とする。　(4)〈let＋人＋動詞の
原形〉の形を使う。「あなたにいくつか質問
する」はask you some questionsの語順。

Words & Phrases
(1)最初の部分　(2)(物語などの)終わり，結末
(3)トーナメント，選手権大会　(4)kick
(5)corner　(6)report
1 (1)did their　(2)member of　(3)the most
(4)told, about　(5)I think
2 (1)member　(2)because　(3)improve
(4)been　(5)to　(6)will　(7)going
(8)forward

解き方
1 (1)「最善を尽くす」＝do one's best。過去の
文なのでdoはdidとする。　(2)「…の一員」＝
a member of　(3)動詞を修飾して「いちば
ん，最も」を表すのはmost。　(4)「人に…の
ことを話す」を〈tell＋人＋about ...〉で表す。
(5)「私は…だと思う」はI think ....で表す。
2 「こんにちは，みなさん。私は私の部活動に
ついてみなさんにお話しします。 私は英語
クラブ部員です。英語を話すことが得意で
はなかったので，そのクラブに入りました。
私は話す技能を向上させたいと思いました。
私は英語を話すことをずっと練習していま
す。今は，私にとって英語を話すことは楽
しいです。 スピーチコンテストが来月開か
れます。私はそのコンテストでスピーチを
する予定です。私は少し緊張を感じていま
すが，楽しみにしています。 ありがとうご
ざいます。」

1 (1)ウ　(2)ア　(3)イ
2 (1)Up until　(2)danger of　(3)one by
3 (1)Is it easy for her to play the violin?
(2)I don't want my father to sell his old car.
(3)Let me make a cake for your birthday.
4 (1)My father told me to turn on the
light[turn the light on].
(2)I helped my mother clean the kitchen.
5 (1)has　(2)to
(3)it is important for us to take action
6 (1)Sora's uncle does.
(2)They are[They're] partners.

解き方
1 (1)「私の母は私にもっと熱心に英語を勉強し
てほしいと思っています。」〈want＋人＋

to＋動詞の原形〉の形とする。 (2)「私は年を取った男の人が通りを横断するのを助けました。」〈help＋人＋動詞の原形〉の形とする。 (3)「ジョシュにとってラグビーの試合を見ることはわくわくします。」〈It is ... for＋人＋to＋動詞の原形〉の形とする。

2 (1)「…まで」＝up until (2)「…の危険がある」＝be in danger of (3)「1人ずつ」＝one by one

3 (1)〈It is ... for＋人＋to＋動詞の原形〉のbe動詞を主語の前に出して疑問文とする。 (2)〈want＋人＋to＋動詞の原形〉のwantの前にdon'tを置いて，否定文にする。 (3)〈let＋人＋動詞の原形〉を命令文にする。

4 (1)「人に…するように言った」なので，〈tell＋人＋to＋動詞の原形〉の形を使い，過去の文とする。 (2)「人が…するのを手伝う」なので〈help＋人＋動詞の原形〉の形を使い，過去の文とする。

5 (1)eachで修飾された名詞は三人称単数として扱う。 (2)「…を〜に関係させる」を表すrelate ... to 〜が受け身で使われている。 (3)〈It is ... for＋人＋to＋動詞の原形〉の語順。

6 (1)「だれが身体障害者補助犬を使いますか。」「ソラのおじさんが使います。」最初の文に注目。 (2)「障害を持つ人にとって，身体障害者補助犬とは何ですか。」「彼らはパートナーです。」Assistance dogs are not pets, but partners for people with disabilities.と述べている。

[全訳]
ソラ：私のおじは身体障害者補助犬を使っています。犬といっしょだと店やレストランに入れてもらえないことが，ときどきあります。身体障害者補助犬は障害のある人にとってはペットではなく，パートナーです。彼らはよく訓練されているので，決して問題は起こしません。私はもっと多くの人に，身体障害者補助犬について知ってほしいです。

pp.56〜57 ぴたトレ3

1 (1)× (2)○ (3)○

2 (1)イ (2)イ (3)イ

3 (1)Let me read your activity report.
(2)We want you to support our team.

---

(3)Did you help them prepare for the party?

4 (1)It, for, to (2)told me to

5 (1)あなたはこれまでにそのスパゲッティを料理したことがありますか。
(2)It is difficult for me to cook it. (3)ア
(4)①He is[He's] going to cook[make] seafood spaghetti.
②He wants to know how to cook[make] seafood spaghetti.

6 (1)Let me carry your bag.
(2)It was not easy for me to finish the job.
(3)Did you tell Mike to go to the park?

解き方

1 (1)die[dái]（死ぬ），species[spí:ʃi:z]（(生物学上の)種） (2)drive[dráiv]（運転する），device[diváis]（装置） (3)ban[bǽn]（…を禁止する），accident[ǽksidənt]（事故）

2 (1)(2)(3)とも2番目の音節を強く発音する。 (1)…を守る (2)決定 (3)レポート

3 (1)「私に…させてください」を〈let＋人＋動詞の原形〉を命令文の形で表す。 (2)「人に…してほしい」なので〈want＋人＋to＋動詞の原形〉の形を使う。 (3)「人が…するのを手伝いましたか」なので〈help＋人＋動詞の原形〉の形を使い，過去の疑問文とする。

4 (1)「私たちは今日，学校に行く必要はありません。」〈It is ... for＋人＋to＋動詞の原形〉を否定文の形にする。 (2)「私の母は私に部屋をきれいにしておくように言いました。」〈tell＋人＋to＋動詞の原形〉の形を使った過去の文にする。

5 (1)経験を表す現在完了形の疑問文。 (2)〈It is ... for＋人＋to＋動詞の原形〉の文にする。 (3)〈help＋人＋動詞の原形〉の文。 (4)①「タカシは母親の誕生日に何をするつもりですか。」1〜2行目参照。 ②「タカシは何を知りたいのですか。」6〜8行目参照。

[全訳]
タカシ：私の母はシーフードが好きです。母の誕生日にシーフードスパゲッティを作るつもりです。
エマ：ああ，それはいい考えですね。あなたはこれまでにそのスパゲッティを料理したことはありますか。
タカシ：いいえ。私は一度もそれを料理したことはありません。それを料理すること

は私にとって難しいです。

エマ：私は母がそのスパゲッティを料理する
のを何度も手伝ったことがあります。
私はその料理のしかたを知っていま
す。それほど難しくはありません。

タカシ：私はあなたに，それをどうやって料理
するのか教えてほしいです。

⑥ (1)「私に運ばせてください」という文にする。
〈let＋人＋動詞の原形〉の「人」にmeを入れ，
命令文の形にする。 (2)〈It is ... for＋人＋
to＋動詞の原形〉を過去の否定文にする。
(3)〈tell＋人＋to＋動詞の原形〉の「人」に
Mikeを入れ，過去の疑問文にする。

英作文の採点ポイント

□単語のつづりが正しい。（2点）

□（　）内の語数で書けている。（2点）

□(1)〈let＋人＋動詞の原形〉の形が正しく使えて
いる。 (2)〈It is ... for＋人＋to＋動詞の原形〉
が正しく使え，否定文にすることができる。
(3)〈tell＋人＋to＋動詞の原形〉が正しく使え，
疑問文にすることができる。（4点）

Let's Read 1

pp.58〜59 **ぴたトレ1**

Words & Phrases

(1)道路，道　(2)本当の，本物の

(3)cry　(4)arm

1 (1)My dog became bigger and bigger.

　(2)English became more and more important.

2 (1)something new　(2)colder and

　(3)anything sour

3 (1)I found something interesting on the
internet.

　(2)It was getting warmer and warmer in
the room.

　(3)The game is becoming more and more
exciting.

　(4)I would like something cold to drink.

　(5)We have known him for many years.

　(6)Diane was sleeping when I called her.

解き方 **1** 「ますます…」を〈比較級＋and＋比較級〉で
表す。 (1)「私のイヌはますます大きくなり
ました。」bigの比較級はbigger。 (2)「英語
はますます重要になりました。」important

の比較級はmoreをつける。

2 (1)肯定文で「何か…なもの［こと］」は
〈something＋形容詞〉の語順。 (2)「だんだ
ん…」を〈比較級＋and＋比較級〉で表す。
(3)否定文で「…な何か」は〈anything＋形容
詞〉の語順となり，「何も（…ない）」という意
味になる。

3 (1)「何かおもしろいもの」をsomething
interestingで表す。「インターネットで」＝
on the internet。 (2)「だんだん暖かく」を
warmer and warmerの〈比較級＋and＋
比較級〉で表す。 (3)「ますますわくわくさせ
る」をmore and more excitingの〈比較級
＋and＋比較級〉で表す。 (4)somethingを
修飾する〈to＋動詞の原形〉は，something
の後ろに置く。 (5)〈have[has]＋過去分詞〉
の現在完了形で，「知っている」という状態が
継続していることを表す文にする。 (6)「…し
ていた」なので過去進行形の文とする。

---

pp.60〜61 **ぴたトレ1**

Words & Phrases

(1)勇気　(2)死　(3)平和　(4)大統領

(5)武器，兵器　(6)close　(7)meant　(8)sky

(9)war　(10)worth

1 (1)イ　(2)ウ　(3)ア

2 (1)has, read　(2)to help

　(3)Have, watched[seen]

3 (1)She has a dream to become a scientist.

　(2)I've just written an e-mail to Ms. Brown.

　(3)Let us use the classroom this weekend.

　(4)What a beautiful picture this is!

　(5)This vegetable soup was cooked by
my sister.

解き方 **1** (1)「すでに…してしまった」なので，完了の
意味を表す現在完了形の文になる。
〈have[has]＋過去分詞〉の形とする。 (2)a
plan（計画）を形容詞的用法の不定詞〈to＋
動詞の原形〉が後ろから修飾する。 (3)「もう
…しましたか」なので完了を表す現在完了形
の疑問文にする。〈Have[Has]＋主語＋過
去分詞　〜?〉の語順だが，主語がheで三人
称単数なのでhasを使う。

2 (1)「まだ…していない」なので，完了を表す
現在完了形の否定文にする。主語がKenで
三人称単数なのでhasを使う。「読む」を表

すreadは不規則動詞。 (2)a friend(友達)を形容詞的用法の不定詞〈to + 動詞の原形〉が後ろから修飾する。 (3)「もう…しましたか」なので，完了を表す現在完了形の疑問文にする。主語がyouなのでhaveを主語の前に出す。

③ (1)a dream(夢)を形容詞的用法の不定詞であるto becomeが後ろから修飾する形にする。 (2)「ちょうど…したところ」なので，完了を表す現在完了形の文とする。justはhaveと過去分詞の間に置く。 (3)「私たちに使わせてください」なので，〈let + 人 + 動詞の原形〉の「人」にusを入れ，命令文の語順にする。 (4)並べかえる語の中にwhatがあることに注目。「なんて…な～だろう」を〈What (a) + 形容詞 + 名詞 + 主語 + 動詞!〉で表す。 (5)「…された」なので過去の受け身の文とする。〈主語 + be動詞 + 過去分詞 + by + 行為者〉の語順。

pp.62～63 ぴたトレ**2**

① (1)エ (2)ウ (3)エ

② (1)worth reading (2)After, while
(3)my arms

③ (1)They didn't have anything to eat.
(2)It became hotter and hotter.
(3)She became the first Japanese to win the tournament.

④ (1)I've[I have] just bought a new dictionary.
(2)We want to eat something delicious.

⑤ (1)were injured (2)all over
(3)fell down (4)1. ○ 2. ×

⑥ (1)They were folded by Obama himself.
(2)through
(3)③ protecting ④ extending

解き方 ① (1)「私はその書店で何か読むものを買うつもりです。」somethingを後ろから形容詞的用法の不定詞が修飾する。 (2)「メグはもうそのテレビゲームをしました。」完了を表す現在完了形の文。play は規則動詞。 (3)「グリーンさんはちょうどその映画を見たところです。」完了を表す現在完了形の文。seeは不規則動詞。
② (1)「…するだけの価値がある」= worth ...ing (2)「しばらくして」= after a while (3)「…を腕に抱きかかえる」はhold ... in

one's armsで表す。

③ (1)anythingを形容詞的用法の不定詞のto eatが後ろから修飾する。 (2)「ますます暑く」をhotter and hotterの〈比較級 + and + 比較級〉で表す。 (3)the first Japaneseを形容詞的用法の不定詞のto winが後ろから修飾する。

④ (1)「ちょうど…したところ」なので，〈have [has] + 過去分詞〉の形の完了を表す現在完了形の文とする。「買う」を表すbuyは不規則動詞で過去分詞はbought。 (2)「何かおいしいもの」はsomethingを形容詞のdeliciousが後ろから修飾する形で表す。

⑤ (1)injureは「…を傷つける」という意味なので，be injuredという受け身の形で「けがをする」という意味を表す。 (2)「…のいたるところに」= all over ... (3)「倒れる」= fall down。fallの過去形はfell。 (4)1. 「大きな爆弾が広島に落ちたので，多くの人々が亡くなりました。」1～2行目に注目。 2. 「大きな爆弾が広島に落ちたとき，暑くありませんでした。」4行目に注目。とても暑い日だった。

⑥ (1)「折られた」なので受け身の文とする。「オバマ自身」はObama himselfという語順。 (2)「(人生・生活)をおくる」= go through (3)③④( )の前にworthがあることに注目。worth ...ingで「…するだけの価値がある」を表す。worthは③④両方の語にかかっている。

Unit 4 ～ Let's Talk 2

pp.64～65 ぴたトレ**1**

Words & Phrases

(1)消火器 (2)調査
(3)用意ができている，備えた (4)store
(5)disaster (6)shelter

① (1)what you (2)know what, has

② (1)who he is (2)where she lives
(3)when we can

③ (1)I don't know how old he is.
(2)I know how we can use this electronic device.
(3)He knows what time his father will come home.
(4)Do you know why she went to London?

解き方 ① 「何を…か」という疑問文を〈what + 主語 + 動詞〉の形にしてknowの目的語にする。

(1)「私はあなたが何を好きか知っています。」
(2)「私はデイビッドが何を持っているか知っています。」

2 (1)「エマは彼がだれか知っています。」be動詞の疑問文を〈疑問詞＋主語＋be動詞〉の形にしてknowsの目的語にする。 (2)「私は彼女がどこに住んでいるか知っています。」一般動詞の疑問文を〈疑問詞＋主語＋動詞〉の形にしてknowの目的語にする。 (3)「あなたは私たちがいつ昼食を食べることができるか知っていますか。」助動詞の疑問文を〈疑問詞＋主語＋助動詞＋動詞〉の形にしてknowの目的語にする。

3 (1)〈how old＋主語＋be動詞〉の形をknowの目的語にする。 (2)〈how＋主語＋助動詞＋動詞〉の形をknowの目的語にする。 (3)〈what time＋主語＋助動詞＋動詞〉の形をknowsの目的語にする。 (4)〈why＋主語＋動詞〉の形をknowの目的語にする。

pp.66〜67 ぴたトレ1
Words & Phrases
(1)緊急事態 (2)道具[用具]一式 (3)done
(4)link

1 (1)イ (2)ウ (3)イ (4)ア

2 (1)where, live (2)me when, watch

3 (1)Tell me who that player is.
(2)She will teach Mike what he has to do.
(3)I can show you how I make this cake.
(4)Can you tell us where you got the T-shirt?

解き方 1 (1)「…がどこか」が〈疑問詞＋主語＋be動詞〉の形でtellの2つ目の目的語となる。 (2)tellの目的語なので「…を[に]」の形にする。 (3)「どのように…か」が〈疑問詞＋主語＋動詞〉の形でshowの2つ目の目的語となる。 (4)「いつ…か」が〈疑問詞＋主語＋動詞〉の形でtellの2つ目の目的語となる。

2 (1)「私にあなたがどこに住んでいるのかを教えてください。」〈where＋主語＋動詞〉の形をtellの2つ目の目的語とする。 (2)「私にあなたがいつテレビを見るのかを教えてください。」tellのあとに〈人＋when＋主語＋動詞〉の形を続ける。

3 (1)tellのあとに〈人＋who＋主語＋be動詞〉の形を続ける。 (2)teachのあとに〈人＋

what＋主語＋動詞〉の形を続ける。 (3)showのあとに〈人＋how＋主語＋動詞〉の形を続ける。 (4)tellのあとに〈人＋where＋主語＋動詞〉の形を続ける。

pp.68〜69 ぴたトレ1
Words & Phrases
(1)駐車場 (2)揺れ (3)こわがって (4)ひどい
(5)幸運にも (6)drove (7)earthquake
(8)traveler (9)latest (10)finally

1 (1)ウ (2)イ (3)ア (4)イ

2 (1)taking pictures (2)eating meat

3 (1)Who is the man singing a song?
(2)I have an uncle living in Hokkaido.
(3)Are those cats sleeping on the bed yours?
(4)The girl running in the park plays tennis well.

解き方 1 (1)名詞that boyを現在分詞句reading a bookが後ろから修飾する形にする。 (2)名詞that manを現在分詞句riding a bikeが後ろから修飾する形にする。 (3)文の主語はThe childrenで複数。 (4)running1語でgirlを修飾するので前に置く。

2 「…している〜」なので〈名詞＋現在分詞＋語句〉の形にする。 (1)「写真を撮っている女の子を見なさい。」takeをtakingにする。 (2)「肉を食べているライオンを見なさい。」eatをeatingにする。

3 いずれも名詞を修飾する〈現在分詞＋語句〉を名詞の直後に置く。 (1)the manをsinging a songが後ろから修飾する。 (2)an uncleをliving in Hokkaidoが後ろから修飾する。 (3)those catsをsleeping on the bedが後ろから修飾する。 (4)The girl running in the parkを文の主語とする。

pp.70〜71 ぴたトレ1
Words & Phrases
(1)避難 (2)指示 (3)住民，居住者
(4)シミュレーション
(5)彼ら[彼女ら]自身を[に]
(6)given (7)interview (8)drill (9)visitor
(10)simple

1 (1)ア (2)イ (3)ウ (4)イ

② (1)book written　(2)festival held
③ (1)I bought a book read by many children.
　(2)There were some people in the decorated room.
　(3)The spaghetti cooked by Meg was delicious.
　(4)Is this a car made in America?

解き方
① いずれも〈過去分詞＋語句〉が名詞を後ろから修飾する。 (3)These houses built 200 years agoまでが主語。 (4)The girl called Naoまでが主語。
② 「…される［された］〜」なので〈名詞＋過去分詞＋語句〉の形にする。 (1)「これは漱石によって書かれた本です。」writeをwrittenにする。 (2)「これは8月に行われる祭りです。」holdをheldにする。
③ (1)a bookを〈過去分詞＋語句〉のread by many childrenが後ろから修飾する形にする。 (2)過去分詞decorated1語がroomを前から修飾する。 (3)The spaghettiを〈過去分詞＋語句〉のcooked by Megが後ろから修飾する形にする。 (4)a carを〈過去分詞＋語句〉のmade in Americaが後ろから修飾する形にする。

pp.72〜73　　　　　ぴたトレ1
① (1)Shall, carry　(2)Shall I open
② (1)オ　(2)イ　(3)ア　(4)エ　(5)ウ
③ (1)Where would you like to go?
　(2)Could you tell me how to get to the park?
　(3)Would you like me to take your pictures?

解き方
① いずれもShall I ...?で「…しましょうか」と提案する文にする。 (1)「その箱を運びましょうか。」 (2)「その窓を開けましょうか。」
② (1)オ「道に迷ったのですか。」 (2)イ「お手伝いしましょうか。」 (3)ア「市役所がどこか教えてくださいますか。」 (4)エ「私があなたのためにできることが何かありますか。」 (5)ウ「どうもご親切にありがとうございます。」
③ (1)「…したい」を表すwould like to ...の疑問文をwhereのあとに続ける。 (2)並べかえる語句の中にcouldがあることに注目。ていねいに依頼するCould you ...?の文に

する。〈how + to + 動詞の原形〉をtellの2つ目の目的語とする。 (3)並べかえる語の中にwouldがあることに注目。「…しましょうか」をWould you like me to ...?で表す。

pp.74〜75　　　　　ぴたトレ2
① (1)イ　(2)ア　(3)ウ
② (1)too, to　(2)In case　(3)handing out
③ (1)I know when the concert is.
　(2)Let's help that old woman carrying a big bag.
　(3)Can you show me how you fold a paper crane?
④ (1)My mother bought a computer made in Japan.
　(2)Is that boy playing tennis your brother?
⑤ (1)I didn't know what was happening
　(2)to
　(3)あまりにもこわくて外に出られませんでした
⑥ (1)They were surprised and very pleased.
　(2)They made paper planes.

解き方
① (1)「マイクと話している男の人はだれですか。」「…している」という意味を表す...ing形が名詞the manを後ろから修飾する形にする。 (2)「私の部屋から見える山は美しいです。」「見える」という意味を表す過去分詞のseenが名詞the mountainを後ろから修飾する形にする。 (3)「私に郵便局がどこか教えてください。」tellの目的語となる「人」なので「…を［に］」の形にする。
② (1)「あまりにも…なので〜できない」をtoo ... to 〜で表す。 (2)「…の場合には」＝ in case of (3)「…を配る」＝ hand out。「…しているところ」なので現在進行形の文とする。
③ (1)〈when + 主語 + be動詞〉がknowの目的語になる間接疑問文とする。 (2)that old womanを〈現在分詞＋語句〉のcarrying a big bagが後ろから修飾する語順にする。 (3)「…してくれますか」をCan you ...?で表す。showのあとに〈人 + how + 主語 + 動詞〉を続けて間接疑問文とする。
④ (1)「日本で作られたコンピュータ」と考え，名詞a computerを過去分詞madeが後ろから修飾する形にする。 (2)「テニスをしているあの男の子」はthat boyを〈現在分詞＋語

〈句〉のplaying tennisが後ろから修飾する形で表す。

⑤ (1)whatで始まる疑問詞節がknowの目的語となる間接疑問文とする。 (2)knowの目的語が〈where + to + 動詞の原形〉となる。 (3)too ... to ～で「あまりにも…なので～できない」を表す。

⑥ (1)「加瀬がたくさんの折り紙を折り始めたとき，子どもたちはどんなようすでしたか。」「彼らは驚き，とても喜びました。」The children were surprised and very pleased.と述べられている。 (2)「子どもたちは授業の終わりに何を作りましたか。」「彼らは紙飛行機を作りました。」At the end of the class, the children made paper planes.と述べている。

全訳

　ある日，加瀬三郎はベトナム人の子どもたちに折り紙を教えるためにセンターを訪れました。最初に彼が部屋に入っていったとき，子どもたちは彼をこわがり，だまっていました。

　加瀬はすぐに折り紙を取り出し，たくさんの折り紙を折りました。子どもたちは驚き，とても喜びました。彼は子どもたちに折り紙の折り方を教え始めました。

　授業の終わりには，彼らは紙飛行機を作り，それらをいっしょに飛ばしました。加瀬は彼らが平和に暮らせることを望みました。

pp.76～77　ぴたトレ3

❶ (1)○　(2)×　(3)○

❷ (1)ア　(2)ア　(3)イ

❸ (1)The girl listening to music is my sister.
(2)Can you read the book written in English?
(3)Do you know where she went yesterday?

❹ (1)I don't know why Bob is very nervous.
(2)Can you tell me what I should do next?
(3)This house is too old to live in.

❺ (1)playing
(2)I didn't know who he was
(3)帰る途中で，友達は私に彼について教えてくれました。

(4)①She saw a popular singer's concert.
②No, she didn't.

❻ (1)The boy eating ice cream is an actor.
(2)I use this dictionary given by my grandfather.
(3)Who is that dancing girl?

解き方

❶ (1)survey[sə́ːrvei]（調査），emergency[imə́ːrdʒənsi]（緊急事態）　(2)done[dʌ́n]（doの過去分詞），drove[dróuv]（driveの過去形）　(3)resident[rézidənt]（住民），visitor[vízitər]（観光客）

❷ (1)(2)は1番目の音節，(3)は2番目の音節を強く発音する。 (1)ひどい　(2)ついに　(3)指示

❸ (1)「音楽を聞いているその女の子は私の妹［姉］です。」2文目の...ing形以下が1文目の名詞the girlを後ろから修飾する形にする。 (2)「あなたはその英語で書かれた本を読むことができますか。」2文目の過去分詞以下が1文目の名詞the bookを後ろから修飾する形にする。 (3)「あなたは彼女が昨日どこに行ったのか知っていますか。」2文目を〈where + 主語 + 動詞〉の形にして，1文目のknowの目的語にする。

❹ (1)〈why + 主語 + be動詞〉をknowの目的語とする。 (2)「次に何をしたらよいか」を〈what + 主語 + should + 動詞の原形〉の形にしてtellの2つ目の目的語にする。 (3)「～するには…すぎる」はtoo ... to ～で表す。

❺ (1)〈現在分詞 + 語句〉が後ろから名詞themanを修飾する形にする。 (2)knowの目的語として〈who + 主語 + be動詞〉を続ける。 (3)on the way backは「帰る途中で」という意味。 (4)①「リリーは今日，だれのコンサートを見ましたか。」1行目参照。 ②「リリーはコンサートにひとりで行ったのですか。」1行目参照。

全訳

　私は今日，友達と人気歌手のコンサートに行きました。ギターをひく男の人がかっこよく，演奏もすばらしかったです。私は彼がだれかを知りませんでしたが，彼のファンになりました。帰る途中で，友達は私に彼について教えてくれました。彼は有名な演奏家で，曲も書いています。今，私はインターネットで，彼によって書かれた歌を聞いています。

❻ (1)〈現在分詞 + 語句〉のeating ice creamが後

ろから名詞the boyを修飾する文とする。
(2)this dictionaryが〈過去分詞＋語句〉の
given by my grandfatherに後ろから修飾さ
れる形にする。 (3)「おどっている女の子」は
dancingがgirlを前から修飾する形で表す。

英作文の採点ポイント

□単語のつづりが正しい。（2点）
□（　）内の語を使って書けている。（2点）
□(1)現在分詞が名詞を後ろから修飾する形が正
　しく使えている。 (2)過去分詞が名詞を後ろか
　ら修飾する形が正しく使えている。 (3)現在分
　詞が名詞を前から修飾する形が正しく使えて
　いる。（4点）

Unit 5〜Stage Activity 2

pp.78〜79　　　　　ぴたトレ1

Words & Phrases

(1)遺産　(2)非暴力　(3)おおいに，非常に
(4)respect　(5)person　(6)international
1 (1)I like　(2)Meg likes　(3)you took
　(4)we saw[watched]
2 (1)I wrote　(2)boy I met
3 (1)This is the soup my sister made.
　(2)Is that the cat you found yesterday?
　(3)These are the pens I use every day.
　(4)What is the book you are reading now?
　(5)This is not the sweater my aunt sent me.

解き方 1 それぞれ，名詞のあとに〈主語＋動詞〉の語順
　で説明の語句を加える。 (2)〈主語＋動詞〉の
　部分の主語は三人称単数なのでlikesにする。
　2 名詞のあとに〈主語＋動詞〉を続ける。 (1)「こ
　れは私が昨日書いた手紙です。」 (2)「これは
　私が昨日会った男の子です。」
　3 (1)名詞soupのあとに〈主語＋動詞〉を続け
　る。 (2)名詞catのあとに〈主語＋動詞〉を続
　ける。 (3)名詞pensのあとに〈主語＋動詞〉
　を続ける。 (4)名詞bookのあとに〈主語＋
　動詞〉を続ける。〈主語＋動詞〉の部分は現在
　進行形とする。 (5)名詞sweaterのあとに
　〈主語＋動詞〉を続ける。

pp.80〜81　　　　　ぴたトレ1

Words & Phrases

(1)抗議する　(2)独立　(3)困難な，難しい

---

(4)fight　(5)violence
1 (1)イ　(2)ア　(3)ア　(4)イ
2 (1)who plays　(2)student who lives
3 (1)Ms. Green is the woman who has long hair.
　(2)I have some friends who speak Chinese.
　(3)Mr. Ito is the teacher who taught us
　science.
　(4)She doesn't have a friend who can
　play the guitar.
　(5)I know some students who have been
　to London.

解き方 1 (1)説明されるa girlは人を表す名詞なので，
　関係代名詞whoを選ぶ。 (2)説明される
　anyoneは人を表す代名詞なので，関係代
　名詞whoを選ぶ。 (3)whoのあとの動詞の
　形は説明される名詞に合わせる。a lot of
　friendsと複数なので，sがつかないhelp
　が適切。 (4)説明されるa boyは三人称単数
　なので，isが適切。
　2 名詞studentのあとに〈who＋動詞〉を続け
　る。(1)「ユリはバスケットボールをする生徒
　です。」 (2)「ジュンはシドニーに住んでいる
　生徒です。」
　3 (1)名詞womanのあとに〈who＋動詞〉を続
　ける。「髪の長い」は「長い髪をもっている」
　と考える。 (2)名詞friendsのあとに〈who
　＋動詞〉を続ける。 (3)名詞teacherのあと
　に〈who＋動詞〉を続ける。whoのあとは〈V
　＋O＋O〉の語順。 (4)名詞friendのあとに
　〈who＋can＋動詞〉を続ける。 (5)名詞
　studentsのあとに〈who＋have＋過去分
　詞〉を続ける。

pp.82〜83　　　　　ぴたトレ1

Words & Phrases

(1)…を受け入れる　(2)…を逮捕する　(3)差別
(4)(政治的・社会的な)運動　(5)自由に
(6)lead　(7)lawyer　(8)angry　(9)unfair
1 (1)イ　(2)ア　(3)ア　(4)ア
2 (1)that speaks　(2)car that runs
3 (1)This is a story that makes us sad.
　(2)Diane has a dog which swims well.
　(3)We stayed at the hotel which was built
　last year.
　(4)Is this the restaurant that has delicious

Japanese food?

1 (1)説明されるa busはものを表す名詞なので，関係代名詞whichを選ぶ。 (2)説明されるa bookstoreはものを表す名詞なので，関係代名詞thatを選ぶ。 (3)説明されるthis catは動物でものとして扱われるので，関係代名詞whichを選ぶ。 (4)説明されるsome shopsはものを表す名詞なので，関係代名詞thatを選ぶ。

2 「もの」を表す名詞のあとに〈that＋動詞〉を続ける。(1)「これは日本語を話す鳥です。」(2)「これは速く走る自動車です。」

3 (1)名詞storyのあとに〈that＋動詞〉を続ける。「私たちを悲しませる」は〈make＋代名詞＋形容詞〉の語順。 (2)名詞dogのあとに〈which＋動詞〉を続ける。 (3)名詞hotelのあとに〈which＋動詞〉を続ける。「建てられた」なのでwhich以降は受け身の形になる。 (4)名詞restaurantのあとに〈that＋動詞〉を続ける。

---

pp.84〜85　　　ぴたトレ**1**

Words & Phrases

(1)キロメートル (2)塩，食塩 (3)税，税金
(4)高価な，費用のかかる (5)平和な
(6)reach (7)leader (8)news (9)almost

1 (1)イ (2)ア (3)イ (4)ア

2 (1)that[which], made
(2)bike that[which], bought

3 (1)This is the book which I read last night.
(2)This is the nice sweater that I found at the shop.
(3)Is that the camera that your father gave you?

1 (1)説明されるthe aquariumはものを表す名詞なので，関係代名詞whichを選ぶ。 (2)説明されるthe subjectはものを表す名詞なので，関係代名詞thatを選ぶ。 (3)関係代名詞thatは「人」にも「もの」にも説明を加えることができるが，whichは「人」には使えない。 (4)目的格の関係代名詞は，関係代名詞に続く節の動詞の目的語となるのでhasのあとのitは不要。

2 「もの」を表す名詞のあとに〈that[which]＋

主語＋動詞〉を続ける。(1)「これはマイクが作った机です。」「作った」なのでmakeを過去形のmadeにする。 (2)「これは私の父が買った自転車です。」「買った」なのでbuyを過去形のboughtにする。

3 (1)名詞bookのあとに〈which＋主語＋動詞〉を続ける。 (2)名詞sweaterのあとに〈that＋主語＋動詞〉を続ける。 (3)名詞cameraのあとに〈that＋主語＋動詞＋目的語(人)〉を続ける。gaveの目的語のyou(人)はここでは関係代名詞を使って説明されていないので，gaveのあとに必要。

---

pp.86〜87　　　ぴたトレ**1**

Words & Phrases

(1)増加 (2)人口の多い (3)billion
(4)powerful

1 (1)Here are (2)older than
(3)most expensive (4)more, more
(5)According to

2 (1)country (2)Here's (3)to
(4)most (5)as (6)that

1 (1)picturesと複数なので，「ここに…があります」をHere are ...で表す。 (2)「…よりも古い」なので形容詞oldの比較級を使って表す。 (3)「高価な」という意味のexpensiveの最上級にはmostをつける。 (4)「ますます有名な」をmore and more famousの〈比較級＋and＋比較級〉で表す。(5)「…によれば」＝according to

2 「『どの国に行きたいですか』私はこの質問を先週みなさんにしました。ここにみなさんの回答の結果を示すリストがあります。 このリストによると，アメリカが最も人気のある国です。そしてカナダはオーストラリアと同じくらい人気があります。 私は私たちがこれらの国に行きたいのは，そこでは英語が使えるからだと思います。」

---

pp.88〜89　　　ぴたトレ**1**

1 (1)made (2)sport I like (3)to drink
(4)standing (5)who[that]

2 (1)carrying (2)that[which] (3)taken by
(4)who[that]

3 (1)The cake made by Kumi was delicious.

(2)Who is the woman dancing on the stage?

(3)This is the best restaurant that I know.

(4)Bob has a dog which runs very fast.

解き方 **1** (1)過去分詞でa cameraを後ろから修飾する。 (2)I likeという〈主語＋動詞〉の形の接触節でa sportを後ろから修飾する。 (3)形容詞的用法の不定詞でsomethingを後ろから修飾する。 (4)現在分詞でthe manを後ろから修飾する。 (5)主格の関係代名詞を使った節でa studentを後ろから修飾する。

2 (1)「大きな箱を運んでいる男の子は私の兄[弟]です。」現在分詞でthe boyを後ろから修飾する。 (2)「私は父が買ってくれた自転車が好きです。」the bikeが「もの」なので，あとに〈that[which]＋主語＋動詞〉の関係代名詞節を続けて修飾する。 (3)「マイクによって撮られた写真を見てください。」過去分詞でthe picturesを後ろから修飾する。 (4)「ケンにはインド出身の友達がいます。」a friendが「人」なので，あとに〈who[that]＋動詞〉の関係代名詞節を続けて修飾する。

3 (1)過去分詞でthe cakeを後ろから修飾する。 (2)現在分詞でthe womanを後ろから修飾する。 (3)〈that＋主語＋動詞〉の関係代名詞節でthe best restaurantを後ろから修飾する。 (4)〈which＋動詞〉の関係代名詞節でa dogを後ろから修飾する。

pp.90〜91 ぴたトレ1

Words & Phrases
(1)…を発見する (2)ふるまい (3)資源
(4)レスリング (5)便利な (6)waste
(7)character (8)cloth (9)pretty
(10)instead

1 (1)It, to (2)is held (3)want, to
(4)not, but

2 (1)traditional (2)piece (3)enjoyed
(4)when (5)think

3 (1)*Udon* is a kind of noodle.
(2)We enjoy watching baseball on TV.
(3)She bought three pieces of square cloth.
(4)I found the event on the internet.

解き方 **1** (1)〈It is ... ＋ to ＋動詞の原形〉の文とする。未来の文なので，isはwill beとなっている。 (2)〈which＋動詞〉の関係代名詞節でan eventを後ろから修飾する。「催される」なのでwhich以降は受け身の形とする。 (3)「人に…してほしい」は〈want＋人＋to＋動詞の原形〉で表す。 (4)「…だけでなく〜もまた」はnot only ... but (also) 〜で表す。

2 「折り紙は伝統的な日本の芸術です。私たちは1枚の紙を折ることで，いろいろなものを作ります。今や折り紙は世界中の人々に楽しまれています。昨年，祖母が入院していたとき，私は彼女のために千羽鶴を作りました。私はあなたも折り紙に興味をもつだろうと思います。」

3 (1)「一種の…」はa kind ofで表す。 (2)enjoyは動詞の...ing形を目的語にとる。「見て楽しむ」はenjoy watchingの語順にする。「テレビで」はon TV。 (3)「布」を数えるときには，... piece(s) of 〜を使って「…枚の〜」を表す。 (4)「インターネットで」はon the internet。

pp.92〜93 ぴたトレ2

❶ (1)ア (2)イ (3)ウ

❷ (1)instead (2)even if (3)thousands of

❸ (1)I like the bag which my mother made for me.
(2)Do you know the writer who wrote this story?
(3)This is the T-shirt Emma bought in London.

❹ (1)These are the pictures (that[which]) I took yesterday.
(2)Is that the bus that[which] goes to the zoo?

❺ (1)to
(2)当時イギリスの統治下にありました
(3)(例)インド人は夜自由に外出できず，歩道を歩けなかった
(4)that

❻ (1)Three astronauts went to the moon on Apollo 11.
(2)They wore special suits that protected them in space.

解き方 ❶ (1)「私にはアメリカ合衆国で科学を勉強している兄[弟]がいます。」a brotherは「人」なの

で関係代名詞のwhoを使う。 (2)「京都は毎年たくさんの外国人が訪れる都市です。」a cityは「もの」なので関係代名詞のthatを使う。 (3)「私は日本で人気のあるこの歌が好きです。」this songは「もの」なので関係代名詞のwhichを使う。

❷ (1)「…のかわりに」= instead of (2)「たとえ…だとしても」= even if (3)「何千もの…」= thousands of

❸ (1)the bagを〈which + 主語 + 動詞〉で後ろから修飾する。 (2)the writerを〈who + 動詞〉で後ろから修飾する。 (3)並べかえる語の中に関係代名詞がないことに注意。the T-shirtを〈主語 + 動詞〉を含む接触節が後ろから修飾する形にする。

❹ (1)the picturesを〈that[which] + 主語 + 動詞〉で修飾する形にする。この関係代名詞は目的格なので省略してもよい。 (2)the busを〈that[which] + 動詞〉で修飾する形にする。この関係代名詞は主格なので省略できない。

❺ (1)最初のtoは「…へ」と「方向・到達」を示す前置詞で，次のtoはto workという副詞的用法の不定詞を作っている。 (2)at that timeは「当時」を表す。 (3)下線部の直後にfor example(例えば)があるので，そのあとに例があげられている。「インド人客を受け入れないホテルもあった。」を加えてもよい。 (4)hotelsは「もの」なので関係代名詞のthatを選ぶ。

❻ (1)「1969年に，何が起きましたか。」「3人の宇宙飛行士がアポロ11号で月に行きました。」in 1969が含まれている文の内容に注意する。 (2)「宇宙飛行士は何を着ていましたか。」「彼らは宇宙空間で彼らを守ってくれる，特別な衣服を着ていました。」wear(着る)の過去形のworeが使われている文の内容に注意する。

全訳
　これらの写真は，月に着陸した最初の人たちを示しています。1969年に3人の宇宙飛行士がアポロ11号で月に行きました。彼らは宇宙空間で彼らを守ってくれる，特別な衣服を着ていました。あなたは「人間にとっては小さな1歩だが，人類にとっては大きな飛躍だ。」という有名な言葉を知っているかもしれません。

pp.94〜95 ぴたトレ**3**
❶ (1)× (2)× (3)○

❷ (1)ア (2)イ (3)イ
❸ (1)that[which], cooked
(2)that[which] has (3)who[that] plays
❹ (1)That is a car which was made in America.
(2)This is the song my brother often listens to.
(3)I want to talk with a friend who lives in London.
❺ (1)My father was born in Tokyo.
(2)that[which]
(3)彼がインドで撮ったこの写真を見てください。
(4)①Jun's grandfather did.
②No, it isn't[it is not/it's not].
❻ (1)I need some friends who help me.
(2)Do you have a dog which is good at swimming?
(3)What is the best movie that you have ever seen?

解き方
❶ (1)reach[ríːtʃ](…に着く), instead[instéd](そのかわりに) (2)fight[fáit](たたかう), tough[tʌf](困難な) (3)almost[ɔ́ːlmoust](ほとんど), cloth[klɔ́ːθ](布)
❷ (1)は1番目の音節，(2)(3)は2番目の音節を強く発音する。 (1)登場人物 (2)便利な (3)高価な
❸ (1)「ユカが料理したスパゲッティを食べましょう。」the spaghettiを〈that[which] + 主語 + 動詞〉で修飾する。 (2)「日本は長い歴史をもつ国です。」a countryを〈that[which] + 動詞〉で修飾する。 (3)「私はじょうずにギターをひく女の子を知っています。」the girlを〈who[that] + 動詞〉で修飾する。
❹ (1)a carを〈which + 動詞〉が後ろから修飾する語順にする。「作られた」なのでwhich以降を受け身の形にする。 (2)the songを〈主語 + 動詞〉の接触節で後ろから修飾する。 (3)a friendを〈who + 動詞〉で修飾する。
❺ (1)「生まれる」はbe bornで表す。「生まれた」のは過去なのでbe動詞をwasとする。 (2)the cameraは「もの」なので，関係代名詞はthat[which]を使う。 (3)he took in Indiaという接触節がthis pictureを後ろから修飾している。 (4)①「だれがジュンの父親にカメラを買ってあげましたか。」2〜3行目参照。 ②「写真の中の寺は500年たっているのですか。」4〜5行目参照。

全訳

　私の父は東京で生まれました。彼は中学生のときに写真を撮ることに興味をもちました。これは私の祖父が父に買ったカメラです。それは彼の最初のカメラでした。

　彼は写真家になりました。彼がインドで撮ったこの写真を見てください。これは1000年以上前に建てられた寺院の写真です。

6 (1)some friendsを〈who＋動詞〉で修飾する。　(2)a dogを〈which＋動詞〉で修飾する。「泳ぐのが得意な」はswims wellでも表せるが，語数からis good at swimmingとする。　(3)the best movieを〈that＋主語＋動詞〉で修飾する。「今までに見た」という経験を表すので，that以下は現在完了形とする。

英作文の採点ポイント
□単語のつづりが正しい。（2点）
□（　）内の語句を使い，指定の語数で書けている。（2点）
□(1)主格の関係代名詞whoが正しく使えている。　(2)主格の関係代名詞whichが正しく使えている。　(3)目的格の関係代名詞thatと現在完了形が正しく使えている。（4点）

Unit 6～Stage Activity 3

pp.96～97　　　　ぴたトレ**1**

Words & Phrases

　(1)バックパック　(2)必需品　(3)このように
　(4)donate　(5)unused　(6)campaign

1 (1)イ　(2)イ　(3)イ　(4)ア　(5)イ

2 (1)wish, could　(2)I wish I had

3 (1)I wish I looked stronger.
　(2)I wish I could go fishing every day.
　(3)I wish Ms. Brown were in Japan.
　(4)They are practicing hard to win the next game.

解き方

1 いずれも「…であればよいのに」を表す，〈I wish (that)＋主語＋動詞〉の形の仮定法の文とする。　(1)wishのあとの助動詞は過去形。　(2)wishのあとの動詞は過去形。　(3)「…であればよいのに」なのでI wishで文を始める。　(4)(5)wishのあとのbe動詞は過去形のwereを使う。

2 いずれも〈I wish＋I（主語）＋動詞〉の形の仮

定法の文とする。　(1)「私が速く泳げたらよいのに。」canを過去形のcouldにする。　(2)「私がイヌを飼っていたらいいのに。」haveを過去形のhadにする。

3 (1)仮定法の文。〈I wish＋主語＋動詞〉の語順とする。　(2)仮定法の文。〈I wish＋主語＋助動詞＋動詞〉の語順とする。　(3)仮定法の文。〈I wish＋主語＋be動詞〉の語順とする。　(4)現在進行形の文にする。「勝つために」は目的を表す副詞的用法の不定詞〈to＋動詞の原形〉で表す。

pp.98～99　　　　ぴたトレ**1**

Words & Phrases

　(1)今まで(は)，これまで(は)　(2)definitely

1 (1)ウ　(2)ウ　(3)イ　(4)イ

2 (1)were, would　(2)I were, I could

3 (1)If I were a vet, I could save animals.
　(2)I'm a fan of the group dancing on TV.
　(3)Have you ever heard of the Japanese artist?
　(4)If it were sunny today, we would play baseball.

解き方

1 いずれも「…であれば～だろう(に)」を表す，〈If＋主語＋be動詞の過去形(were) ...,～.〉の形の仮定法の文とする。～の部分は〈主語＋助動詞の過去形＋動詞の原形〉となる。(1)(2)仮定法の文ではbe動詞は過去形のwereを使う。　(3)(4)仮定法の文では助動詞は過去形とする。

2 いずれも〈If I were ...,主語＋助動詞の過去形＋動詞の原形〉の形の仮定法の文とする。　(1)「私が金持ちだったら，ネコを飼うのに。」willを過去形のwouldにする。(2)「私が金持ちだったら，すてきな自転車が買えるのに。」canを過去形のcouldにする。

3 (1)(4)仮定法の文。〈If＋主語＋be動詞の過去形(were) ...,主語＋助動詞の過去形＋動詞の原形〉の語順とする。　(2)the groupを現在分詞のdancingが後ろから修飾する形で「おどっているグループ」を表す。(3)「…したことがありますか」と経験をたずねるので，〈Have＋主語＋過去分詞 ～?〉の現在完了形の疑問文の形とする。

pp.100～101　　　　ぴたトレ**1**

Words & Phrases

　(1)用意ができて　(2)空気，空中

(3)サービス，公的事業　(4)地球

(5)…の大部分[ほとんど]　(6)receive

(7)daughter　(8)son　(9)building

(10)imagine

① (1)イ　(2)ウ　(3)イ

② (1)had, would　(2)I had, I would

③ (1)His performance makes us excited.

(2)If I lived in London, I could meet David every day.

(3)She has been watching TV for three hours.

(4)If we didn't have languages, we couldn't talk.

解き方
① 「…であれば～だろうに」の仮定法の文のif節では，一般動詞も助動詞も過去形となる。(1)一般動詞haveの過去形のhadを選ぶ。(2)一般動詞knowの過去形のknewを選ぶ。(3)助動詞doの過去形didを使ったdidn'tを選ぶ。

② 「もし持っていたら」を表すif節の中では一般動詞haveの過去形のhadを使い，「～だろうに」を表す後半部分の助動詞willは過去形のwouldとする。(1)「もし私が島を持っていたら，そこでつりを楽しむだろうに。」(2)「もし私が島を持っていたら，そこで動物たちを暮らさせるだろうに。」

③ (1)「人を…の状態にする」なので〈make＋人＋形容詞〉の形を使う。(2)〈If＋主語＋一般動詞の過去形 …，主語＋助動詞の過去形＋動詞の原形 ～.〉の語順の仮定法の文とする。(3)「ずっと見ている」という動作の継続を表すので，〈have[has] been＋…ing〉の現在完了進行形の文とする。(4)〈If＋主語＋助動詞の過去形＋動詞の原形 …，主語＋助動詞の過去形＋動詞の原形 ～.〉の語順の仮定法の文とする。if節内でも，後半部分でも〈助動詞＋not〉の短縮形が使われていることに注意。

pp.102～103　ぴたトレ1

Words & Phrases

(1)例外　(2)貿易　(3)豚肉

(4)存続，生き残ること　(5)…に頼る

(6)import　(7)sold　(8)daily

(9)coat　(10)surround

① (1)that, bought

(2)that my father gave me

② (1)that[which] I like

(2)that[who], from, sings

(3)that[which] they, looks

(4)that[which], took, are

③ (1)The man that we met today lives in Yokohama.

(2)Japan depends on other countries for many things.

(3)The train that I took this morning was crowded.

(4)It's necessary for you to help each other.

解き方
① いずれも文の主語のthe bookを関係代名詞thatを使った節が後ろから修飾する。(1)「私が先週買った本はおもしろいです。」buyを過去形のboughtにする。(2)「父が私にくれた本はおもしろいです。」giveを過去形のgaveにする。

② いずれも文の主語を関係代名詞を使った節が後ろから修飾する形にする。主語によって関係代名詞を使い分けることに注意。文の動詞の形は文の主語に合わせる。(1)the Chinese restaurantは「もの」なので関係代名詞はthatかwhich。(2)the girlは「人」なので関係代名詞はthatかwho。文の主語は三人称単数。(3)the spaghettiは「もの」なので関係代名詞はthatかwhich。文の主語は三人称単数。(4)the picturesは「もの」なので関係代名詞はthatかwhich。文の主語は複数。

③ (1)中心になる文はThe man lives in Yokohama.文の主語the manを関係代名詞thatを使った節が後ろから修飾する形にする。(2)「…に頼る」はdepend onで表す。(3)中心になる文はThe train was crowded.文の主語the trainを関係代名詞thatを使った節が後ろから修飾する形にする。(4)並べかえる語の中にit's, for, toがあることに注目。〈It is … for＋人＋to＋動詞の原形〉の語順とする。

pp.104～105　ぴたトレ1

Words & Phrases

(1)そのうえ，さらに　(2)…を輸送する

(3)(品物・料金が)安い　(4)国内の

(5)(食べ物が)旬で　(6)agree　(7)disagree

(8)point　(9)seem

① (1)ウ　(2)イ　(3)ア　(4)エ

2 (1)think (2)because (3)agree
(4)that[which] (5)If (6)what (7)to

解き方
1 (1)ウ「私もそう思います。」 (2)イ「私はこの考えに反対です。」 (3)ア「役に立つので，あなたはこの装置を使うべきだと思います。」 (4)エ「あなたの言いたいことはわかりますが，彼の考えのほうがよいように思えます。」

2 タクヤ：私たちはインターネットでたくさんの役に立つ情報を英語で得られるので，英語を学ぶことは重要だと思います。

ケイ：私はあなたに賛成です。英語は多くの国で使われている言語です。もし私たちが英語を話せれば，私たちは多くの国から来た人々と意思疎通ができます。

アヤ：あなたたちの言いたいことはわかりますが，私たちにとって日本語と日本の歴史を学ぶことはもっと重要です。私はほかの国から来た人たちと意思疎通をするときには，私たちが自身の文化を理解していることが必要だと思います。

pp.106〜107　ぴたトレ1

1 (1)ウ (2)イ (3)イ

2 (1)If, knew, would (2)wish she were
(3)I wish, had (4)you were, could
(5)didn't use, couldn't

3 (1)I wish I could drive a car.
(2)I wish there were no earthquakes.
(3)If I were you, I would save money.
(4)If I had a computer, I could send him an e-mail.
(5)If you didn't go to school, you couldn't study with your friends.

解き方
1 (1)「…であればよいのに」を表す仮定法の文。be動詞はwereを使う。 (2)「…であれば〜だろう(に)」を表す仮定法の文。助動詞は過去形となる。 (3)「…であれば〜だろう(に)」を表す仮定法の文。be動詞はwereを使う。

2 (1)〈If＋主語＋一般動詞の過去形 …，主語＋助動詞の過去形＋動詞の原形 〜.〉の仮定法の文とする。 (2)(3)〈I wish＋主語＋動詞〉の形の仮定法の文とする。wishのあとの動詞

は過去形となり，be動詞ならwereを使う。 (4)〈If＋主語＋be動詞の過去形(were) …，主語＋助動詞の過去形＋動詞の原形 〜.〉の仮定法の文とする。 (5)〈If＋主語＋助動詞の過去形＋動詞の原形 …，主語＋助動詞の過去形＋動詞の原形.〉の仮定法の文とする。

3 (1)〈I wish＋主語＋動詞〉の語順の仮定法の文とする。ここでは「動詞」が〈助動詞の過去形＋動詞の原形〉となる。 (2)〈I wish＋主語＋動詞〉の形の仮定法の文とする。wishのあとにthere is[are] …の形を続ける。 (3)〈If＋主語＋be動詞の過去形(were) …，主語＋助動詞の過去形＋動詞の原形.〉の語順の仮定法の文とする。 (4)〈If＋主語＋一般動詞の過去形 …，主語＋助動詞の過去形＋動詞の原形.〉の語順の仮定法の文とする。 (5)〈If＋主語＋助動詞の過去形＋動詞の原形 …，主語＋助動詞の過去形＋動詞の原形.〉の語順の仮定法の文とする。

pp.108〜109　ぴたトレ1

Words & Phrases
(1)色彩に富んだ (2)制服，ユニフォーム
(3)外食する (4)wear (5)side (6)judge

1 (1)has lived, for (2)don't, at all
(3)has to

2 (1)think (2)because (3)save
(4)have (5)see (6)grow[become]

3 (1)I want to eat out once a week.
(2)I don't understand why you use this old dictionary.

解き方
1 (1)継続を表す現在完了形の文とする。主語が三人称単数なので〈has＋過去分詞〉の形になる。「2年間」という期間を表すので前置詞のforを使う。 (2)「少しも…ない」はnot … at allで表す。ここでは解答欄の数からdo notの短縮形のdon'tを使う。 (3)解答欄が2つなので，「…しなければならない」をhave toで表す。everyで修飾される名詞は三人称単数として扱うので，haveはhasにする。

2 A：お金を節約することができるので，私たちは制服を着るべきだと私は思います。私たちは毎日制服を着ますから，学校用にほかの服を買う必要がありません。

B：あなたの言いたいことはわかりますが，制服は安くはありません。それに大き

24 英語

く成長すれば，より大きなものを買わ
なければなりません。

3 (1)「外食する」はeat outで表す。「週に一度」
はonce a week。 (2)whyで始まる疑問詞
節がunderstandの目的語となる間接疑問
文とする。

1 (1)エ　(2)イ　(3)イ

2 (1)Most of　(2)depend on　(3)wish, were

3 (1)The shirt that he was wearing was
cool.
(2)If this bag were much cheaper, I would
buy it.
(3)If we didn't import anything, we
couldn't live.

4 (1)I wish I could run faster.
(2)If I were you, I would call Meg.

5 (1)勉強しなければ，読んだり書いたりできない
(2)It makes them happy.
(3)encourages

6 (1)It was created in Sapporo.
(2)They enjoy soup curry.

解き方
1 (1)「あなたが私に賛成してくれたらよいので
すが。」「…であればよいのに」を表す仮定法
の文。wishのあとの動詞は過去形となる。
(2)「もし今日晴れていれば私はテニスをする
でしょう。」〈If＋主語＋be動詞の過去形
(were) …，〜.〉の仮定法の文。仮定法の文で
はbe動詞はwereを使う。 (3)「私が彼のよ
うに歌えたらよいのですが。」「…であれば
よいのに」を表す仮定法の文。wishのあとが
〈助動詞＋動詞〉なら助動詞が過去形となる。
2 (1)「…の大部分」はmost ofで表す。 (2)「…に
頼る」はdepend onで表す。 (3)I wishのあと
にthere is[are] …の形を続ける仮定法の文
とする。仮定法なのでbe動詞はwereとする。
3 (1)The shirt was cool.という文の主語の
The shirtを，関係代名詞thatを使った節が
後ろから修飾する形にする。 (2)〈If＋主語＋
be動詞の過去形(were) …，主語＋助動詞の
過去形＋動詞の原形.〉の仮定法の文とする。
(3)〈If＋主語＋助動詞の過去形＋動詞の原形
…，主語＋助動詞の過去形＋動詞の原形.〉の
仮定法の文とする。anythingは否定文で使

うと「何も（…ない）」の意味となる。
4 (1)「…であればよいのに」なので，〈I wish＋
主語＋動詞〉の形の仮定法の文とする。「走
れたら」なのでcanの過去形のcouldを使う。
(2)〈If＋主語＋be動詞の過去形(were)　…，
主語＋助動詞の過去形＋動詞の原形.〉の仮
定法の文とする。「電話するでしょう」なの
でwillの過去形のwouldを使う。
5 (1)〈If＋主語＋助動詞の過去形＋動詞の原形
…，主語＋助動詞の過去形＋動詞の原形.〉の
形になっているので，仮定法の文と判断す
る。 (2)「人を…の状態にする」なので
〈make＋人＋形容詞〉の形にする。 (3)「…
に〜するよう促す」はencourage … to 〜
で表す。
6 (1)「スープカレーはどこでつくり出されました
か。」「それは札幌でつくり出されました。」
It was created as a local food in Sapporo.
と述べられている。 (2)「多くの観光客は札
幌を訪れると何をしますか。」「彼らはスープ
カレーを楽しみます。」Many visitors visit
Sapporo and enjoy soup curry.と述べられ
ている。

全訳
　あなたはこれまでにスープカレーを食べたこ
とがありますか。それは札幌の地元の食べ物と
してつくり出されました。のちに，それは日本
中そして海外で有名になりました。多くの観光
客が札幌を訪れ，スープカレーを楽しみます。
私もスープカレーが大好きです。毎日それが食
べられればなあと思います。

1 (1)○　(2)×　(3)×

2 (1)イ　(2)イ　(3)イ

3 (1)The boy that Meg called this
afternoon is Yutaka.
(2)I wish you had more time to read
books.
(3)If the computer weren't expensive, I
could buy it.

4 (1)wish I could　(2)If, were, would

5 (1)駅の近くの映画館で見られる映画はとても
おもしろそうです。 (2)イ
(3)If I were good at science, I would help
you.

(4)①No, he isn't[is not].

　②He is going to write a science report.

❻ (1)The curry that I ate yesterday was delicious.

　(2)I wish you were a student of my school.

　(3)If it were sunny, I would go to the library.

解き方

❶ (1)coat[kóut]（コート），sold[sóuld]（sellの過去形・過去分詞）　(2)ready[rédi]（用意ができて），cheap[tʃíːp]（安い）　(3)side[sáid]（側，面），uniform[júːnəfɔ̀ːrm]（制服）

❷ (1)(2)(3)とも2番目の音節を強く発音する。(1)…を想像する　(2)…を勇気づける，励ます　(3)賛成する，意見が一致する

❸ (1)The boy is Yutaka.という文の主語のThe boyを，関係代名詞thatを使った節が後ろから修飾する形にする。(2)「…であればよいのに」なので，〈I wish＋主語＋動詞〉の語順の仮定法の文とする。(3)〈If＋主語＋be動詞の過去形 …，主語＋助動詞の過去形＋動詞の原形～．〉の語順の仮定法の文とする。

❹ (1)「私はあなたとつりに行きたいのですが，行けません。」を「私があなたとつりに行けたらいいのですが。」という仮定法の文に言いかえる。〈I wish＋主語＋動詞〉の形とするが，上の文にcan'tがあるのでcanの過去形のcouldを使う。(2)「マイクはSFに興味がないので，その映画は見ないでしょう。」を「もしマイクがSFに興味があれば，その映画を見るでしょう。」という仮定法の文に言いかえる。〈If＋主語＋be動詞の過去形 …，主語＋助動詞の過去形＋動詞の原形～．〉の形とするが，上の文にwon'tがあるのでwillの過去形のwouldを使う。

❺ (1)The movie seems very interesting.の主語のThe movieを，関係代名詞thatを使った節が後ろから修飾する文となっている。that節が長いので，どこまでが主語なのかに注意する。(2)I wishで始まる仮定法の文では，wishのあとの助動詞は過去形。(3)並べかえる語の中にif，were，wouldがあることに注目。〈If＋主語＋be動詞の過去形 …，主語＋助動詞の過去形＋動詞の原形～．〉の仮定法の文とする。「…が得意だ」をbe good atで表す。(4)①「シン

ジはこの週末に映画を見るつもりですか。」6行目参照。　②「シンジは日曜日に何をするつもりですか。」6〜7行目参照。

全訳

ボブ：やあ，シンジ。駅の近くの映画館で見られる映画はとてもおもしろそうです。今日それをいっしょに見に行くのはどうですか。

シンジ：その映画は耳にしたことがあります。行けたらいいのにと思います。でも，今気分がよくないのです。熱があり，頭痛がします。

ボブ：それはいけませんね。明日よくなったら，行けますか。

シンジ：残念ですが，行けません。私は科学のレポートを書かなければなりません。月曜日にそれを学校に持っていかなければならないのですが，何も書いていないのです。

ボブ：ああ。もし私が科学が得意だったら，あなたを手伝うのですが。

❻ (1)The curry was delicious.という文の主語のThe curryを，関係代名詞thatを使った節が後ろから修飾する形にする。(2)「…であればよいのに」を表す〈I wish＋主語＋動詞〉の形の仮定法の文とする。(3)「…であれば～だろうに」を表す〈If＋主語＋be動詞の過去形 …，主語＋助動詞の過去形＋動詞の原形～．〉の形の仮定法の文とする。if節の主語は天候を表すitを使う。

英作文の採点ポイント

□単語のつづりが正しい。（2点）

□（　）内の語句を使い，指定の語数で書けている。（2点）

□(1)文の主語を修飾する関係代名詞が正しく使えている。(2)「…であればよいのに」を表す仮定法の形が正しく使えている。(3)「…であれば～だろうに」を表す仮定法の形が正しく使えている。（4点）

Let's Read 2

pp.114〜115　　ぴたトレ1

Words & Phrases

(1)…を解決する　(2)電気，電力　(3)4分の1　(4)日光　(5)再生可能な　(6)cut　(7)energy　(8)health　(9)oil　(10)wind

1 (1)イ (2)イ (3)ア

2 (1)held (2)had, would (3)didn't, couldn't
(4)used by

3 (1)If I were you, I'd stay home today.
(2)What is in that wrapped box?
(3)This is a company established about fifty years ago.

1 (1)「売られている野菜」なのでvegetableを過去分詞のsoldが後ろから修飾する形になる。 (2)現実とは異なる仮定を述べるので,仮定法の文となる。仮定法で使うbe動詞はwere。 (3)「呼ばれている男の子」なのでboyを過去分詞のcalledが後ろから修飾する形になる。

2 (1)「開かれた祭り」なのでthe festivalを過去分詞が後ろから修飾する形にする。「開く」の意味のholdは不規則動詞で過去分詞はheld。 (2)〈If + 主語 + 動詞の過去形 …, 主語 + 助動詞の過去形 + 動詞の原形〜.〉の仮定法の文とする。 (3)〈If + 主語 + 助動詞の過去形 + 動詞の原形 …, 主語 + 助動詞の過去形 + 動詞の原形〜.〉の仮定法の文とする。 (4)「使われている机」なのでthe deskを過去分詞が後ろから修飾する形にする。

3 (1)〈If + 主語 + be動詞の過去形 …, 主語 + 助動詞の過去形 + 動詞の原形〜.〉の語順の仮定法の文とする。I'dはI wouldの短縮形。 (2)box(箱)を修飾するのはwrapped(包まれた)1語なので,boxの前に置く。 (3)a companyを過去分詞establishedが後ろから修飾する形にする。

Words & Phrases

(1)電池, バッテリー (2)消費者 (3)発明家
(4)雨水 (5)持続可能な (6)invent (7)lamp
(8)liter (9)rain (10)second

1 (1)イ (2)ウ (3)ア (4)イ

2 (1)know where (2)makes, better
(3)how much (4)made, excited

3 (1)His great speech made him famous.
(2)Using this device will make your work easier.
(3)She asked me how tall that tower is.
(4)I want to know why Bob doesn't like dogs.

1 (1)〈make + (代)名詞 + 形容詞〉のSVOCの文。主語となる動名詞(...ing)は三人称単数として扱うので,makesを選ぶ。 (2)〈make + (代)名詞 + 形容詞〉の文の代名詞は「…を[に]」の形となる。 (3)「何を」なので〈what + 主語 + 動詞〉がrememberの目的語になる間接疑問文とする。 (4)「だれか」なので〈who + 主語 + be動詞〉がknowの目的語になる間接疑問文とする。

2 (1)「どこに」なので〈where + 主語 + be動詞〉がknowの目的語になる間接疑問文とする。 (2)〈make + (代)名詞 + 形容詞〉のSVOCの文とする。「よりよい」なので「形容詞」はgoodの比較級のbetterとなる。 (3)「いくら」なので〈how much + 主語 + be動詞〉がtellの目的語になる間接疑問文とする。 (4)〈make + (代)名詞 + 形容詞〉を使った過去の文なので,makeを過去形のmadeとする。

3 (1)「すばらしいスピーチが彼を有名にした」と考え, his great speechを主語として〈make + (代)名詞 + 形容詞〉を使ったSVOCの文とする。 (2)主語をusing this deviceとして,〈make + (代)名詞 + 形容詞〉を使ったSVOCの文とする。 (3)「どのくらいの高さ」なので〈how tall + 主語 + be動詞〉がaskの目的語になる間接疑問文とする。 (4)「なぜ」なので〈why + 主語 + 動詞〉がknowの目的語になる間接疑問文とする。「好きではない」なので疑問詞で始まる節を否定文とする。

1 (1)イ (2)エ (3)エ (4)ア (5)ウ (6)ウ

2 (1)amount of (2)without using
(3)comes from (4)the time
(5)were, could (6)one of (7)run, of

3 (1)Ken knows what that building is.
(2)I don't know who this soccer player is.
(3)Do you know where they usually play tennis?
(4)I remember how much the bike was.
(5)Emma wants to know when the baseball game will start.
(6)I can understand why Josh studied math very hard.

4 (1)Is this the soup cooked by your sister?
(2)Tell me how you got the old guitar.

(3)If I were rich, I'd live in a large house.

(4)I sent her the present to make her surprised.

(5)If we didn't eat anything, we couldn't live.

⑤(1)If we had enough money, we could eat out.

(2)The letter made her sad.

(3)Do you know this song loved by many Japanese people?

(4)The movie made in America is popular.

(5)If Bob weren't[were not] busy, he would come to the party.

(6)What makes you so excited?

(7)Do you know how long this bridge is?

⑥(1)I'm[I am] reading a book written by Mr. Green.

(2)If I were free today, I could see this concert.

(3)They know what they should do in case of fire.

(4)This movie made him interested in Japanese culture.

(5)She has a dog named Kuro.

(6)If I had a smartphone now, I would[I'd] send an e-mail to you[send you an e-mail].

(7)Could you show me how you make this pizza?

⑦(1)were (2)明かりは消えるでしょう
　(3)could (4)on

⑧(1)wind power
　the natural heat in the ground
　(2)People around the world are working to solve (3)1. × 2. ○

解き方 ①(1)「もし今日晴れていれば，私は公園で走るでしょう。」仮定法の文なので，runの前には過去形の助動詞が入る。 (2)「デイビッドは有名な写真家によって撮られた写真をもっています。」（ ）のあとにbyがあることに注目。受け身の意味をもつ過去分詞がa　pictureを後ろから修飾する。 (3)「私が昨日見た映画は私を退屈させました。」選択

肢から〈make＋(代)名詞＋形容詞〉の形となると判断する。「見た」のは「昨日」なので過去形を選ぶ。 (4)「私は新しいスタジアムがどこかを知っています。」疑問詞節がknowの目的語となる間接疑問文。自然な意味となるのはwhere。 (5)「その書店で売られている全ての本は，マンガ本です。」後半にあるbe動詞を文の動詞と考える。文の意味からall the booksを過去分詞が後ろから修飾する形にする。 (6)「私が今ひまなら，あなたを手伝えるのですが。」Ifで始まり，助動詞が過去形になっていることから，仮定法の文だと判断する。

②(1)「…の量の～」をa … amount of ～で表す。…の部分にはlargeが入っているので「大量の～」の意味になる。 (2)「使わずに」を，「…なしで」の意味の前置詞のwithoutを使って表す。前置詞のあとは…ingの動名詞の形にする。 (3)「…から来ている」をcome fromで表す。文の主語はthe oilで三人称単数なのでcomesとする。 (4)解答欄の前にallがあることに注目。all the timeで「常に」という意味になる。 (5)日本語の意味より，仮定法の文とする。「書かれて」を表すため，受け身の形となるようwrittenの前はbe動詞が入るが，仮定法なのでwereとする。「楽しめる」なのでenjoyの前にはcanの過去形のcouldを使う。 (6)「…の1人」はone ofで表す。 (7)解答欄の間にoutがあることに注目。「…を使い果たす」をrun out ofで表す。

③いずれも2つ目の疑問文の内容が，1つ目の文の動詞の目的語となる間接疑問文とする。 (1)「ケンはあの建物が何かを知っています。」疑問文を〈what＋主語＋be動詞〉の形にしてknowsの目的語にする。 (2)「私はこのサッカー選手を知りません。」疑問文を〈who＋主語＋be動詞〉の形にしてknowの目的語にする。 (3)「あなたは彼らがふつうどこでテニスをするのか知っていますか。」疑問文を〈where＋主語＋動詞〉の形にしてknowの目的語にする。 (4)「私はその自転車がいくらだったか覚えています。」疑問文を〈how much＋主語＋be動詞〉の形にしてrememberの目的語にする。 (5)「エマは野球の試合がいつ始まるのか知りたいと思っています。」疑問文を〈when＋主語＋助

動詞＋動詞〉の形にしてknowの目的語にする。 (6)「私はなぜジョシュが数学をとても熱心に勉強したのか理解できます。」疑問文を〈why ＋ 主語 ＋ 動詞〉の形にしてunderstandの目的語にする。

④ (1)the soupを過去分詞cookedで始まる語句が後ろから修飾する語順にする。 (2)「どうやって手に入れたのか」を〈how ＋ 主語 ＋ 動詞〉としてtellの2つ目の目的語とする間接疑問文を作る。 (3)日本語から仮定法の文だと判断する。〈If ＋ 主語 ＋ be動詞の過去形 ..., 主語＋助動詞の過去形＋動詞の原形〜.〉の語順にする。 (4)「彼女を驚かせるために」は副詞的用法の不定詞で表す。不定詞中を〈make ＋（代）名詞＋形容詞〉の語順とする。 (5)日本語から仮定法の文だと判断する。anythingは否定文で使うと「何も（…）ない」の意味になる。

⑤ (1)「もし私たちが十分なお金を持っていたら，外食できるのだが。」という仮定法の文に書きかえる。 (2)「その手紙は彼女を悲しくさせました。」という〈make ＋（代）名詞＋形容詞〉を使った文に書きかえる。 (3)「あなたは多くの日本人に愛されているこの歌を知っていますか。」という，this songを過去分詞lovedで始まる語句が後ろから修飾する文に書きかえる。 (4)the movieを過去分詞madeで始まる語句が後ろから修飾する文に書きかえる。 (5)「もしボブが忙しくなかったら，パーティーに来るだろうに。」という仮定法の文に書きかえる。 (6)「何があなたをそんなにわくわくさせるのですか。」という〈make ＋（代）名詞＋形容詞〉を使った文に書きかえる。 (7)「あなたはその橋がどのくらい長いか知っていますか。」という意味の間接疑問文とする。Do you knowのあとに〈how long ＋ 主語 ＋ be動詞〉を続ける。

⑥ (1)「読んでいる」なので現在進行形の文。a bookを過去分詞で始まるwritten by Mr. Greenが後ろから修飾する形とする。 (2)日本語から仮定法の文とする。〈If ＋ 主語 ＋ be動詞の過去形 ..., 主語＋助動詞の過去形 ＋ 動詞の原形〜.〉の語順となる。 (3)shouldを使うので，「何をすべきか」を〈what ＋ 主語 ＋ should ＋ 動詞〉の形にして，knowの目的語とする間接疑問文を作る。 (4)This movieが主語の〈make ＋（代）名詞

＋形容詞〉の形を使ったSVOCの文とする。 (5)「名づけられたイヌ」をa dogが過去分詞namedで始まる語句に後ろから修飾される形で表す。 (6)日本語から仮定法の文とする。〈If ＋ 主語 ＋ 動詞の過去形 ..., 主語＋助動詞の過去形＋動詞の原形〜.〉の語順となる。 (7)couldを使うのでCould you ...?というていねいな依頼の文とする。「どう作るのか」を〈how ＋ 主語 ＋ 動詞〉の形にして，showの2つ目の目的語とする間接疑問文を作る。

⑦ (1)ifで始まり，後半に助動詞のwouldがあるという形から，仮定法の文であると判断する。仮定法で使われるbe動詞はwere。 (2)これも仮定法の文。If the electricity were cut for one week,が前に省略されていると考える。 (3)ここもIf the electricity were cut for one week,が前に省略されている仮定法の文と考える。助動詞は過去形にする。 (4)（　）の前にdependがあることに注目する。「…に頼る」を表すdepend onを使うと文の意味が通る。

⑧ (1)renewable energyは「再生可能なエネルギー」という意味。2〜3行目参照。 (2)「世界中の人々」をpeople around the worldという語順で表す。 (3)1.「デンマークはまだ，風力から作られた電気を全く使っていません。」1〜2行目参照。 2.「アイスランドで使われる電気の25パーセントは，地熱から作られています。」2〜3行目参照。

Let's Read 3

pp.122〜123　　　　　　　　ぴたトレ1

Words & Phrases

(1)…に通う，…に出席する　(2)卒業する
(3)ちがい　(4)点　(5)成功した　(6)trust
(7)college　(8)focus　(9)interest　(10)lucky

1 (1)ウ　(2)ア　(3)ウ

2 (1)killed　(2)When　(3)when
(4)got arrested

3 (1)Give him this box when he comes.
(2)How does the environment get damaged?
(3)This is the computer he made.
(4)When I met Meg, she was wearing a blue T-shirt.

1 (1)「…とき(に)」を表すwhen …が文の後半にきている。 (2)〈get＋過去分詞〉で「…される」という受け身の意味を表す。mayがあるのでここではisは使えない。 (3)「…とき(に)」を表すwhen …が文の前半にきている。

2 (1)〈get＋過去分詞〉で「…される」という受け身の意味を表す。killを過去分詞にして入れる。 (2)(3)「…とき(に)」なので接続詞のwhenを入れる。 (4)be動詞を使わずに「逮捕された」という受け身の意味を表すので，〈get＋過去分詞〉の形を使う。過去の文なのでgetの過去形のgotを入れる。

3 (1)「彼が来たら」を「彼が来たときには」と考える。並べかえる語の中にコンマがないので，whenで始まる節は文の後半に置く。 (2)並べかえる語の中にgetとdamagedがあることに注目。〈get＋過去分詞〉の形を使う。 (3)「彼が作ったコンピュータ」を，the　computerのあとに接触節〈主語＋動詞〉のhe madeを続けて表す。 (4)並べかえる語の中にコンマがあるので，whenで始まる節を文の前半に置く。

称単数なので〈has＋過去分詞〉の形となる。肯定文での「すでに」はalreadyを使う。 (2)「一度も…したことがない」は〈主語＋have[has]　never＋過去分詞....〉の形の現在完了形の否定文で表す。解答欄の数からI haveの短縮形のI'veを使う。 (3)「…だけれども」なので接続詞のthoughを入れる。 (4)期間をたずねる現在完了形の疑問文とする。主語のJoshは三人称単数なのでhasを使い，「いる」を表すbe動詞の過去分詞been を入れる。

3 (1)完了を表す現在完了形の否定文とする。hasのあとにnotを置き，「まだ」を表すyetは文末に置く。 (2)「…したことがありますか」と経験をたずねるので，〈Have＋主語＋過去分詞 ～?〉の現在完了形の疑問文の形とする。 (3)継続を表す現在完了形の文とする。〈主語＋have[has]＋過去分詞....〉の語順に。 (4)並べかえる語のなかにthoughとコンマがあることに注目。「寒かったですが」を「寒かったけれども」と考える。thoughで始まる節は文の前半に置く。

---

pp.124～125 ぴたトレ**1**

Words & Phrases

(1)アニメーション (2)(病気の)がん
(3)創造力のある (4)限られた
(5)(その)ほかに[の] (6)magazine
(7)mirror (8)foolish (9)though
(10)someone

1 (1)ウ (2)ア (3)イ

2 (1)has already (2)I've, visited
(3)though (4)has, been

3 (1)The baseball game has not ended yet.
(2)Have you ever heard of the company?
(3)My aunt has stayed in Sydney since last week.
(4)Though it was cold, we enjoyed walking outside.

1 (1)継続を表す現在完了形の文。主語は三人称単数なので〈has＋過去分詞〉の形となる。 (2)「…だけれども」なので接続詞のthoughを選ぶ。 (3)完了を表す現在完了形の文。〈have＋過去分詞〉の形となる。

2 (1)完了を表す現在完了形の文。主語は三人

---

pp.126～128 ぴたトレ**2**

❶ (1)ウ (2)エ (3)ア (4)イ (5)エ (6)エ (7)イ

❷ (1)dropped out (2)run away (3)me that
(4)had, idea (5)what to
(6)make, difference (7)one knows

❸ (1)My mother has never made a cake.
(2)Who got arrested last night?
(3)Mr. Brown has tried calligraphy once.
(4)They have been to Kobe three times.
(5)It started to snow when I got to the station.
(6)Have you read the article on the internet yet?

❹ (1)I didn't like vegetables when I was a child.[When I was a child, I didn't like vegetables.]
(2)She has visited the theater twice.
(3)Does this room get cleaned every day?
(4)How long have you lived in Sendai?
(5)I enjoyed the baseball game though I'm not a baseball fan.[Though I'm not a baseball fan, I enjoyed the baseball

---

game.]

⑤(1)イ　(2)美しい文字

　(3)my college interest, Apple computers

⑥(1)ウ　(2)the thing you love

　(3)ア　(4)1. ○　2. ○

解き方

❶(1)「私はこのテレビドラマを以前見たことがあります。」経験を表す現在完了形の文。〈have＋過去分詞〉の形となる。　(2)「なぜ彼は解雇されたのですか。」〈get＋過去分詞〉で受け身の意味を表すことができる。(3)「ボブは私が会ったとき，眠そうに見えました。」選択肢の中で，文の意味が通るのは「…するとき」を表すwhen。　(4)「私はすでに自分の自転車を洗いました。」完了を表す現在完了形の文。I haveの短縮形のI'veを選ぶ。　(5)「彼女は一度もアメリカを訪れたことがありません。」has neverとあることから，現在完了形の否定文だと判断する。過去分詞のvisitedを選ぶ。　(6)「私は忙しかったけれども，そのパーティーに行きました。」選択肢の中で，文の意味が通るのは「…だけれども」を表すthough。　(7)「電車はちょうど奈良に着いたところです。」現在完了形の文。選択肢の中で，文の意味が通るのは「ちょうど」を表すjust。

❷(1)「中退する」はdrop outで表す。過去の文なのでdropは過去形にする。　(2)「逃げる」はrun awayで表す。　(3)that節がtellの2つ目の目的語となるSVOOの文とする。(4)「見当もつかない」はhave no ideaで表す。　(5)「何をすべきか」を〈what＋to＋動詞の原形〉で表し，knowの目的語とする。(6)「大きなちがいを生む」はmake all the differenceで表す。　(7)「だれも…ない」をno oneで表す。no oneは三人称単数として扱うので動詞はknowsとなる。

❸(1)「一度も…したことがない」は〈主語＋have[has] never＋過去分詞....〉の語順。(2)「だれが」なのでwhoではじまる疑問文とする。〈get＋過去分詞〉で「…される」という受け身の意味を表す。　(3)「やってみたことがある」なので，経験を表す現在完了形の文とする。〈主語＋have[has]＋過去分詞....〉の語順。(4)「…に行ったことがある」はhave[has] been toで表す。(5)並べかえる語の中にコンマがないので，「…するとき」を表すwhenで始まる節は文の後半に置

く。「…に着く」はget toで，ここでは過去の文なのでgotが使われている。　(6)「もう…しましたか」なので完了を表す現在完了形の疑問文にする。〈Have[Has]＋主語＋過去分詞～?〉の語順で，yetを文末に置く。

❹(1)「私は子どものとき」をwhen I was a childで表す。コンマを使って文の前半に置いても，使わずに文の後半に置いてもよい。　(2)「おとずれたことがある」なので，経験を表す現在完了形の文とする。〈主語＋have[has]＋過去分詞....〉の語順で，twiceを文末に置く。　(3)「そうじされる」という受け身の状態を〈get＋過去分詞〉で表す。　(4)期間をたずねるので，how longで文を始めて，現在完了形の疑問文の形を続ける。　(5)「私は野球ファンではないけれど」をthough I'm not a baseball fanで表す。コンマを使って文の前半に置いても，使わずに文の後半に置いてもよい。

❺(1)the artistic postersを修飾するI saw at collegeの前に目的格の関係代名詞が省略されていると考えることができる。　(2)calligraphyと結びつくのはbeautiful letters。　(3)同じ文のfrom以降に具体的に示されている。

❻(1)教科書のTo doは副詞的用法の不定詞。(2)the thingがどのようなものかを示す部分までを抜き出す。　(3)教科書のasは「…するにつれて」という意味。　(4)1.「もし私たちがすばらしい仕事をすれば，それは私たちを満足させます。」教科書9～10行目参照。2.「私たちは大好きなものを見つけるべきです。」教科書11～12行目参照。

定期テスト予想問題
〈解答〉 pp.130～139

pp.130～131　　　　　予想問題 1

出題傾向

＊現在完了形の文では過去分詞の使い方が問われる。規則動詞，不規則動詞の形を正確に覚えておく。

❶(1)been　(2)c

　(3)横浜マリンタワーは100メートル以上の高さで，かつては灯台として使われました。

　(4)1.(例)Because he saw a lot of Chinese restaurants in one area.

2. Yes, she is.

❷ (1)said that　(2)on the

❸ (1)What is this dish called in English?

(2)Have you ever heard of the writer?

(3)This photograph shows us that the Earth is a beautiful planet.

(4)A lot of fireworks made the festival more exciting.

❹ (1)I've[I have] never seen the science fiction movie.

(2)This picture was taken by my father ten years ago.

(3)Ms. Green has been to Italy once.

解き方

❶ (1)Haveで始まる疑問文なので，現在完了形であると判断する。beを過去分詞のbeenとする。 (2)「高いタワーでした。」という文。以降にタワーの話題が続くＣに入るのが自然。 (3)itは「横浜マリンタワー」をさしている。and以下の主語もitで，受け身の文となっている。 (4)1.「ボブはなぜ横浜の中華街で驚いたのですか。」空所Ｄのあとの I was surprised …という文で驚いたことが述べられている。 2.「エミは今，横浜に興味がありますか。」エミが最後に何と言っているかに注目する。

全訳

ボブ：私はこの前の週末に，兄と横浜に行きました。あなたはこれまでにそこに行ったことはありますか。

エミ：いいえ，ありません。どうでしたか。

ボブ：とてもわくわくするものでした。その港の周りには見るものがたくさんあります。たとえば，大きな公園，高いタワー，美しい橋，遊園地，博物館，野球場までも。

エミ：ああ！　あなたはそれらを全て訪れたのですか。

ボブ：いいえ。そうするのは１日では不可能でした。

エミ：なるほど。あなたにとって最もおもしろかったのはどこですか。

ボブ：高いタワーです。それは「横浜マリンタワー」と呼ばれています。100メートル以上の高さで，かつては灯台として使われていました。

エミ：なんて高い灯台でしょう。それは驚きです。私は横浜には有名な中華街があることを知っています。あなたはそこには行

きましたか。

ボブ：もちろん。私は１つの場所にたくさんの中華料理店があるのを見て驚きました。兄と私はそこでとてもおいしい中華料理を楽しみました。

エミ：あなたの話は私にその都市に興味をもたせました。

❷ (1)「…であると言われている。」＝It is said that ….　(2)「インターネットで」＝on the internet

❸ (1)「何と呼ばれているか」なのでwhatではじまる受け身の疑問文とする。 (2)「これまでに…したことがありますか」と経験をたずねるときは，〈Have[Has]＋主語＋ever＋過去分詞 ～?〉で表す。 (3)「人に…ということを示す」なので，〈show＋O(人)＋O(that節)〉のSVOO(that節)の文とする。 (4)「…を～の状態にする」なので〈make＋(代)名詞＋形容詞〉の形で表す。

❹ (1)「私はそのSF映画を一度も見たことがありません。」「一度も…したことがない」は〈主語＋have[has]　never＋過去分詞～.〉で表す。 (2)「この写真は私の父によって10年前に撮られました。」takeの過去分詞はtaken。 (3)「グリーンさんは一度イタリアに行ったことがあります。」「…に行ったことがある」はhave[has] been toで表す。

英作文の採点ポイント

□単語のつづりが正しい。(2点)

□もとの文の内容が正しくつかめている。(2点)

□(1)(3)経験を表す現在完了形が正しく使えている。 (2)受け身の形が正しく使えている。(4点)

pp.132～133　予想問題 ❷

出題傾向

＊現在完了形と現在完了進行形の使い方が問われる。不定詞ではさまざまな表現の用法が問われる。

❶ (1)reading　(2)ア

(3)My parents want me to read more books.　(4)イ，ウ

❷ (1)so, that　(2)not only, but

❸ (1)Let me read today's newspaper.

(2)Emma has already written three e-mails.

(3)Can you help me put this poster on

the wall?

(4)Mr. Baker has lived in Tokyo for five years.

❹ (1)She has been doing her homework since this morning.

(2)It is necessary for me to study English hard.

(3)How long have they stayed in India?

❶ (1)(　)の前がhave　beenであることから，現在完了進行形の文だと判断する。readを…ing形にする。　(2)下線部②のある文のon　the　internetはplay　gamesとwatch videosの両方にかかっていることに注意。この文では，デイビッドがあまり本を読まない理由を説明しており，「本を読むこと」と「それよりもおもしろいこと」が対比されている。　(3)「私の両親は私にもっと本を読んでもらいたいと思っています。」という文にする。　(4)ア「デイビッドは本を読むことがとても好きです。」4～5行目の内容と合わない。イ「デイビッドはインターネットでゲームをすることが好きです。」4～5行目の内容と合う。ウ「デイビッドの両親は彼に本を読むことは役に立つと言います。」8～9行目の内容と合う。エ「デイビッドはもっと多くの本を読むつもりです。」第3段落から，デイビッドは本を読むことの有用性に確信を持っていないことがわかる。

私はこの本を先週からずっと読んでいます。これはある人気映画の原作です。私はその映画がとても好きなので，原作に興味をもちました。

しかし，私にとってはインターネットでゲームをしたり，動画を見たりするほうがおもしろいので，私はあまり本を読みません。私の友達たちも多くの時間をインターネットを使って過ごします。そのうちの何人かは，何週間もまったく本を読んでいません。彼らはテレビですらあまり見ません。

私の両親は私にもっと本を読んでもらいたいと思っています。彼らは私に，本を読むことは自分で物事を考える助けになる，とよく言います。それは本当でしょうか。あなたは1週間，あるいはひと月に何冊本を読みますか。本を読むことはあなたにとって役立っていますか。

❷ (1)「とても…なので～だ」なので，so … that ～を使った文にする。　(2)「…だけでなく～

もまた」はnot only … but also ～で表す。

❸ (1)〈let + 人 + 動詞の原形〉を命令文の形で使う。　(2)「すでに…してしまった」なので，完了を表す現在完了形の文とする。already「すでに」はhave[has] と過去分詞の間に置く。　(3)「…してくれますか」をCan you …?で表す。youのあとに，「人が…するのを助ける」を表す〈help + 人 + 動詞の原形〉の形を続ける。　(4)「ずっと住んでいる」なので〈have[has] + 過去分詞〉の現在完了形にする。

❹ (1)「彼女は今朝からずっと宿題をしています。」is　doingをhas　been　doingとする。「今朝から」はsince this morning。　(2)「私にとって英語を熱心に勉強することは必要です。」〈It is … for + 人 + to + 動詞の原形〉の形を使って書きかえる。　(3)「彼らはどのくらい長くインドに滞在しているのですか。」「期間」をたずねるので，How longで始まる現在完了形の疑問文とする。

英作文の採点ポイント

□単語のつづりが正しい。（2点）

□もとの文の内容が正しくつかめている。（2点）

□(1)現在完了進行形が正しく使えている。　(2)〈It is … for + 人 + to + 動詞の原形〉の形が正しく使えている。　(3)「期間」をたずねる現在完了形が正しく使えている。（4点）

---

pp.134～135　　予想問題 3

＊間接疑問文では語順が問われる。名詞を修飾する分詞は形が問われる。関係代名詞ではwho, that, whichの使い分けが問われる。

❶ (1)エ　(2)ウ

(3)私は大きな台風によって損害を受けた多くの家をテレビで見ました。　(4)ア，エ

❷ (1)too, to　(2)Would you

❸ (1)Who is that man crossing the street?

(2)I don't know where the new city hall is.

(3)Emma wants to see the famous festival held in Akita.

(4)Can you tell me who came to the party last night?

❹ (1)This is my favorite bag that[which] my grandmother gave me.

(2)Do you know the writer who[that] wrote this story?

(3)This is the most exciting tennis match I have[I've] ever seen[watched].

❶ (1)文中に〈have＋過去分詞〉の形があるので現在完了形の文。（ ）のあとは期間を表す語句なのでforを入れる。 (2)（ ）のあとに動詞があるので，主格の関係代名詞が入ると意味の通る文となる。（ ）の前のsome thingsは「もの」なのでthatを使う。 (3)このdamagedは過去分詞で，many housesを後ろから修飾している。 (4)ア「マイクは日本にいて，いつも幸せだというわけではありません。」4行目の内容と合う。イ「花粉症は夏にマイクを悲しくさせます。」6行目で，春に花粉症にかかる，と言っている。ウ「自然災害が多いので，マイクは日本を去りたいと思っています。」3行目のケンの問いにマイクはYes.と答えている。エ「マイクは大地震のときに何をすべきかを知るために，よくインターネットを使います。」11～12行目の内容と合う。

ケン：あなたは2年以上日本に住んでいます。

マイク：そうですね，私は毎日和食と日本の大衆文化を楽しんでいます。

ケン：では，ここに住んで幸せということですね。

マイク：はい。しかし，私を悲しくさせるいくつかのことがあります。

ケン：おや，それは何ですか。

マイク：春には，私は花粉症にかかります。自分の国にいたときにはかかりませんでした。夏には，暑くて湿気の多い気候のため，私はときどき具合が悪くなります。そして，秋には日本では台風があります。私は大きな台風によって損害を受けた多くの家をテレビで見ました。それは本当に私をこわがらせました。

ケン：では，冬だけがあなたが日本で好きな季節ですか。

マイク：そういうわけでもありません。私はいつでも大きな地震がこわいです。それで，大きな地震が起きたときにどうするべきかを私たちに示しているウェブサイトを，私はよく見ます。

❷ (1)「あまりにも…なので～できない」をtoo ... to ～で表す。 (2)下線のあとにlikeがあ

ることに注目。「…しましょうか」をWould you like me to ...?で表す。

❸ (1)現在分詞crossingを含む語句が，that manを後ろから修飾する形にする。 (2)〈where＋主語＋be動詞〉がknowの目的語になる間接疑問文とする。 (3)過去分詞heldを含む語句が，the famous festivalを後ろから修飾する形にする。 (4)tellのあとに〈人＋who＋動詞〉の形を続けて間接疑問文とする。

❹ (1)「これは祖母が私にくれた，私のお気に入りのかばんです。」my favorite bagは「もの」なので関係代名詞はthat[which]を使う。 (2)「あなたはこの物語を書いた作家を知っていますか。」the writerは「人」なので関係代名詞はwho[that]を使う。 (3)「これは私がこれまでに見た，最もわくわくさせるテニスの試合です。」「私がこれまでに見た」を表すI have[I've] ever seenを接触節としてmatchの直後に置く。

英作文の採点ポイント

☐単語のつづりが正しい。（2点）
☐もとの文の内容が正しくつかめている。（2点）
☐(1)目的格の関係代名詞が正しく使えている。
　(2)主格の関係代名詞が正しく使えている。
　(3)接触節が正しく使えている。（4点）

pp.136～137　　　　予想問題 4

＊仮定法では語順と動詞・助動詞の形が問われる。主語を修飾する関係代名詞では，文全体の語順が問われる。

❶ (1)ウ　(2)エ
(3)私たちはまた，海の環境にも損害を与えてきました。　(4)living　(5)and

❷ (1)agree with　(2)instead of

❸ (1)*Yakisoba* is a kind of noodle.
(2)I wish I could drive a car.
(3)Mr. Smith is a person you can depend on.
(4)If I had time, I would see the movie.

❹ (1)The languages that[which] she can speak are English and Japanese.

(2)I wish I had my own computer.

(3)If it were not[weren't] rainy today, we could play tennis.

❶ (1)下線部①の原因は直後の第2段落で述べられている。第2段落の内容と合うものはウ。　(2)文の前半がIfで始まり，canの過去形のcouldが使われていることから仮定法の文と判断する。人間の食べ物を動物が食べていることが現実なので，それとは異なることを仮定するエが正解。　(3)〈have ＋過去分詞〉が使われているので，現在完了形の文。　(4)many fish and animalsを，現在分詞livingを含む語句が後ろから修飾する。　(5)「…も～も両方」を表すboth ... and ～の形にすると意味が通じる。

　今，サルやイノシシのような野生動物が，人が畑で栽培する野菜を食べてしまうということをよく聞きます。また，クマが何か食べる物を探して，ときどき家の中に入ってきます。これは人にとってだけではなく，動物にとっても問題です。

　もし動物たちが彼らがすむ場所で十分な食べ物が得られるなら，彼らは人の持っている食べ物を食べる必要はないでしょう。私たちは道路や建物を作るために，森や山を破壊してきました。動物の生息地は小さくなっていき，そこではほんの少しの食べ物しか見つかりません。

　私たちはまた，海の環境にも損害を与えてきました。海にはたくさんのビニール袋があります。石油や化学物質が水を汚染しています。それらは海にすむ多くの魚や動物を殺しているのです。

　私たちは動物と私たち自身両方のために，環境を守る努力をしなければなりません。

❷ (1)「…に賛成する」はagree withで表す。　(2)「…のかわりに」はinstead ofで表す。

❸ (1)「一種の…」はa kind ofで表す。　(2)「…であればよいのに」なので，〈I wish ＋主語＋動詞〉の形の仮定法の文とする。ここでは「動詞」が〈助動詞の過去形＋動詞の原形〉となる。　(3)a personを「あなたが頼りにできる」を表す接触節が後ろから修飾する語順とする。「…に頼る」はdepend onで表す。　(4)現実とは違うことを仮定しているので，仮定法の文とする。〈If ＋主語＋一般動詞の過去形 ...，主語＋助動詞の過去形＋動詞の原形.〉の語順。

❹ (1)「彼女が話せる言語は英語と日本語です。」

languagesを〈that[which] ＋主語＋動詞〉で後ろから修飾する。　(2)「私が自分のコンピュータをもっていたらなあ。」「…であればよいのに」なので，〈I wish ＋主語＋動詞〉の形にする。wishのあとの動詞は過去形なのでhadとする。　(3)「もし今日が雨でなければ，私たちはテニスができるのですが。」〈If ＋主語＋be動詞の過去形(were) ...，主語＋助動詞の過去形＋動詞の原形.〉の文とする。

☐ 単語のつづりが正しい。（2点）

☐ もとの文の内容が正しくつかめている。（2点）

☐ (1)主語を修飾する関係代名詞が正しく使えている。　(2)(3)仮定法が正しく使えている。（4点）

pp.138〜139 予想問題 **5**

＊中学3年間で学んだことが総合的に問われる。1年，2年で学んだこともあらためて確認しておく。

❶ (1)A　(2)said

(3)progress of science and technology

(4)将来，どんな仕事がつくり出されるのかはだれにもわかりません。

(5)(例)We should keep studying things that we are interested in.

❷ (1)at all　(2)run out

❸ (1)Did anyone get injured in the accident?

(2)The inventor has invented some useful devices.

(3)Do you know when your school was established?

(4)Bob is a good soccer player though he doesn't run fast.

❹ (1)I use this watch given by my grandmother.

(2)What makes you so nervous?

(3)If I were not[weren't] sleepy, I could do my homework.

❶ (1)補う文は「世界には多くの種類の仕事があります」という意味。Aに入れると，次の文のthemがさすものがmany kinds of jobsとなり，自然な文脈となる。　(2)(　)の前が

it isであとがthatであることに注目。「…であるといわれている」を表すIt is said that ....の文であると判断する。 (3)6行目参照。 (4)knowsの目的語が疑問詞で始まる節となっている間接疑問文。 (5)「ダイアンの意見では，新しい仕事に備えるため私たちは何をするべきですか。」9〜10行目参照。

全訳

　あなたは将来，何をしたいですか。プロスポーツ選手？　ゲームをつくり出す人？　医者か先生？　世界には多くの種類の仕事があります。

　しかし，人工知能のほうが人よりもうまくやってしまうので，それらのうちのいくつかはなくなってしまうかもしれないと言われています。あなたがしたいと思う仕事が，コンピュータによってされてしまうかもしれないのです。

　他方では，今はない新しい種類の仕事があるでしょう。科学と科学技術の進歩は新たな仕事をつくり出すでしょう。私たちは車，電話やコンピュータの発明が多くの新しい仕事をつくり出してきたことを知っています。

　将来，どんな仕事がつくり出されるのかはだれにもわかりません。私たちはどのようにそれらの仕事に備えるべきでしょうか。私は，興味のあることを学び続けるべきだと思います。そして私たちにとって，学んできたことをそれらの新しい仕事と結びつけることが重要です。

❷ (1)「少しも…ない」はnot ... at allで表す。 (2)「…を使い果たす」はrun out ofで表す。

❸ (1)並べかえる語の中にgetがあることに注目。「けがをした」を「けがをさせられた」と考え，〈get＋過去分詞〉を使って表す。 (2)「…してきた」という経験を表すので，〈have[has]＋過去分詞〉の現在完了形の文とする。 (3)〈when＋主語＋動詞〉がknowの目的語となる間接疑問文とする。「いつ設立されたのか」なのでwhenで始まる節の中は受け身の形となる。 (4)並べかえる語の中にthoughはあるが，コンマはないことに注目。「…だけれども」を表すthoughで始まる節は文の後半に置く。

❹ (1)「私は祖母からもらったこの時計を使っています。」this watchを過去分詞givenで始まる語句が後ろから修飾する形にする。 (2)「何があなたをそんなに緊張させるのですか。」「…を〜の状態にする」を表す〈make＋(代)名詞＋形容詞〉の形を使って書きかえ

る。 (3)現実とは異なることを仮定する仮定法の文とする。〈If＋主語＋be動詞の過去形 ...，主語＋助動詞の過去形＋動詞の原形〜.〉の形を使うが，もとの文とは逆に，前半のif節内が否定文，コンマ以降が肯定文となることに注意。

英作文の採点ポイント
□単語のつづりが正しい。（2点）
□もとの文の内容が正しくつかめている。（2点）
□(1)名詞を修飾する過去分詞が正しく使えている。 (2)makeを使ったSVOCの文が正しく作れている。(3)仮定法が正しく使えている。（4点）

リスニングテスト

〈解答〉

① 現在完了形（経験用法・完了用法）

❶ (1)ウ　(2)ア　(3)イ

ココを聞きトレ⑤　現在完了形の経験用法と完了用法の意味のちがいに十分注意しよう。

英文　(1)Diane has been to India twice, but David has never been there. He went to Brazil when he was twelve. Bob wants to go to Mexico and Japan.

Q : What country has David been to?

(2)Miki saw the movie last week, and she's going to see it again tomorrow. Jane has never seen it, but Kate has seen it three times.

Q : How many times has Miki seen the movie?

(3)Ken wants to have lunch. Mike has already had lunch, but John has not had lunch yet. So Ken will have lunch with John.

Q : Who has had lunch?

日本語訳　(1)ダイアンは2回インドに行ったことがありますが，デイビッドは1回もそこへ行ったことがありません。彼は12歳のときにブラジルへ行きました。ボブはメキシコと日本へ行きたいと思っています。

質問：デイビッドはどの国へ行ったことがありますか。

(2)ミキは先週その映画を見て，明日もう一度それを見るつもりです。ジェーンはそれを見たことがありませんが，ケイトは3回見たことがあります。

質問：ミキはその映画を何回見たことがありますか。

(3)ケンは昼食を食べたいと思っています。マイクはすでに昼食を食べてしまいましたが，ジョンはまだ昼食を食べていません。そこでケンはジョンと昼食を食べるつもりです。

質問：だれが昼食を食べましたか。

❷ (1)twenty　(2)No, hasn't
(3)station　(4)Next Sunday

ココを聞きトレ⑥　現在完了形の完了用法と経験用法でよく使われる語に注意して聞き取ろう。already は完了用法と，ever や never は経験用法といっしょによく使われることに注意。

英文　*Ryo*：R, *Kate*：K

R : Hi, Kate. I hear you like Japanese comic books.

K : Yes, Ryo. I've already read twenty Japanese comic books.

R : Great. Have you ever been to City Library? It has a lot of comic books.

K : Really? I've never been there. Where is it?

R : It's near the station. Why don't you go there with me next Sunday?

K : That's a good idea. I'm excited.

Q : (1)How many Japanese comic books has Kate read?

(2)Has Kate ever visited City Library?

(3)Where is City Library?

(4)When are Ryo and Kate going to visit the library?

日本語訳

R：やあ，ケイト。きみは日本のマンガが好きだと聞いたよ。

K：ええ，リョウ。私はすでに20冊の日本のマンガを読んだわ。

R：すごいね。きみは市立図書館に行ったことはある？　たくさんマンガがあるよ。

K：ほんと？　私はそこには行ったことがないわ。どこにあるの？

R：駅の近くだよ。次の日曜日にぼくといっしょに行くのはどう？

K：いい考えね。わくわくするわ。

質問(1)ケイトは日本のマンガを何冊読みましたか。

(2)ケイトは市立図書館を訪れたことがありますか。

(3)市立図書館はどこにありますか。

(4)リョウとケイトはいつ図書館を訪れる予定ですか。

② 現在完了形（継続用法）／現在完了進行形

❶ (1)エ　(2)ウ　(3)イ

ココを聞きトレ⑤　現在完了形の継続用法と現在完了進行形を注意して聞き取ろう。期間をどのように表しているのかを聞き取るのも重要なポイント。

英文 (1)Tom lived near the lake before his family moved to a new house two years ago. It is near a park. He still lives there now.

Q: Where has Tom lived since two years ago?

(2)Emma arrived in Japan on July 2. She visited me on July 7. Today is July 12. She will leave Japan on July 22.

Q: How long has Emma been in Japan?

(3)Meg is fifteen years old. She started playing the piano when she was five. She practices two hours a day. She has been on the tennis team for two years.

Q: What has Meg been playing for ten years?

日本語訳 (1)トムは家族が2年前に新しい家に引っ越す前，湖の近くに住んでいました。それは公園の近くです。彼は今もそこに住んでいます。

質問：トムは2年前からずっとどこに住んでいますか。

(2)エマは7月2日に日本に着きました。彼女は7月7日に私を訪れました。今日は7月12日です。彼女は7月22日に日本を去る予定です。

質問：エマはどのくらいの間日本にいますか。

(3)メグは15歳です。彼女は5歳のときにピアノをひき始めました。彼女は1日に2時間練習します。彼女はテニス部に2年間所属しています。

質問：メグは10年間ずっと何をしていますか。

② (1)3年間 (2)働きたい (3)外国に住むこと
(4)異文化を理解すること

ココを聞きトレ⑤ 現在完了形の継続用法と現在完了進行形の意味を正しく聞き取ろう。現在完了形の継続用法はある状態が続いていることを，現在完了進行形はある動作が続いていることを表す。

英文 Hi, Everyone. My name is Mike. I'm interested in Japanese culture. I've been studying Japanese for three years. Actually, it's a little difficult for me to learn Japanese, but I like learning new things. I want to work in Japan in the future.

My aunt lives in Thailand. She has lived there for about five years. She lived in India before she went to Thailand. She likes working with people from other countries. She says living in foreign countries teaches us a lot of things. I think it's very important to understand different cultures.

日本語訳 こんにちは，みなさん。私の名前はマイクです。私は日本の文化に興味があります。私は3年間ずっと日本語を勉強しています。実は，私には日本語を学ぶことは少し難しいですが，新しいことを学ぶのは好きです。私は将来，日本で働きたいです。

私のおばはタイに住んでいます。彼女は約5年間そこに住んでいます。彼女はタイに行く前はインドに住んでいました。彼女は他国出身の人々と働くのが好きです。彼女は外国に住むことは多くのことを私たちに教えてくれると言っています。私は異文化を理解することはとても重要だと思います。

③ SVOO (that 節)

① エ

ココを聞きトレ⑥ 2つの目的語がある文の2つ目の目的語がthat節になる場合があることに注意しよう。showはこの形でよく使われる動詞の1つ。

英文 *Steve*：S，*Beth*：B

S：Did you see Kate yesterday, Beth?

B：Yes. I played tennis with her. She talked about your brother. Is he on the baseball team, Steve?

S：Yes. He is a very good player.

B：Do you play baseball, too?

S：No. I'm on the basketball team.

B：Really? That team has a lot of good players.

S：That's right. I want to be a starter, so I have to show the coach that I can play very well.

Q：What does Steve have to show the coach?

日本語訳
S：昨日ケイトに会ったの，ベス？

B：ええ。彼女とテニスをしたよ。彼女があなたのお兄さんのことを話してたよ。彼は野球部に所属しているの，スティーブ？

S：うん。彼はとてもうまい選手だよ。

B：あなたも野球をするの？

S：いや。ぼくはバスケットボール部に所属してるよ。

B：本当？　チームにはいい選手がたくさんいるでしょ。

S：そのとおり。先発メンバーになりたいから，コーチにとてもうまくプレーできることを見せなきゃいけないんだ。

質問：スティーブはコーチに何を見せなければいけませんか。

❷ (1)four months ago　(2)do their best　(3)performed very well

ココを聞きトレ⑥　that節が動詞の目的語になる場合，thatはふつう弱く発音されることに注意。また，省略される場合もあることも頭に入れておく。

英文

Yumi is in her school's brass band. It held a concert four months ago. The performance wasn't very good. Yumi's music teacher is Ms. Tanaka. She told the members of the band that they should do their best to make their performance better. Her words made them strong and positive.

Yumi and the other members practiced very hard to prepare for the next concert. It was held last Sunday. They performed very well this time. Everyone was smiling at the end of the concert. It was a very exciting experience for Yumi.

Q：(1)When was the first concert held?
(2)What did Ms. Tanaka want the members of the brass band to do?
(3)Why was everyone smiling at the end of the second concert?

日本語訳

ユミは学校のブラスバンド部に所属しています。4か月前にコンサートを開きました。その演奏はあまりよくなかったのです。ユミの音楽の先生はタナカ先生です。彼女は部員に，演奏をよりよくするために最善を尽くすべきだと言いました。彼女の言葉は彼らを強く，積極的にしました。

ユミと他の部員は，次のコンサートに備えるためにとても熱心に練習しました。それはこの前の日曜日に開かれました。今回，彼らはとてもうまく演奏しました。コンサートの最後では，みんなほほえんでいました。それはユミにとって，とても興奮した経験でした。

質問(1)1回目のコンサートはいつ開かれましたか。

(2)タナカ先生はブラスバンド部員にどうしてもらいたかったのですか。

(3)2回目のコンサートの最後で，みんながほほえんでいたのはなぜですか。

④ 不定詞を含む表現

❶ (1)×　(2)○　(3)○

ココを聞きトレ⑥　不定詞を含む表現を正しく聞き取ろう。〈It is … for＋人＋to ～.〉の文では，itに「それ」という意味はなく，toからあとの「～すること」が主語になるので注意。

英文　(1)Emma was very busy, so she asked Mike to help her clean the kitchen.
(2)It is difficult for Jun's mother to make dinner this evening. She wants Jun to make dinner.
(3)It is easy for Kana to study English and Japanese. It is necessary for her to study math harder.

日本語訳　(1)エマはとてもいそがしかったので，マイクに彼女が台所を掃除するのを手伝ってくれるように頼みました。
(2)ジュンのお母さんにとって今晩，夕食を作ることは難しいです。彼女はジュンに夕食を作ってほしいと思っています。
(3)カナにとって英語と国語を勉強することは簡単です。彼女は数学をもっと一生懸命，勉強する必要があります。

❷ (1)ウ　(2)エ

ココを聞きトレ⑥　男性の指示内容から，病院の位置とケイトの次の行動を推測しよう。不定詞を含む表現や位置を表す表現を正しく聞き取ること。

英文　*Kate*：K, *Man*：M

K：Excuse me. Could you tell me how to get to the hospital?

M：Sure. You can walk, but it's easier for you to take a bus.

K：I see. Do you know where to take the bus?

M：Yes. There's a bus stop at the next corner. Take the bus which goes to the station.

K：OK. How many stops from here?

M：Get off at the fifth stop. Shall I help you carry your bag to the bus stop?

K : Oh, thank you very much. You're so kind.

Q : (1)Where is the hospital?

(2)What will Kate do next?

日本語訳

K：すみません。病院への行き方を教えてもらえますか。

M：もちろん。歩くこともできますが，バスに乗るほうがあなたには簡単です。

K：わかりました。どこでバスに乗ればよいかわかりますか。

M：はい。次の角にバス停があります。駅に行くバスに乗ってください。

K：わかりました。ここからいくつ目のバス停ですか。

M：5つ目のバス停で降りてください。バス停まであなたのかばんを運ぶのを手伝いましょうか。

K：まあ，どうもありがとうございます。ご親切ですね。

質問(1)病院はどこにありますか。

(2)ケイトは次に何をしますか。

⑤ 分詞

❶ ケン：ア　エミ：オ　ユウタ：ウ　アヤ：カ

ココを聞きトレ⑤　名詞の後ろにある動詞のing形で始まる語句は，その名詞について説明している。人名に注意して，その人物が何をしている人なのかを正しく聞き取ろう。

英文

There are some people in this picture. The boy riding a bike is Jun. Aya is the girl running with a dog. The girls singing a song are Emi and Rika. Rika is also playing the guitar. The boys eating lunch under the tree are Shinji and Yuta. Yuta is wearing a cap. Ken is the boy taking pictures of birds.

日本語訳

この絵には何人かの人がいます。自転車に乗っている男の子はジュンです。アヤはイヌと走っている女の子です。歌を歌っている女の子たちはエミとリカです。リカはまたギターをひいています。木の下で昼食を食べている男の子たちはシンジとユウタです。ユウタは帽子をかぶっています。ケンは鳥の写真をとっている男の子です。

❷ (1)イ　(2)エ

ココを聞きトレ⑥　名詞の後ろに続く説明の語句に注意。現在分詞や過去分詞，前置詞などがつくる句が名詞を説明している。登場人物が多いので，だれが何をしたかを整理しながら聞こう。

英文

Hi, everyone. I'm Takashi. Yesterday was my birthday. My family and friends had a party for me. My father gave me a watch made in Japan. It looked very nice. Mike gave me a book written in English. I think I can read it if I use a good dictionary. My brother gave me a CD of my favorite singer. Koji played the guitar and Yuki sang some songs. We ate the cake made by my mother. It was delicious. These are the pictures taken by Kana at the party. Everyone had a good time. Thank you.

Q : (1)What did Takashi get from Mike?

(2)What did Kana do for Takashi at the party?

日本語訳

こんにちは，みなさん。ぼくはタカシです。昨日はぼくの誕生日でした。家族と友だちがぼくのためにパーティーを開いてくれました。父はぼくに日本製の時計をくれました。それはとてもすてきに見えました。マイクはぼくに英語で書かれた本をくれました。よい辞書を使えば，ぼくはそれが読めると思います。兄はぼくの大好きな歌手のCDをぼくにくれました。コウジはギターをひき，ユキは何曲か歌を歌ってくれました。ぼくたちは母の作ってくれたケーキを食べました。それはおいしかったです。これらはパーティーでカナがとってくれた写真です。みんな楽しい時を過ごしました。ありがとう。

質問(1)タカシはマイクから何をもらいましたか。

(2)カナはパーティーでタカシのために何をしましたか。

⑥ 関係代名詞

❶ (1)イ　(2)キ　(3)オ　(4)エ

ココを聞きトレ⑥　名詞の後ろにあるwho，which，thatで始まる語句は，その名詞について説明している。説明されている名詞がどんな人や動物なのかを正しく聞き取ろう。

英文 (1)This is a person who works in a hospital and takes care of sick people.

(2)This is an animal which we can see in Australia. It jumps very well.

(3)This person is someone who cooks food as a job at a restaurant.

(4)This is the largest animal that lives in the sea. It looks like a fish.

日本語訳 (1)これは病院で働き，病気の人々の世話をする人です。

(2)これはオーストラリアで見ることができる動物です。それはとても上手に跳びます。

(3)この人は，レストランで仕事として食べ物を料理するだれかです。

(4)これは海に住む最も大きい動物です。それは魚のように見えます。

2 (1)教師　(2)8　(3)4　(4)医師

ココを聞きトレ⑥ 職業の名前と，その職業につきたい生徒の人数を正しく聞き取ろう。whoで始まる語句が，直前にある名詞について説明していることに注意。

英文 *Kumi* : K, *Mike* : M

K : Mike, we talked about our future jobs in class last week, right?

M : Yes, Kumi. Thirteen students want to be sports players. There are eight students who want to be baseball players.

K : Right. And there are five students who want to be soccer players.

M : Yes. There are four students who want to be musicians and there are three students who want to be doctors.

K : Well, I'm one of them. The most popular job is teacher. Nine students want to be teachers. And six answered other jobs.

M : That's right. I hope everyone's dream will come true!

日本語訳

K : マイク，私たちは先週，授業で将来の職業について話したわね。

M : うん，クミ。13人の生徒がスポーツ選手になりたがっているよ。野球選手になりたい生徒が8人いる。

K : そうね。そしてサッカー選手になりたい生徒が5人いるわね。

M : うん。ミュージシャンになりたい生徒は4人，医師になりたい生徒は3人いるね。

K : ええと，私もその1人よ。最も人気のある職業は教師ね。9人の生徒が教師になりたいと思っているわ。そして6人はほかの職業を答えたわね。

M : そのとおり。みんなの夢が実現するといいな！

⑦ 仮定法

1 イ

ココを聞きトレ⑥ 仮定法の文では，現在の状況と異なる想定を述べるのに過去形を使うことに注意。主語が何であってもbe動詞は原則的にwereとなる。

英文 *Bob* : B, *Meg* : M

B : Hi, Meg. Where are you going?

M : I'm going to the museum. How about you, Bob?

B : I'm on my way home from the post office.

M : The weather hasn't been very good since yesterday.

B : I don't like rainy days. If it were hot and sunny today, I would go swimming in the sea.

M : I like rainy days. I like taking pictures of flowers in the rain.

Q : What does Bob want to do?

日本語訳

B : やあ，メグ。どこへ行くの？

M : 美術館へ行くところよ。あなたはどう，ボブ？

B : 郵便局から家に帰るところだよ。

M : 昨日からずっと天気があまりよくないね。

B : 雨の日は好きじゃないよ。今日晴れて暑かったら，海へ泳ぎに行くのに。

M : 私は雨の日が好きよ。雨の中の花の写真をとるのが好きなの。

質問：ボブは何がしたいと思っていますか。

2 イ，オ

ココを聞きトレ⑥ I wish ～の形の仮定法の意味を正しく聞き取ろう。現実とは異なる願望を表すときに，wishの後ろでは動詞・助動詞が過去形にな

ることに注意。

英文 *Mary :* M, *Josh :* J

M *:* Hi, Josh. I went to your sister's concert last Saturday. It was amazing.

J *:* Really? She'll be happy to hear that, Mary.

M *:* She is definitely a great singer. I like her sweet voice. I wish I could sing like her.

J *:* She plays the piano, too. She really loves music.

M *:* Do you like music, too?

J *:* Actually, I don't. I'm not good at singing. I like going camping in the mountains.

M *:* Oh, I didn't know that. My father sometimes climbs mountains on weekends. He likes watching birds. How about you?

J *:* I like watching the stars better.

日本語訳

M：こんにちは，ジョシュ。この前の土曜日にあなたのお姉さんのコンサートに行ったよ。すばらしかったわ。

J：本当？ それを聞いたら彼女は喜ぶよ，メアリー。

M：彼女は絶対にすばらしい歌手よ。彼女の甘い声が好き。私も彼女のように歌えたらいいのに。

J：彼女はピアノもひくよ。彼女は本当に音楽が大好きなんだ。

M：あなたも音楽が好き？

J：実はそうじゃないんだ。歌うのが得意じゃないし。ぼくは山へキャンプをしに行くのが好きなんだ。

M：あら，それは知らなかった。父がときどき週末に山に登るよ。彼はバードウォッチングが好きなの。あなたはどう？

J：ぼくは星を見るほうが好きだよ。

⑧ その他の文

❶ (1)イ　(2)ア　(3)エ

ココを聞きトレ⑥　会話の最後の文をよく聞いて，次にくる応答を推測しよう。whoやwhat time, whatのような疑問詞が，何が話題になっているかを特定するための重要なヒントになるので，注意して聞き取ろう。

英文 *Man :* M, *Woman :* W

(1)M *:* Miki, your brother is over there.

W *:* Oh, you're right. He's talking with a girl. Do you know who she is?

M *:* (　　　)

(2)W *:* I hear this movie is very good. I want to see it tonight.

M *:* Me, too. But I don't know what time it will start.

W *:* (　　　)

(3)M *:* Hi, Becky. This is my cat. I got it from my aunt yesterday.

W *:* Oh, it's very cute. What do you call it?

M *:* (　　　)

日本語訳

(1)M：ミキ，あそこにきみの弟がいるよ。

W：あら，ほんとね。女の子と話しているわ。あなたは彼女がだれか知ってる？

(2)W：この映画はとてもいいと聞くわ。今晩それを見たいんだけど。

M：ぼくもさ。でも，何時に始まるか知らないんだ。

(3)M：やあ，ベッキー。これはぼくのネコだよ。昨日おばからもらったんだ。

W：まあ，とてもかわいいわね。何と呼ぶの？

❷ ア，オ

ココを聞きトレ⑥　電話の表現，Can I ～?のような申し出，Can you ～?のような依頼の表現に注意。2人の電話のやりとりから，状況や依頼の内容を正しく聞き取ろう。

英文 *Rika :* R, *Tom's mother :* M

R *:* Hello. This is Rika. May I speak to Tom, please?

M *:* Hello, Rika. This is his mother. I'm afraid he's out but I don't know where he is. Can I take a message?

R *:* Yes, please. I want to know what he wants for his birthday. Can you ask him to call me back?

M *:* All right. I'll tell him to call you, but I'm sure any present will make him happy, Rika.

R *:* Oh, I hope so. Thank you very much.

日本語訳

R：もしもし。リカです。トムをお願いします。

M：こんにちは，リカ。彼の母です。彼は外出していると思うけれど，どこにいるかわからないの。伝言を伝えましょうか。

R：ええ，お願いします。私は誕生日に彼は何がほしいか知りたいんです。私に電話をかけ直すように，彼に頼んでもらえますか。

M：わかりました。彼にあなたに電話をするように言うわね。でもきっと，彼はどんなプレゼントでも喜ぶと思うわ，リカ。

R：まあ，そうだといいのですが。どうもありがとうございます。

⑨ 3年間の総復習①

❶ (1)エ　(2)ウ　(3)ウ

`ココを聞きトレ⑥` 質問への答えの選択肢から，それがどんな質問か予測しよう。そしてそれを頭に入れて英文を聞こう。

英文 (1)David was talking with Meg on the phone when George arrived at the station. They talked about Lucy and Patty on the train.

Q：Who was David talking with on the phone?

(2)Jack is a member of a volleyball team. He is going to meet Jane to ask her to write a song for the team.

Q：What does Jack want Jane to do?

(3)I have three dogs. They are Sora, Gonta and Kurumi. Sora is bigger than Kurumi. Gonta is the biggest of the three. My uncle's dog is Hana. Kurumi is bigger than Hana.

Q：Which is the smallest dog of the four?

日本語訳 (1)ジョージが駅に着いたとき，デイビッドはメグと電話で話していました。彼らは電車の中で，ルーシーとパティーについて話しました。

質問：デイビッドは電話でだれと話していましたか。

(2)ジャックはバレーボールのチームの一員です。彼はチームのために歌を書いてくれるように頼むために，ジェーンと会うつもりです。

質問：ジャックはジェーンに何をしてほしいのですか。

(3)私はイヌを3匹飼っています。彼らはソラ，ゴンタとクルミです。ソラはクルミより大きいで

す。ゴンタは3匹の中で最も大きいです。おじのイヌはハナです。クルミはハナより大きいです。

質問：4匹の中で最も小さいイヌはどれですか。

❷ (1)有名な歌手　(2)40年前
(3)動物園　(4)大好きな

`ココを聞きトレ⑥` まとめの文の空所にどのような情報が入るか予測しながら，英文を聞こう。まとめの日本文は英文の直訳ではなく，要約になっているので，英文の中からポイントを正しくつかむようにしよう。

英文 *Brian：*B, *Susie：*S

B：Have you ever read this book, Susie?

S：No. Is it interesting, Brian?

B：Yes. I really like it. It was written by a famous singer.

S：Can I borrow it?

B：Sure.

S：Thanks. Anyway, look at this photo. My grandfather took it forty years ago.

B：Do you know where he took it?

S：At the City Zoo.

B：Is the boy holding a banana your father?

S：You're right. Bananas have been his favorite food since he was a little child.

日本語訳

B：この本を読んだことある，スージー？

S：いいえ。それはおもしろいの，ブライアン？

B：うん。本当に気に入ってるよ。それは有名な歌手によって書かれたんだよ。

S：それを借りてもいい？

B：もちろん。

S：ありがとう。ところで，この写真を見て。祖父が40年前にこれをとったの。

B：彼がそれをどこでとったか知ってる？

S：市立動物園でだよ。

B：バナナをにぎっている男の子は，きみのお父さんかい？

S：そのとおり。バナナは小さい子どものときから彼が大好きな食べ物よ。

⑩ 3年間の総復習②

❶ エ

`ココを聞きトレ⑥` ケンと母の2人の行動とそれをす

る時間の聞き取りがポイント。2人がいつ，どんな行動をするかに注意しながら，ケンの行動とその時間を正しく表しているものを選ぼう。

英文 *Ken's mother* : M, *Ken* : K

M : Ken, what time will you leave home tomorrow morning?

K : At six thirty.

M : Oh, you have to get up very early. Do you have any homework to do today?

K : Yes. I'm going to finish it by seven.

M : Is there anything that you want me to do?

K : Can you make me some sandwiches? I'll eat them before I leave tomorrow.

M : Sure.

日本語訳

M：ケン，明日の朝は何時に家を出るの？

K：6時30分だよ。

M：まあ，あなたはとても早く起きなきゃいけないわね。今日やる宿題はあるの？

K：うん。7時までに終わらせる予定だよ。

M：私にしてほしいことはある？

K：ぼくにサンドイッチを作って。明日出発する前にそれを食べるつもりだよ。

M：わかったわ。

❷ (1)feels great　(2)goes skiing
　　(3)Since, was

ココを聞きトレ❻　質問に対する応答文を見て，ヒントになりそうな語句を探そう。そしてそれらに注意しながら英文を聞き取ろう。

英文

Hello, Everyone. I'm Sarah. I'm going to talk about myself and my family. What is your favorite thing to do? Mine is riding a bicycle. It really makes me happy. It makes my body stronger, too. I feel great when I ride a bicycle.

My father is a fire fighter and my mother is a nurse. They work for people who need help. My father often goes skiing in winter. My mother likes watching movies.

My brother is a university student. He studies computer science. He has been interested in computers since he was in elementary school.

Q : (1)How does Sarah feel when she rides a bicycle?

　　(2)What does Sarah's father often do in winter?

　　(3)How long has Sarah's brother been interested in computers?

日本語訳

こんにちは，みなさん。私はサラです。私自身と家族について話します。みなさんはどんなことをするのが好きですか。私の好きなことは自転車に乗ることです。それは私をとても楽しい気持ちにさせます。それは私の体をより強くもします。自転車に乗ると，とてもいい気分になります。

父は消防士で，母は看護師です。彼らは助けが必要な人々のために働いています。父はよく冬にスキーに行きます。母は映画を見るのが好きです。

兄は大学生です。彼はコンピュータ科学を学んでいます。彼は小学生のころから，ずっとコンピュータに興味を持っています。

質問(1)自転車に乗っているときに，サラはどう感じますか。

　　(2)サラの父は冬によく何をしますか。

　　(3)サラの兄はどのくらいの間，コンピュータに興味を持っていますか。

英作文にチャレンジ！
〈解答〉

❶ This graph shows the number of dogs and cats kept as pets in Japan. According to the graph, the number of dogs was larger than that of cats in 2015. The number of dogs has been decreasing for the last several years and has been smaller than that of cats since 2017.

英作力UP↗　まず，何についてのグラフかについて説明する文から始め，そこから読み取れることを具体的に説明していく。2つのものの数値の推移を表すグラフなので，比較級や現在完了形の継続用法，現在完了進行形などを使って表せばよい。

❷ In Japan, May 5 is a national holiday known as Children's Day. People pray for their children's good health. Kashiwamochi is one of the traditional foods eaten on this day. It is wrapped with the leaf of a tree called kashiwa in Japanese.

英作力 UP♪　まず，「こどもの日」の基本的な情報を伝える文から始める。そして２文目以降に，この日の意味や習慣などを説明する文を続ける。

❸ (1)I am looking forward to walking in the beautiful mountains with you. (2)I want you to show me around the places you like. (3)Could you tell me what your parents like to do?

英作力 UP♪　(1)「楽しみにしていること」は，例えばlook forward to ～を使って表すことができる。～に動詞がくる場合はing形にする。このほかにもIt is exciting for me to ～などの表現も使える。　(2)「相手にしてもらいたいこと」は，〈want＋人＋to＋動詞の原形〉を使って表せる。(3)「相手の家族のこと」は，間接疑問文などを使って表せばよい。「～してほしい」と頼む場合は，Could you ～?の形で表すことができる。

❹ I do not think that junior high school students should read newspapers every day. I have two reasons. First, newspapers are less useful than the Internet. We can easily get the latest information from the Internet. Second, we can read the news without paying for it on the Internet. That helps us save money. I do not think that it is necessary to read newspapers every day.

英作力 UP♪　まず，賛成か反対のどちらの立場をとるかを表す文から始める。理由を含めるという条件があるので，２文目からは理由について述べてゆけばよい。60語程度という語数制限に合うように，理由の数を１つにするか２つ以上にするか決める。最後に，論題に対する自分の考えを述べる。

❺ This map shows where you should go in an emergency. You should walk to the shelters instead of using cars. You should not go to Sakura Junior High School if a large fire happens. You should not go to Midori Stadium in case of heavy rain.

英作力 UP♪　まず，地図が何を伝えているかを説明する文から始める。これに続けて，注意書きが表す内容をまとめる。日本語の表現をそのまま英語にするのが難しいと感じたら，自分の力で表せそうな表現に置きかえてから英文にすればよい。

❻ If I could sing like my favorite singer, I would lead my own band. I want to write songs which make a lot of people happy. I wish people around the world would love my songs.

英作力 UP♪　まず質問への返答として，「～ならば…するだろう」というIf ～，I would …の形の仮定法の文を作る。そして，２文目と３文目のどちらかがI wish ～の仮定法の文となるように，全体を構成する。

A

訪問歯科診療

―歯科医師のためのリスク評価実践ガイド―

一般社団法人　日本有病者歯科医療学会編

協　力：公益社団法人　日本歯科医師会　　　執筆者：田中　彰、宮田　勝、森本佳成、山口　晃
監　修：今井　裕、栗田　浩　　　　　　　　　　　　　吉川博政、山田慎一、柳本惣市、林　恵美

学　術　社

序　文

　現在、我が国では大規模な社会構造の変化が進行していることにより、あらゆる分野において対応が迫られています。とりわけ、医療分野においては超少子高齢社会の到来に伴う疾病構造の変化に対し、国は従来の「治す医療」からより QOL を重視した「治し・支える医療」への転換を推進しています。具体的には、在宅等住み慣れた地域の中で「病院中心の医療から多職種連携による地域全体で患者等の生活を支え、診ていく医療（地域包括ケアシステム）」へと、医療の在り方についてパラダイムの変換を求めています。つまり、医療と介護の連携を強く打ち出し、国民が安心して医療や介護サービスにアクセスできるように在宅医療を支える医療制度を推進しているのです。

　歯科においても、この新たに国が提案する「地域包括ケアシステム」のなかで、医療・介護を専門とする多職種と連携した新たな歯科医療供給が求められ、当然のことながら在宅歯科診療の実践が求められています。しかしながら、実施歯科診療のなかで在宅歯科診療の実践は、様々な要因により困難性が指摘されているのが現状です。

　こうしたなか、2017 年「経済財政運営と改革の基本方針 2017（所謂、骨太方針・内閣府）」に、初めて在宅歯科医療を含めた歯科口腔保健に関する政策が組み込まれました。そして、厚労省内に設置された「全国在宅医療会議」で歯科領域も議論の対象になったことから、「在宅歯科診療」について論点整理が必要となり、（公社）日本歯科医師会（以下、日本歯科医師会）ならびに日本歯科医学会（以下、歯科医学会）は、「在宅歯科診療」における課題を協議することになりました（「在宅歯科診療に関する検討委員会」）。小職もそのメンバーの一人として参画させていただきましたが、協議終了後、そのご縁もあり歯科医学会を通して日本歯科医師会（担当：副会長 佐藤　保先生）に、訪問歯科治療に際して予てからの課題である全身の評価および処置の判断目安を策定すべく調査研究を目的に、日本歯科医師会会員の先生方へのアンケート調査をお願いしたところ、ご快諾いただきました。佐藤先生は、ご多忙の上、大変な作業にも関わらず、労を厭わず積極的にご指導賜り、貴重なデーターをご提供賜りました（参考資料参照）。そして、その貴重な資料を基に当学会調査企画ガイドライン推進プロジェクト委員会（委員長 栗田　浩 信州大学教授）を中心に「訪問歯科診療―リスク評価実践マニュアル―」の編纂がなされ、この度上梓にいたりました。ここに改めて、佐藤先生ならびに日本歯科医師会の関係各位に衷心より感謝申し上げる次第です。

　本書は、単なる医学的知識の羅列とは異なり、訪問歯科診療において行うべき全身の評価方法、モニタリング、感染防止対策などの概要を示すとともに、歯科処置を行う際に考慮すべき内容や救急時の対応などを概説したものです。実際に行われる治療方針や治療内容は、患者個々の状況や状態により判断されるものですが、本書が多職種との連携を深め、適切な在宅歯科治療を提供するための一助となり、何よりも国民の健康に寄与するならば望外の喜びであります。

　終わりにあたり、本書の完成に携わっていただきました調査企画ガイドライン推進プロジェクト委員会の先生方に厚くお礼申し上げますとともに、出版の労をお取りいただいた学術社担当諸氏の多大なるご協力とご高配に心より感謝申し上げます。

令和 2 年 4 月吉日　未曾有の新型コロナウイル禍の最中に記す

（一社）日本有病者歯科医療学会

理事長　今井　裕

はじめに

　日本はかつて無い高齢化社会を急速な速度で迎えています。歯科医療においても、この高齢化社会への対応が求められています。また、医療の急速な進歩により、基礎疾患を有した患者さんもが社会復帰可能な状況となっています。それに伴い、口腔に偏りがちであった歯科医療従事者の目も、否応なしに患者さんの全身に向けざるを得ない状況です。

　この度、一般社団法人日本有病者歯科医療学会では、「訪問歯科診療全身評価実践ガイド」を作成いたしました。このガイドは、訪問診療の現場においては、全身状態の把握、治療方針の決定、治療時のモニタリング、救急時の対処等に関して、有用な情報を提供するものです。本ガイドの作成にあたっては、まず、日本歯科医学会、および、日本歯科医師会のご協力を頂き、前線でご活躍の歯科医師会の先生方に、訪問診療に関する現状の問題点等のアンケート調査をおこなわせて頂きました。その結果に関しては附録2に記載しておりますので、是非ご覧下さい。その際に、先生方から訪問診療の現場でお困りの点を教えて頂き、訪問歯科診療ガイドラインが扱うべき Clinical Question（CQ）も調査させて頂きました。そのCQでは、患者さんの全身状態の評価に関する項目や、訪問歯科診療において処置可能か否かの判断基準に関する項目が多くありました。

　本ガイドの作製委員会で検討した結果、CQに関してガイドラインを作成するほどのエビデンスが無いことから、【実践ガイド】という形で、情報を提供することと致しました。本実践ガイドの内容はあくまでも、教科書的な知識をまとめたものです。実際の治療方針、治療内容の適否に関しては、実際の現場における判断を優先して下さい。また、各疾患個々における対処に関しては、いわゆる有病者の歯科治療に関する教科書などをご参照下さい。

　本ガイドは、訪問診療に限らず、歯科医院においても全身状態の評価等にお役立て頂けると思います。また、多職種連携の場においても情報交換のツールとしてお役立て頂けると思います。

　最後になりますが、アンケート調査および本ガイドの作成にご協力を頂きました、日本歯科医師会、および、日本歯科医学会の関係諸兄に心より深謝申し上げます。本ガイドがひろく歯科医療の現場で活用されることを祈っております。

一般社団法人　日本有病者歯科医療学会調査企画ガイドライン推進プロジェクト委員会

委員長：栗田　　浩

目　次

■各論

総論

Ⅰ 訪問歯科診療患者の背景

　日本老年歯科医学会が作成した在宅歯科医療の基本的考え方2016[1]では、訪問歯科診療の対象患者として1）通院困難な者、2）生活環境での対応が必要、もしくはより望ましいと判断される者となっている。厚生労働省 第369回中央社会保険医療協議会の資料によると歯科訪問診療料が算定されている患者の年齢分布は、85〜89歳が最も多く、75歳以上の後期高齢者の割合が約84%を占めている（**図1**）。また歯科訪問診療を実施した患者の全身的な疾患は、脳血管障害が76.3%で最も多く、次に認知症が70.7%であり、さらに全体の約6割が心疾患や高血圧疾患、その他呼吸器疾患、糖尿病、パーキンソン病などを有している（**図2**）。すなわち、対象患者の多くは高齢者で全身疾患を有しており治療時のリスクが高い患者である。したがって、患者の全身状態の評価、歯科口腔処置のストレス評価、生体反応のモニタリングが必須である。

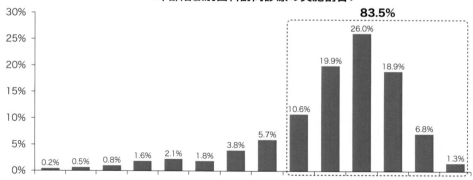

○歯科訪問診療料が算定されている患者の年齢は、85〜89歳が最も多く約25%であった。
○また、75歳以上の後期高齢者の割合が約84%を占めていた。

＜年齢階級別歯科訪問診療の実施割合＞

歯科訪問診療料算定患者数（平成28年5月診療分）の総数：443,076人

図1　歯科訪問診断料が算定されている患者の年齢分布（厚生労働省 第369回中央社会保険医療協議会資料（www.mhlw.go.jp/file/05-Shingikai-12404000-Hokenkyoku-Iryouka/0000184390.pdf）より引用）

○歯科訪問診療を実施した患者の全身的な疾患は、脳血管障害が76.3%で最も多く、次いで認知症が70.7%であった。
○また、高血圧性疾患や心疾患は約6割であった。

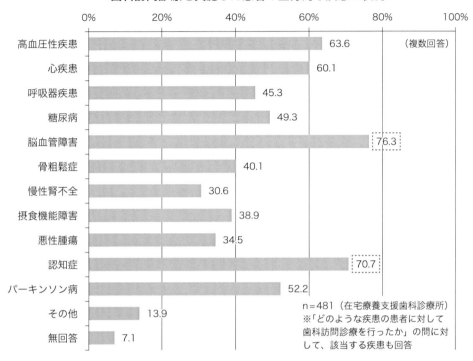

図2 歯科訪問診療を実施した患者の状態像（厚生労働省 第369回中央社会保険医療協議会資料（www.mhlw.go.jp/file/05-Shingikai-12404000-Hokenkyoku-Iryouka/0000184390.pdf）より引用）

引用文献

1）日本老年歯科医学会編集：在宅歯科医療の基本的考え方 2016．日本老年歯科医学会 2016．

Ⅱ　全身状態の評価

1　医療面接（問診）・情報収集

　訪問歯科診療に際しては、事前の全身状態に関連する医療情報の入手は必須である。治療の対象者が各種障害により、意思の疎通が困難で、認知機能の低下が認められることもあり、家族（主たる介護者）や施設職員、介護支援専門員等の立会いが必要である。医療面接は、患者（家族）との信頼関係の確立や治療効果を高めるための説明と教育の機会であるとともに、患者からの貴重な情報入手の場である[1]。必要な医療情報、患者の生活習慣、社会歴、性格に加え、患者や家族の歯科治療に関する希望や考え方を聴取し、理解度や協力度を把握する。要介護高齢者は、複数の全身疾患に罹患し、全身的な既往疾患も多く、何らかのアレルギー歴も保有していることもあるので、医療面接のみで、既往歴を含む十分な医療情報が得られないことが多い。在宅療養を担う主治医に診療情報提供を求めることが重要となる。既往歴で特に留意すべき疾患を**表 1** に示す。

　急性期病院から在宅療養に移行する際に、地域連携クリティカルパスの適用や退院時カンファレンスが行われることがある。これらは、必要な医療情報を的確に入手し、共有することができる貴重な機会となるため、積極的に参画することが望ましい。退院時カンファレンスは、退院時共同指導として保険収載されている。患者（利用者）に関係する多職種が一同に介して、ケアプランや情報を共有する場であるので、「顔の見える連携関係」を構築する好機であり、訪問歯科診療の必要性を、介護支援専門員を含む多職種に理解を求め、全身状態や病状に変化があった際には、情報を得やすい環境となる。

■既往歴

表 1　既往歴聴取において留意すべき高齢者に発現する主な疾患

心不全	逆流性食道炎
虚血性心疾患	慢性腎臓病
脳血管障害	認知症
動脈硬化	Parkinson 病（Parkinson 症候群）
高血圧・低血圧	貧血
肺炎・誤嚥性肺炎	骨髄異形成症候群
慢性閉塞性肺疾患（COPD）	白血病（急性骨髄性白血病、慢性骨髄性白血病）
糖尿病	悪性リンパ腫
脂質異常症	多発性骨髄腫
甲状腺機能低下症・亢進症	自己免疫疾患
骨粗鬆症	各種感染症
関節疾患	
ロコモティブシンドローム	

2　薬剤の確認

　訪問歯科診療の対象となる要介護高齢者は、複数の慢性疾患を有し、複数の診療科における多剤併用（polypharmacy）による重複処方や相互作用、さらに長期連用により蓄積される有害事象（食欲不振や嚥下障害も含む）の発現リスクが潜在することから、服用薬剤の確認は必須である。処方薬には、歯科で処方される抗菌薬、消炎鎮痛薬、あるいは抗真菌薬などと相互作用を有することや、併用禁忌や併用注意の薬剤があるほか、服用により出血傾向や易感染性、創傷治癒遅延傾向、薬剤関連顎骨壊死などの発症リスクを高める薬剤があるので、必ず確認する。

　処方内容の確認は、一般的には「おくすり手帳」で確認できるが[1]、複数の医療機関で処方されている場合は、記載漏れがあり得るので注意を要する。また、注射薬は「おくすり手帳」に記載されていないことが多いので注意が必要である。配慮を要する薬物がある場合は、病状、処方期間を含めて主治医との連携（情報提供依頼）が重要である。服用薬剤が多剤にわたる際には、一包化されていることがあり、薬物名が不明なこともある。その際は、調剤薬局や訪問看護師が服薬指導を担当していることもあるため、訪問看護ステーションへの問い合わせも有用である。

　また、近年では訪問薬剤師が、一括して処方薬を管理、指導していることがあり、薬物名を含めた各種情報提供を依頼することが可能である。

　歯科医師が、自身で薬剤名を調べる際は、包装コードや本体に明記されている本体コードから構成される識別記号から調査する。検索可能な各種WEBサイトが存在し、識別記号から検索可能な書籍も市販されている。

■処方内容の確認
・お薬手帳
　※注射薬の有無も確認

・主治医、薬剤師、看護師などへの問い合わせ

・WEB検索
　薬剤名、包装コード、本体コードなどから検索可能

・書籍
　「今日の治療薬」、「治療薬ハンドブック」など

　訪問歯科診療に際しては、バイタルサインの確認が必須である。バイタルサインとは、患者固有の生命兆候を数値化したものである[2]。全身状態や病態を推測することができ、患者の急変時などの指標となるため、診療開始前には、恒常的に測定し記録することが望ましい。このほか、バイタルサインとともに、患者の活力や元気、顔色、表情から受ける全体的な印象が重要な所見となる。主観的な観察で、通常より活力や元気がない印象や、介護者から指摘がある際には、バイタルサインの確認による客観的な評価が必須である。

　要介護高齢者のバイタルサインでは、呼吸、脈拍、血圧、体温、意識状態、尿量などが重要となる[3]。

　脈拍、血圧、体温は、加齢による生理的変化や服用薬剤の影響を受けやすいが、呼吸数は変動が少なく、高齢者の身体的異常を早期に反映することから重要な指標である。高齢者のショック状態の初期症状は、不穏と呼吸数の増加が顕著になるので、留意する。特に、速くて浅い呼吸は、全身状態の悪化を示唆する所見である。呼吸数は、通常 30 〜 60 秒かけて測定し、分あたりの呼吸回数で評価する。通常 12 〜 18 回 / 分が正常とされ、20 回 / 分以上や 8 回 / 分未満は異常と評価する[4]。
　血圧は、収縮期血圧と拡張期血圧を測定し評価する。正常血圧は、収縮期が 120 〜 129mmHg、拡張期が 80 〜 84 mmHg である[4,5]。
　脈拍は、通常は橈骨動脈を触知して測定する。1 分間あたりの脈拍数に加え、リズムや血管の緊張度を合わせて評価する。通常は、60 〜 80 回 / 分で、100 回 / 分以上を頻脈、60 回 / 分未満を徐脈という[4]。
　体温は、通常 37.0℃以下が正常であるが、高齢者では、体温調節機能が低下しているので、感染症罹患時にも発熱しないこともある。
　意識状態の確認は、Japan coma scale（JCS）[6] を用いて判断する（**表 2**）。

　このほか、バイタルサインの評価として、パルスオキシメーターを用いて測定する動脈血酸素飽和度（SpO_2）を用いることがある。96 〜 99％が基準値で、90％以下の場合や通常より 3 〜 4％低下した場合は、酸素の供給不足、呼吸不全の恐れがある。

■ バイタルサイン

・呼吸数

　通常 12 ～ 18 回 / 分が正常。

　20 回 / 分以上や 8 回 / 分未満は異常と評価する。

・動脈血酸素飽和度（SpO_2）

　96 ～ 99％が基準値。90％以下の場合や通常より 3 ～ 4％低下した場合は注意。

・血圧

　正常で収縮期が 120 ～ 129mmHg、拡張期が 80 ～ 84mmHg である。

・脈拍

　正常で 60 ～ 80 回 / 分、リズムも注意。

　100 回 / 分以上は頻脈、60 回 / 分未満は徐脈。

・体温

　通常 37.0℃以下が正常

・意識レベル

表 2　Japan coma scale（JCS）

Ⅰ．刺激しないで覚醒している状態	
0	意識清明
1	ほぼ意識清明だが、今ひとつはっきりしない。
2	見当識（時・場所・人の認識）に障害がある。
3	自分の名前や生年月日が言えない。
Ⅱ．刺激すると覚醒する状態（刺激をやめると眠り込む）	
10	普通の呼びかけで目を開ける。「右手を握れ」などの指示に応じ、言葉を話せるが間違いが多い。
20	大声で呼ぶ、体を揺するなどすると目を開ける。
30	痛み刺激をしながら呼ぶと、かろうじて目を開ける。「手を握れ」など簡単な指示に応じる。
Ⅲ．刺激をしても覚醒しない状態	
100	痛み刺激に対して、払いのけるような動作をする。
200	痛み刺激で少し手足を動かしたり、顔をしかめたりする。
300	痛み刺激に反応しない。

【付記】R：不穏　Ⅰ：糞便失禁　A：自発性喪失
例）不穏を伴う場合は、相当する数字に「-R」を付記する。

　訪問歯科診療の場で、患者の全身評価として有用な臨床検査が、各種血液検査所見である。**表3**に主な血液検査とその基準値を示す。なかでも血液の血球検査は、スクリーニング検査として汎用されているため、全身状態の基本的な評価指標となる。赤血球数（RBC）、血色素量（Hb）、ヘマトクリット値（Ht）で評価可能な代表的な疾患が貧血である。白血球数（WBC）は、感染症などで増加を認めるが、増減している白血球の種類を同定したものが、白血球分画である。細菌感染症では、好中球数が基準値を超えて増加していることが多い。出血傾向を評価する検査としては、血小板数や各種凝固・線溶系検査が行われる。プロトロンビン時間（PT）は、外因系凝固機序と共通系凝固機序、活性化部分プロトロンビン時間（APTT）は、内因系凝固機序と共通系凝固機序の異常を反映する。生化学検査は、血糖、HbA1cなどの糖代謝や総タンパク（TP）やアルブミンなどの肝障害や栄養状態の指標となるタンパク検査、腎機能や骨代謝、脱水状態などを反映する電解質、含窒素成分などがある。また、アスパラギン酸アミノ基転移酵素（AST）やアラニンアミノ基転移酵素（ALT）をはじめとする酵素・色素系検査は、肝機能障害や骨代謝異常、心筋障害などを評価する。アミラーゼ（AMY）は、唾液腺（S型）と膵臓（P型）から分泌される。アミラーゼが高値の場合は、アミラーゼアイソザイムの測定により、S型とP型の多寡を同定できる。免疫血清学検査は、炎症の評価や感染症の診断、評価に用いられる。C反応性タンパク（CRP）は、急性期の炎症反応を評価する指標として用いられる。

■血液検査

表3　主な血液検査と基準値

分類	検査項目		基準値
血液一般	赤血球数（RBC）		男：420〜554×10⁴/μL 女：384〜488×10⁴/μL
	血色素量（Hb）		男：13.8〜16.6g/dL 女：11.3〜15.5g/dL
	ヘマトクリット値（Ht）		男：40.2〜49.4%　女：34.4〜45.6%
	白血球数（WBC）		3,500〜9,200/μL
		好中球数	40〜60%（1,800〜7,200/μL）
		好酸球	2〜4%（100〜500/μL）
		好塩基球	0〜2%（0〜150/μL）
		単球	3〜6%（200〜950/μL）
		リンパ球	26〜40%（1,500〜4,000/μL）
	血小板（Plt）		15〜36×10⁴/μL
凝固・線溶系	プロトロンビン時間（PT）		9〜12秒　80〜120%　1±0.1（INR）
	活性化部分プロトロンビン時間（APTT）		30〜40秒
	フィブリノゲン		200〜400mg/dL
	出血時間		Duke法：1〜5分　Ivy法：3〜10分
	フィブリン・フィブリノゲン分解産物（FDP）		5.0μg/mL
	D-ダイマー		1.0μg/mL未満

炎症系 マーカー		赤血球沈降速度（ESR）	男：2〜10mm　女：3〜15mm
生化学 検査	糖代謝	血糖	空腹時：70〜110mg/dL
		HbA1c	4.7%〜6.2%（NGSP 値：国際標準値）
	タンパク	総タンパク（TP）	6.5〜8.0g/dL
		アルブミン	4.0〜5.5g/dL
	含窒素 成分	尿素窒素（BUN）	8〜20mg/dL
		クレアチニン（Cr）	男：0.6〜1.1mg/dL　女：0.4〜0.8mg/dL
		尿酸（UA）	男：3〜7mg/dL　女：2〜7mg/dL
	脂質代謝 関連物質	総コレステロール（TC）	150〜219mg/dL
		HDL コレステロール（HDL-Cho）	男：40〜80mg/dL　女：40〜100mg/dL
		LDL コレステロール（LDL-Cho）	65〜139mg/dL
		トリグリセリド（TG）	150mg/dL 未満
	電解質	ナトリウム（Na）	135〜149mEq/L
		塩素（Cl）	98〜108mEq/L
		カリウム（K）	3.5〜5.0mEq/L
		カルシウム（Ca）	8.5〜10.5mg/dL
		リン（P）	2.5〜4.5mg/dL
	金属・ 鉄代謝	亜鉛（Zn）	80〜130μg/mL
		銅（Cu）	66〜130μg/mL
		鉄（Fe）	男：70〜180μg/mL　女：50〜160μg/mL
		総鉄結合能（TIBC）	男：253〜365μg/mL 女：246〜410μg/mL
		不飽和鉄結合能（UIBC）	150〜336μg/mL
		フェリチン	男：24.3〜166.1ng/mL 女：6.4〜144.4ng/mL
	酵素・ 色素	アスパラギン酸アミノ基転移酵素 （AST）	10〜35U/L
		アラニンアミノ基転移酵素（ALT）	5〜40U/L
		乳酸脱水素酵素（LDH）	119〜229U/L
		アルカリフォスファターゼ（ALP）	115〜359U/L
		γ-グルタルトランスフェラーゼ （γ-GT）	男：50U/L 以下　女：30U/L 以下
		コリンエステラーゼ（ChE）	214〜466U/L
		クレアチンキナーゼ（CK）	男：60〜270U/L 以下 女：40〜150U/L 以下
		アミラーゼ（AMY）	39〜115 IU/L
		総ビリルビン（T-Bil）	0.2〜1.2mg/dL
		直接ビリルビン（D-Bil）	0.4mg/dL 以下
免疫血清 学検査	炎症系 マーカー	C 反応性タンパク（CRP）	0.1mg/dL 以下

（基準値は，日本有病者歯科医療学会編：有病者歯科学 第 2 版．永末書店，2021．P28〜37 の記載による）

訪問歯科診療を行う際に、診療情報として共有すべき主な感染症検査と検査項目を表4に示す。高齢者は、免疫機能の低下から、日和見感染や回帰感染をきたすことがあり、単純疱疹や水痘・帯状疱疹、真菌感染症に罹患することがある。病勢や感染性の有無について有用な情報となる。

表4　主な感染症検査

感染症	原因微生物	検査項目
単純疱疹	単純ヘルペスウイルス（HSV）	HSV グロブリンクラス別抗体価（HSV-IgG、HSV-IgM）、補体結合反応（CF）
水痘・帯状疱疹	水痘・帯状疱疹ウイルス（VZV）	VZV グロブリンクラス別抗体価（VZV-IgG、VZV-IgM）、補体結合反応（CF）
B 型肝炎ウイルス	B 型肝炎ウイルス（HBV）	HBs 抗原、HBs 抗体、HBc-IgG 抗体、HBc-IgM 抗体、HBe 抗原、HBe 抗体、HBV-DNA
C 型肝炎ウイルス	C 型肝炎ウイルス（HCV）	HCV 抗体、HCV-RNA、HCV コア抗原
ヒト免疫不全ウイルス	ヒト免疫不全ウイルス（HIV）	HIV 抗体、HIV-RNA
梅毒	梅毒トレポネーマ（TP）	血清梅毒反応（STS）：RPR 法、ガラス板法 TP 抗原法：FTA-ABS 法、TPHA
結核	結核菌（TB）	ツベルクリン検査、ツベルクリン反応、結核菌培養同定（抗酸菌染色）
真菌感染症	カンジダ、アスペルギウス	β-D- グルカン

（日本有病者歯科医療学会編：有病者歯科学 第2版，永末書店，2021．P38〜43 の記載をもとに作成）

5 診察（体格、栄養状態、顔貌、リンパ節、浮腫、開口量、不随意運動、咬合力）

　訪問歯科診療の対象となる患者は、すでに基礎疾患の診断や治療がなされている場合が多いが、病状の変化や新たな疾患が加わる場合もあるので、初診時だけでなく毎回の診療時にも全身状態を評価することが重要である。診察は、リラックスできるように話をしながら必要な情報を聞き取るとともに、視診で体格や栄養状態、体位の保持、顔貌などを観察し、必要に応じて触診や聴診を追加する。

　体格や栄養状態は、体格指数 BMI（body mass index）、食事摂取量、筋肉量、皮下脂肪量などから判断する。また、脊椎の変形（側彎、後彎、前彎）も治療体位に影響するので確認しておく。日本肥満学会では、BMI ＜ 18.5 を低体重（低栄養の疑い）、BMI ＞ 25 を肥満、BMI ＞ 35 を高度肥満としている[8]（表5）。さらに、肥満、高度肥満で健康障害や内臓脂肪蓄積のどちらかを伴う場合は、治療が必要な肥満症、高度肥満症としている。日本人の標準体重は、BMI = 22 を基準として標準体重(kg) = 身長(m)^2 × 22 で算出できる。るいそうは、体重が標準より 20％以上低下した状態であり、原因として心理的要因を含む食欲低下や摂食障害、消耗性疾患、糖尿病、内分泌疾患、悪性腫瘍などがある。高度肥満は、高血圧症、糖尿病、虚血性心疾患や呼吸機能低下を合併している場合が多い。

■体格

表5　体格指数（BMI）

BMI	状態				
18.5 以下	低体重				
18.5〜25 未満	普通体重				
25〜30 未満	肥満（1 度）	肥満	→	健康障害（なし）and 内臓脂肪蓄積（なし）→ 肥満	
30〜35 未満	肥満（2 度）			健康障害（あり）or 内臓脂肪蓄積（あり）→ 肥満症	
35〜40 未満	肥満（3 度）	高度肥満	→	健康障害（なし）and 内臓脂肪蓄積（なし）→ 高度肥満	
40 以上	肥満（4 度）			健康障害（あり）or 内臓脂肪蓄積（あり）→ 高度肥満症	

BMI (body mass index) ＝体重（kg）÷身長（m）^{2}
（日本肥満学会，編：肥満症診療ガイドライン 2016．ライフサイエンス出版，2016. より改変）

栄養状態は、過去6か月における体重減少や摂食量を参考に血清アルブミン値および上腕、ふくらはぎの脂肪量、筋肉量を観察する。栄養状態が不良の場合は、頸部が細く、鎖骨や肩甲骨が突出して肋間が陥凹する。また、皮膚の弾性低下や乾燥がみられ、仙骨部、踵骨部、大転子部の褥瘡や低栄養性の浮腫をきたしやすい。さらに、高齢者では、水分・食事の摂取不良や発熱、腎機能低下などで脱水を生じやすい。口唇や皮膚の乾燥、口の渇きなども確認する。

　顔貌は表情や顔色と併せて観察する。疾患特有の顔貌を呈することがあり診断に役立つ[9]（**表6**）。顔面蒼白は、貧血でヘモグロビンが減少した場合や精神的緊張により顔面の血管が収縮した場合にみられる。特に貧血は眼瞼結膜や爪床で観察しやすい。逆に、熱性疾患や興奮状態では顔面は紅潮する。皮膚や粘膜が暗紫色を呈している場合はチアノーゼが疑われる。毛細血管中の還元ヘモグロビンが5g/dL以上に増加した場合にみられ、特に口唇や爪床に出現しやすい。循環器疾患や呼吸器疾患が疑われるが、高度の貧血を伴う場合はヘモグロビン量が少ないためチアノーゼを示さないこともある。黄疸では眼球結膜や皮膚が黄染する。

　さらに全身皮膚の所見として、肝硬変に伴う顔面や前胸部のクモ状血管腫、肝不全にみられる腹部皮静脈の放射状拡張（メデューサの頭）、白血病や出血性素因、抗血栓療法中の患者にみられる手背、上腕、下腿の紫斑などがある。

■栄養状態
　一般的な低栄養の目安
　・BMI：18.5未満
　・過去6か月における体重減少（10%以上）
　・血清アルブミン値（3.5g/dL未満は低栄養）
　・上腕周囲長・上腕三頭筋皮下脂肪厚・下腿周囲長の測定

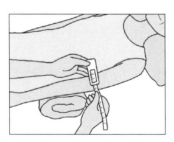 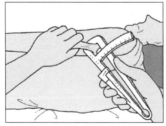 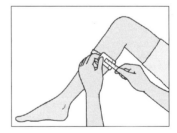

表 6　疾患特有の顔貌

顔貌	所見	疾患
無欲状顔貌	表情が乏しい 周囲に対し無関心	高熱性疾患（体力消耗） うつ病
苦悶状顔貌	激痛で顔をしかめる	心筋梗塞 急性腹膜炎
浮腫状顔貌	顔面が浮腫状で蒼白 眼裂が狭い	ネフローゼ症候群 慢性腎疾患
仮面様顔貌	表情筋の動きがない まばたきの減少 仮面をつけたような顔貌	Parkinson 病 全身性強皮症
満月様顔貌 （moon face）	丸い顔貌（脂肪蓄積） 皮膚が薄く赤ら顔 皮膚の痤瘡や多毛症	副腎皮質ホルモン連用 クッシング症候群
ヒポクラテス顔貌	落ちくぼんだ眼窩 こけた頬 鋭い眼光 鉛色の顔色	がん終末期 重篤な消耗性疾患 悪液質 死期が近い
筋無力性顔貌	表情筋の機能不全 表情が乏しい 眼瞼下垂	重症筋無力症
Basedow 病様顔貌	眼球突出	甲状腺機能亢進症
粘液水腫顔貌	眉毛の外側 1/3 の脱毛 頭髪の脱毛 皮膚の乾燥	甲状腺機能低下症
破傷風顔貌	顔面筋の硬直 前額部の皺 口角牽引と軽度開口 引きつり笑い（痙笑）	破傷風

（日本有病者歯科医療学会編：有病者歯科学 第 2 版，永末書店，2021．P19〜20 の記載をもとに作成）

触診は、リンパ節の腫脹や浮腫の診断に有効である。リンパ節は全身に分布するが特に頭頸部では豊富に存在し、比較的触診もしやすい。正常なリンパ節は、通常豆形で大きさは 1cm 以下であり、これを超える場合はリンパ節腫脹とみなされる。触知した部位、数、大きさ、硬さ、圧痛や周囲組織との癒着の有無などを観察する。一般に、有痛性リンパ節腫脹では感染症が、無痛性リンパ節腫脹では頸部リンパ節結核や悪性腫瘍のリンパ節転移などが疑われる。片側性腫脹は腫脹側に原因疾患があり、両側性腫脹の場合は、ウイルス性疾患や自己免疫疾患、白血病、悪性リンパ腫などの全身疾患に起因する場合が多い。耳介後部の有痛性リンパ節腫脹は風疹に特徴的である。

■リンパ節

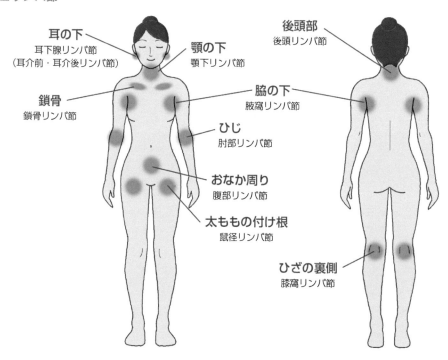

耳の下
耳下腺リンパ節
（耳介前・耳介後リンパ節）

顎の下
顎下リンパ節

後頭部
後頭リンパ節

鎖骨
鎖骨リンパ節

脇の下
腋窩リンパ節

ひじ
肘部リンパ節

おなか周り
腹部リンパ節

太ももの付け根
鼠径リンパ節

ひざの裏側
膝窩リンパ節

　浮腫の診察では、範囲、圧迫による圧痕の有無、皮膚の状態などを確認する。
　局所性浮腫は、蜂窩織炎などの炎症性浮腫、リンパ管や静脈閉塞による閉塞部から末梢の浮腫など局所病変に起因して片側性に生じる。ただし、上大静脈症候群のような中心静脈閉塞では両側性に生じる場合もある。慢性化したリンパ性浮腫では皮膚が硬く褐色を呈し、下肢静脈瘤では皮膚が全体に褐色調で痂皮形成を伴った紅斑を認めるようになる。さらに、血管炎では軽度の隆起した紫斑が多数認められる。また、口唇や眼瞼など顔面部に一過性に生じる浮腫にクインケ浮腫（血管神経性浮腫）があるが、家族性にみられる遺伝性血管性浮腫（Heroditary angioedema；HAE）は喉頭浮腫による窒息の危険性があるため鑑別が必要である。一方、全身性浮腫は種々の全身疾患が原因で生じる（**表7**）。浮腫の触診は、手背、足背、脛骨部、前頭部など、骨が皮下にある部位を拇指で圧迫して行う。1分程度圧迫し、指を離すと圧痕がすぐ回復する非圧痕性浮腫と圧痕が残る圧痕性浮腫に分類され、圧痕性浮腫は圧痕の回復時間が 40 秒未満の fast edema と 40 秒以上の slow edema に分類される。一般に低アルブミン血症（2.5g/dL）では fast edema を呈し、心不全や腎不全では slow edema を呈する。

■浮腫

約 10 秒間約 5mm の深さで圧迫して回復を確認

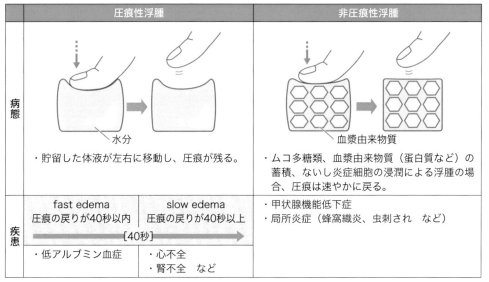

	圧痕性浮腫		非圧痕性浮腫
病態	水分 ・貯留した体液が左右に移動し、圧痕が残る。		血漿由来物質 ・ムコ多糖類、血漿由来物質（蛋白質など）の蓄積、ないし炎症細胞の浸潤による浮腫の場合、圧痕は速やかに戻る。
疾患	fast edema 圧痕の戻りが40秒以内 ・低アルブミン血症	slow edema 圧痕の戻りが40秒以上 【40秒】 ・心不全 ・腎不全　など	・甲状腺機能低下症 ・局所炎症（蜂窩織炎、虫刺され　など）

(診察と手技がみえる Vol.1（第 2 版）：メディックメディア，2007.)

表7　全身性浮腫をきたす疾患

分類	代表疾患
心性浮腫	うっ血性心不全、収縮性心膜炎
腎性浮腫	腎不全、腎炎、ネフローゼ症候群
肝性浮腫	肝硬変
内分泌性浮腫	甲状腺機能低下症・亢進症、クッシング症候群
栄養障害性浮腫	低アルブミン血症、蛋白尿、蛋白漏出性胃腸症
薬剤性浮腫	NSAIDs、グリチルリチン、経口避妊薬
特発性浮腫	原因疾患なし

■開口

　開口量の確保と開口維持は歯科治療を行う上で重要である。一般に健常成人の最大開口量は上下切歯切端間で 50mm 前後で、平均 38 〜 40mm とされ、40mm 以下を開口障害とする報告が多い [10]。少なくとも 30mm 以下の開口量の場合は、下顎頭の前方滑走運動が障害されていると考えられる。開口維持に関しては、咀嚼筋や開口筋の筋力が関連するほかに、オーラルディスキネジアなど不随意運動を伴う場合は維持できない。不随意運動の種類は多様である [11]。高齢者において開口器やバイトブロックで長時間開口を維持した場合は、顎関節脱臼をきたす可能性があるので注意が必要である。

■噛む力、咬み続ける力

　また、抜歯など観血的処置後は、圧迫止血のためにガーゼを咬んでもらうことから、10 〜 20 分程度強くガーゼを咬んで維持する咬合力があるか確認する。

6 体位保持（可能な体位、体位保持能力）

　訪問先で安全な歯科診療を行うためには体位保持が必要である。歯科診療や口腔ケアにおいては、誤嚥防止を行わなければならず、そのためには座位を確保することが重要となる。

　座位を維持することができれば、通常の歯科診療に近い診療が可能となることが多い。最も誤嚥しにくい体位は座位であり、次いでファウラー位（半座位）が比較的誤嚥しにくいが、セミファウラー位や側臥位、仰臥位は誤嚥の危険性が高くなる。特に仰臥位は誤嚥の危険性が高く、頭を横に向けられるかどうかも重要である。座位やファウラー位では体位の維持が重要で、枕やクッションなどの補助具を使用した体位の維持についても確認する。

　座位は疲労しやすく、ファウラー位やセミファウラー位は比較的疲労は少ない。側臥位や仰臥位は最も疲労が少ない。しかし、同じ体位を続けると圧迫部の痛みや疲労を訴えることが多いため、体位変換を行えるかどうかも重要な情報である。

■体位

セミファウラー位	ファウラー位	座位
15〜30度	45度	90度

セミファウラー位 ：仰向けで寝て、上半身を15度から30度起こした姿勢
ファウラー位（半座位）：仰向けで寝て、上半身を45度起こした姿勢
座　　　位 ：上半身を90度起こした状態

7 **嚥下機能評価（口腔内の水の保持、息ごらえ、嚥下反射）**

摂食嚥下障害は、種々の原因によって生じる[12]（**表9**）。摂食嚥下機能に障害がある場合は、歯科治療や口腔ケア中の誤嚥の危険性のみならず、治療方針そのものにも関わってくるため評価を行う必要がある。

表9　嚥下障害の原因

形態的異常	先天的原因	口蓋裂、顎形成不全
	後天的原因	口腔・咽頭・喉頭の手術後 口腔・喉頭・食道での障害 歯の欠損、不正咬合
神経・筋の異常	発達障害	脳性麻痺、精神発達の遅延
	後天的障害	脳血管障害、脳外傷、脳腫瘍 パーキンソン病、神経変性病変 重症筋無力症
その他	加齢に伴う機能低下	

（長寿科学振興財団　健康長寿ネット：嚥下障害より一部改変）
https://www.tyojyu.or.jp/net/byouki/ sesshokushougai/genin.html

まず、口唇の閉鎖や口腔内の水の保持、息ごらえの可否、舌根部を刺激した場合の嚥下反射の有無について確認する。

■**口腔内の水の保持、息ごらえ、嚥下反射**
・口唇の閉鎖
・口腔内の水の保持
・息ごらえの可否
・舌根部を刺激した場合の嚥下反射の有無について確認

■**摂食嚥下機能障害のテスト**
　摂食嚥下機能障害の程度については、簡単なスクリーニング検査を実施し必要に応じて精密検査を行う。スクリーニング検査には、10-item Eating Assessment Tool（EAT-10）、反復唾液嚥下テスト（repetitive saliva swallowing test; RSST）、改訂水飲みテスト（modified water swallowing test; MWST）などがある。

　EAT-10は簡易型質問用紙で、摂食嚥下に関する10の質問に0（問題なし）から4（ひどく問題あり）の5段階で点数をつけ、合計3点以上の場合に嚥下障害を疑う[13]（**表10**）。

表10　10-item Eating Assessment Tool（EAT-10）

EAT-10:

嚥下アセスメントツール

Nestlé
NutritionInstitute

姓	名	性別	年齢	日付

目的

EAT-10は、嚥下の機能を測るためのものです。

気になる症状や治療についてはかかりつけ医にご相談ください。

指示

各質問で、あてはまる点数を四角の中に記入してください。

以下の問題について、あなたはどの程度経験されていますか？

1 飲み込みの問題が原因で、体重が減少した

0 = 問題なし
1
2
3
4 = ひどく問題

2 飲み込みの問題が、外食に行くための障害になっている

0 = 問題なし
1
2
3
4 = ひどく問題

3 液体を飲み込む時に、余分な努力が必要だ

0 = 問題なし
1
2
3
4 = ひどく問題

4 固形物を飲み込む時に、余分な努力が必要だ

0 = 問題なし
1
2
3
4 = ひどく問題

5 錠剤を飲み込む時に、余分な努力が必要だ

0 = 問題なし
1
2
3
4 = ひどく問題

6 飲み込むことが苦痛だ

0 = 問題なし
1
2
3
4 = ひどく問題

7 食べる喜びが飲み込みによって影響を受けている

0 = 問題なし
1
2
3
4 = ひどく問題

8 飲み込む時に食べ物がのどに引っかかる

0 = 問題なし
1
2
3
4 = ひどく問題

9 食べる時に咳が出る

0 = 問題なし
1
2
3
4 = ひどく問題

10 飲み込むことはストレスが多い

0 = 問題なし
1
2
3
4 = ひどく問題

採点

上記の点数を足して、合計点数を四角の中に記入してください。

合計点数（最大40点）

次にすべきこと

EAT-10の合計点数が3点以上の場合、嚥下の効率や安全性に問題があるかもしれません。
EAT-10の結果を専門医に相談することをお勧めします。

文献EAT-10の妥当性と信頼性は検証されています。

Belafsky PC, Mouadeb DA, Rees CJ, Pryor JC, Postma GN, Allen J, Leonard RJ. Validity and Reliability of the Eating Assessment Tool (EAT-10). Annals of Otology Rhinology & Laryngology 2008;117(12):919-924.

www.nestlenutrition-institute.org

（https://www.nestlenutrition-institute.org/sites/default/files/documents-library/
infographics/secured/eat-10---japanese-interactive---03202020-nc.pdf より）

■ 総論

II　全身状態の評価

RSST は、唾液を嚥下した回数によって摂食嚥下機能障害の有無を判定するもので食物誤嚥の心配がなく安全である。30 秒間にできるだけ唾液を嚥下してもらい、その時の喉頭挙上を触診にて確認する。30 秒間で 3 回未満の場合は摂食嚥下機能障害ありと判定する。

反復唾液嚥下テスト（RSST）

　喉仏を指で触って 30 秒、時間を計りながら「唾を飲んでください」と言って指示する。30 秒で 3 回以上唾を飲めたら誤嚥の可能性は低いとされる。

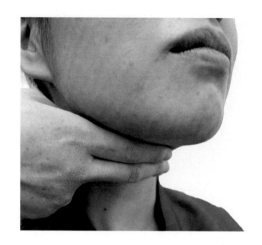

改訂水飲みテスト（MWST）

　冷水 3mL を口腔底に注ぎ嚥下を命じる。

　嚥下を確認し、むせや呼吸状態の有無を確認する。

　嚥下後反復嚥下を 2 回行わせる。

　評価基準が 4 点以上なら最大 2 施行繰り返し、最も悪い場合を評点とする。

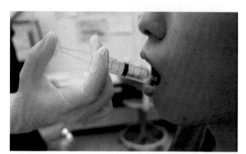

評価基準

1. 嚥下なし、むせる and／or 呼吸切迫
2. 嚥下あり、呼吸切迫（Silent Aspiration の疑い）
3. 嚥下あり、呼吸良好、むせる and／or 湿性嗄声
4. 嚥下あり、呼吸良好、むせない
5. 4 に加え、反復嚥下が 30 秒以内に 2 回可能

　　　　　　　　　　　（http://www.peg.or.jp/lecture/rehabilitation/02-q1-2.html より一部改変）

　誤嚥の有無の確認は、ある程度の経験が必要であるが頸部聴診を併用するとよい。頸部側方で輪状軟骨付近の呼吸音や嚥下音を聴診器で聴診する。呼吸時の湿性音や嗽音は、唾液や痰の貯留あるいは嚥下後の食品の貯留が疑われる。嚥下時にムセによる喀出音が聴取された場合は誤嚥を疑う。

　湿性嗄声（ガラガラ声、かすれた声、咽頭部に唾液、痰が溜まっているのに、嚥下反射が出ない）も嚥下障害の存在を示唆する所見である。

■頸部聴診法

　頸部に聴診器を当てて、嚥下の音や呼吸の音を聞いたりして、嚥下の状態を把握する方法。

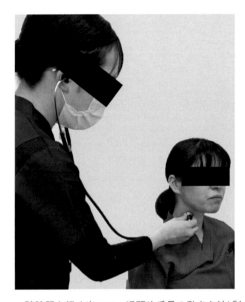

・聴診器を軽く当てて、喉頭や舌骨の動きを妨げない。
・聴診器を当てるときには、患者の頸部を過伸展させない。

■嚥下内視鏡検査・嚥下造影検査

　嚥下内視鏡検査（video endoscopic evaluation of swallowing: VE）や嚥下造影検査（video fluoroscopic examination of swallowing: VF）は、特殊な機器や設備さらに検査のための十分な知識と技術を必要とするが、極めて有効な検査法である。特に VE は、内視鏡があれば訪問先においても可能な検査であり、研修施設で十分な研修を修了した歯科医師であれば検査可能である。

患者の食形態を確認することにより、摂食嚥下機能が推定できる。

飲み込むだけの能力の人には、コード 0 や 1 が、送り込む力がある人にはコード 2-1 が、まとめる力がある人には、コード 2-2 が、押しつぶす力、すりつぶす力がある人にはそれぞれ、コード 3、4 とその患者の摂食嚥下機能に応じて食事の形態が異なっている。

■食形態

0	j	均質で、付着性・凝集性・かたさに配慮したゼリー
	t	均質で、付着性・凝集性・かたさに配慮したとろみ水
1	j	均質で、付着性・凝集性・かたさ、離水に配慮したゼリー・プリン・ムース状のもの
2	1	ピューレ・ペースト・ミキサー食など、均質でなめらかで、べたつかず、まとまりやすいもの
	2	ピューレ・ペースト・ミキサー食などで、べたつかず、まとまりやすいもので不均質なものも含む
3		形はあるが、押しつぶしが容易、食塊形成や移送が容易、咽頭でばらけず嚥下しやすいように配慮されたもの多量の離水がない
4		かたさ・ばらけやすさ・貼りつきやすさなどのないもの箸やスプーンで切れるやわらかさ

嚥下調整食学会分類 2013
2013 嚥下ピラミッド

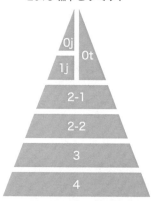

摂食嚥下機能と食形態

（一般社団法人日本摂食嚥下リハビリテーション学会日摂食嚥下リハ会誌 17(3): 255-267, 2013
「日本摂食嚥下リハビリテーション学会嚥下調整食分類 2013」より一部改変して引用）

8 **評価指標（日常生活自立度、高齢者総合機能評価、認知機能、日常生活の評価、予備力）**

　訪問診療を必要とする有病高齢者では、多臓器疾患の合併や加齢に伴うホメオスターシスの破綻によって生活機能も損なわれていることが多い。そこで、身のまわりのことをどこまでこなせるかを概略的に評価する指標として障害高齢者の日常生活自立度（寝たきり度）[14]（**表11**）やパフォーマンスステータス（Performance Status：PS）などがある。

　障害高齢者の日常生活自立度（寝たきり度）で、分類ランクB以上であれば治療内容の幅は広いと考えられるが、ランクC1では慎重な対応が必要であり、ランクC2では治療の適否についても考慮する必要がある。

（**表11**）

障害高齢者の日常生活自立度（寝たきり度）

(1) 判定の基準

調査対象者について、調査時の様子から下記の判定基準を参考に該当するものに○印をつけること。
なお、全く障害等を有しない者については、自立に○をつけること。

生活自立	ランクJ	何らかの障害等を有するが、日常生活はほぼ自立しており独力で外出する 1. 交通機関等を利用して外出する 2. 隣近所へなら外出する
準寝たきり	ランクA	屋内での生活は概ね自立しているが、介助なしには外出しない 1. 介助により外出し、日中はほとんどベッドから離れて生活する 2. 外出の頻度が少なく、日中も寝たり起きたりの生活をしている
寝たきり	ランクB	屋内での生活は何らかの介助を要し、日中もベッド上での生活が主体であるが、座位を保つ 1. 車いすに移乗し、食事、排泄はベッドから離れて行う 2. 介助により車いすに移乗する
寝たきり	ランクC	1日中ベッド上で過ごし、排泄、食事、着替において介助を要する 1. 自力で寝返りをうつ 2. 自力では寝返りもうてない

※判定に当たっては、補装具や自助具等の器具を使用した状態であっても差し支えない。

(2) 判定にあたっての留意事項

　この判定基準は、地域や施設等の現場において、保健師等が何らかの障害を有する高齢者の日常生活自立度を客観的かつ短時間に判定することを目的として作成したものである。
　判定に際しては「～をすることができる」といった「能力」の評価ではなく「状態」、特に『移動』に関わる状態像に着目して、日常生活の自立の程度を4段階にランク分けすることで評価するものとする。なお、本基準においては何ら障害を持たない、いわゆる健常高齢者は対象としていない。
4段階の各ランクに関する留意点は以下のとおりである。

朝昼夜等の時間帯や体調等によって能力の程度が異なる場合

　一定期間（調査日より概ね過去1週間）の状況において、より頻回に見られる状況や日頃の状況で選択する。
　その場合、その日頃の状況等について、具体的な内容を「特記事項」に記載する。

PSには米国東海岸癌臨床試験グループのECOG-PS[15]（**表12**）や世界保健機構のWHO PS、Karnofsky PSなどがある。

■ PS（performance status）

表12　ECOGのPerformance Status（PS）の日本語訳

Performance Status Score

Score	定義
0	全く問題なく活動できる。 発病前と同じ日常生活が制限なく行える。
1	肉体的に激しい活動は制限されるが、歩行可能で、軽作業や座っての作業は行うことができる。 例：軽い家事、事務作業
2	歩行可能で自分の身の回りのことはすべて可能だが作業はできない。 日中の50%以上はベッド外で過ごす。
3	限られた自分の身の回りのことしかできない。日中の50%以上をベッドか椅子で過ごす。
4	全く動けない。 自分の身の回りのことは全くできない。 完全にベッドか椅子で過ごす。

出典：Common Toxicity Criteria, Version 2.0 Publish Date April 30, 1999
http://ctep.cancer.gov/protocolDevelopment/electronic_applications/docs/ctcv20_4-30-992.pdf
JCOGホームページ http://www.jcoog.jp/

さらに身体機能や生活機能を総合的に評価する高齢者総合機能評価（comprehensive geriatric assessment：CGA）の簡易型指標としてCGA7がある[16]（表13）。これは、身体的問題、精神心理的問題、家庭・社会的問題の3分野について7つの質問を用いてスクリーニングし、問題のある項目についてはさらに詳細な指標を用いて評価を行う総合評価法である。

表13　高齢者総合機能評価（CGA7）

CGA7 高齢者総合機能評価：評価内容、成否、解釈、次のステップ

番号	CGA7の質問	評価内容	正否と解釈	次へのステップ
①	<外来患者>　診察時に被験者の挨拶を待つ	意欲	正：　自分から進んで挨拶する 否：　意欲の低下	Vitality index
	<入院患者・施設入所者>　自ら定時に起床するか、もしくはリハビリへの積極性で判断		正：　自ら定時に起床する、またはリハビリその他の活動に積極的に参加する 否：　意欲の低下	
②	「これから言う言葉を繰り返して下さい（桜、猫、電車）」、「あとでまた聞きますから覚えておいて下さい」	認知機能	正：　可能（できなければ④は省略） 否：　復唱ができない　⇒　難聴、失語などがなければ中等度の認知症が疑われる	MMSE・HDS-R
③	<外来患者>「ここまでどうやって来ましたか？」	手段的ADL	正：　自分でバス、電車、自家用車を使って移動できる 否：　付き添いが必要⇒虚弱か中等度の認知症が疑われる	IADL
	<入院患者・施設入所者>「普段バスや電車、自家用車を使ってデパートやスーパーマーケットに出かけますか？」			
④	「先程覚えていただいた言葉を言って下さい」	認知機能	正：　ヒントなしで全部正解。認知症の可能性は低い 否：　遅延再生（近時記憶）の障害⇒軽度の認知症が疑われる	MMSE・HDS-R
⑤	「お風呂は自分ひとりで入って、洗うのに手助けは要りませんか？」	基本的ADL	正：　⑥は、失禁なし、もしくは集尿器で自立。入浴と排泄が自立していれば他の基本的ADLも自立していることが多い	Barthel index
⑥	「失礼ですが、トイレで失敗してしまうことはありませんか？」		否：　入浴、排泄の両者が×⇒要介護状態の可能性が高い	
⑦	「自分が無力だと思いますか？」	情緒・気分	正：　無力と思わない 否：　無力だと思う⇒うつの傾向がある	GDS-15

出典：日本老年医学会．改訂版 健康長寿診療ハンドブック：実地医家のための老年医学のエッセンス．メジカルビュー社，2019，p9，より改変（原典；日老医誌 2005; 42: 177-180，より一部改変）

認知機能の評価指標としては、MMSE（Mini-Mental State Examination）やHDS-R（改訂長谷川式簡易知能評価スケール）[17]（表14）があり、MMSEでは23点以下、HDS-Rでは20点以下の場合に認知症を疑う。また、認知機能と生活機能（社会生活障害）を同時に評価する指標として地域包括ケアシステムにおける認知症アセスメントシート（Dementia Assessment Sheet for Community-based Integrated Care System-21 items：DASC-21）[18]（表15）があり、合計点が31点以上で認知症の可能性ありと判定する。さらに、合計が31点以上で、①遠隔記憶（項目3）、場所の見当識（項目5）、社会的判断（項目9）、身体的ADL（項目16～21）のいずれも1～2点の場合は軽度認知症、②項目3、5、9、16～21のいずれかが3～4点の場合は中等度認知症、③項目3、5、9、16～21のいずれも3～4点の場合は重度認知症の可能性ありと判定する。

認知症患者の自立度の評価に、認知症高齢者の日常生活自立度判定基準が用いられている。

■認知機能

表14　HDS-R（改訂長谷川式簡易知能評価スケール）

1	お歳はいくつですか？（2年までの誤差は正解）		0　1
2	今日は何年の何月何日ですか？　何曜日ですか？（年月日、曜日が正解でそれぞれ1点ずつ）	年	0　1
		月	0　1
		日	0　1
		曜日	0　1
3	私たちがいまいるところはどこですか？ （自発的にでれば2点、5秒おいて家ですか？病院ですか？施設ですか？のなかから正しい選択をすれば1点）		0　1　2
4	これから言う3つの言葉を言ってみてください。あとでまた聞きますのでよく覚えておいてください。（以下の系列のいずれか1つで，採用した系列に〇印をつけておく） 1：　a）桜　b）猫　c）電車、　2：　a）梅　b）犬　c）自動車		0　1 0　1 0　1
5	100から7を順番に引いてください。 （100-7は？、それからまた7を引くと？　と質問する。最初の答えが不正解の場合、打ち切る）	（93） （86）	0　1 0　1
6	私がこれから言う数字を逆から言ってください。 （6-8-2、3-5-2-9を逆に言ってもらう、3桁逆唱に失敗したら、打ち切る）	2-8-6 9-2-5-3	0　1 0　1
7	先ほど覚えてもらった言葉をもう一度言ってみてください。 （自発的に回答があれば各2点、もし回答がない場合以下のヒントを与え正解であれば1点） a）植物　b）動物　c）乗り物		a：　0　1　2 b：　0　1　2 c：　0　1　2
8	これから5つの品物を見せます。それを隠しますのでなにがあったか言ってください。　（時計、鍵、タバコ、ペン、硬貨など必ず相互に無関係なもの）		0　1　2 3　4　5
9	知っている野菜の名前をできるだけ多く言ってください。 （答えた野菜の名前を右欄に記入する。途中で詰まり、約10秒間待っても答えない場合には　そこで打ち切る） 0〜5＝0点，　6＝1点，　7＝2点，　8＝3点，　9＝4点，　10＝5点	＿＿＿＿ ＿＿＿＿ ＿＿＿＿ ＿＿＿＿ ＿＿＿＿	0　1　2 3　4　5

30点満点中20点以下は認知症の疑いあり。

（出典：加藤伸司ほか：老年精神医学雑誌 1991; 2: 1339〜1347
http://mol.medicalonline.jp/library/journal/download?GoodsID=aj2rsizd/1991/000211/009&name=1339-1347j&UserID=133.1.67.184）

表15 地域包括ケアシステムにおける認知症アセスメントシート
(Dementia Assessment Sheet for Community-based Integrated Care System-21 items：DASC-21)

The Dementia Assessment Sheet for Community-based Integrated Care System-21 items (DASC-21)

記入日　　年　　月　　日

ご本人の氏名： 　　　　　生年月日： 　　　　　年　　月　　日（　　歳）　　男・女　　独居・同居

記入者氏名： 　　　　　（本人との続柄： 　　　）　　（所属・職種： 　　　）

本人以外の情報提供者氏名：

No.	項目	1点	2点	3点	4点	評価項目	備考欄
A	もの忘れが多いと感じますか	1. 感じない	2. 少し感じる	3. 感じる	4. とても感じる	導入の質問（採点せず）	
B	1年前と比べて、もの忘れが増えたと感じますか	1. 感じない	2. 少し感じる	3. 感じる	4. とても感じる		
1	財布や鍵など、物を置いた場所がわからなくなることがありますか	1. まったくない	2. ときどきある	3. 頻繁にある	4. いつもそうだ	近時記憶（記憶）	
2	5分前に聞いた話を思い出せないことがありますか	1. まったくない	2. ときどきある	3. 頻繁にある	4. いつもそうだ	記憶	
3	自分の生年月日がわからなくなることがありますか	1. まったくない	2. ときどきある	3. 頻繁にある	4. いつもそうだ	遠隔記憶	
4	今日が何月何日かわからないときがありますか	1. まったくない	2. ときどきある	3. 頻繁にある	4. いつもそうだ	時間	
5	自分のいる場所がどこだかわからなくなることはありますか	1. まったくない	2. ときどきある	3. 頻繁にある	4. いつもそうだ	見当識　場所	
6	道に迷って家に帰ってこられなくなることはありますか	1. まったくない	2. ときどきある	3. 頻繁にある	4. いつもそうだ	道順	
7	電気やガスや水道が止まってしまったときに、自分で適切に対処できますか	1. 問題なくできる	2. だいたいできる	3. あまりできない	4. まったくできない	問題解決　問題解決	
8	一日の計画を自分で立てることができますか	1. 問題なくできる	2. だいたいできる	3. あまりできない	4. まったくできない	判断力	
9	季節や状況に合った服を自分で選ぶことができますか	1. 問題なくできる	2. だいたいできる	3. あまりできない	4. まったくできない	社会的判断力	
10	一人で買い物はできますか	1. 問題なくできる	2. だいたいできる	3. あまりできない	4. まったくできない	買い物　家庭外のIADL	
11	バスや電車、自家用車などを使って一人で外出できますか	1. 問題なくできる	2. だいたいできる	3. あまりできない	4. まったくできない	交通機関	
12	貯金の出し入れや、家賃や公共料金の支払いは一人でできますか	1. 問題なくできる	2. だいたいできる	3. あまりできない	4. まったくできない	金銭管理	
13	電話をかけることができますか	1. 問題なくできる	2. だいたいできる	3. あまりできない	4. まったくできない	電話　家庭内のIADL	
14	自分で食事の準備はできますか	1. 問題なくできる	2. だいたいできる	3. あまりできない	4. まったくできない	食事の準備	
15	自分で、薬を決まった時間に決まった分量を飲むことはできますか	1. 問題なくできる	2. だいたいできる	3. あまりできない	4. まったくできない	服薬管理	
16	入浴は一人でできますか	1. 問題なくできる	2. 見守りや声かけを要する	3. 一部介助を要する	4. 全介助を要する	入浴　身体的ADL①	
17	着替えは一人でできますか	1. 問題なくできる	2. 見守りや声かけを要する	3. 一部介助を要する	4. 全介助を要する	着替え	
18	トイレは一人でできますか	1. 問題なくできる	2. 見守りや声かけを要する	3. 一部介助を要する	4. 全介助を要する	排泄	
19	身だしなみを整えることは一人でできますか	1. 問題なくできる	2. 見守りや声かけを要する	3. 一部介助を要する	4. 全介助を要する	整容	
20	食事は一人でできますか	1. 問題なくできる	2. 見守りや声かけを要する	3. 一部介助を要する	4. 全介助を要する	食事　身体的ADL②	
21	家のなかでの移動は一人でできますか	1. 問題なくできる	2. 見守りや声かけを要する	3. 一部介助を要する	4. 全介助を要する	移動	

DASC-21：(1～21項目までの)合計点　　　　　点/84点

DASC-21

■認知症高齢者の日常生活自立度

認知症高齢者の日常生活自立度判定基準

ランク	判定基準	見られる症状・行動の例
I	何らかの認知症を有するが、日常生活は家庭内および社会的にほぼ自立している	
II	日常生活に支障をきたすような症状・行動や意思疎通の困難さが多少見られても、誰かが注意していれば自立できる	
IIa	家庭外で上記IIの状態が見られる	たびたび道に迷うとか、買物や事務、金銭管理などそれまでできたことにミスが目立つ等
IIb	家庭内でも上記IIの状態が見られる	服薬管理ができない、電話の対応や訪問者との対応など一人で留守番ができない等
III	日常生活に支障を来たすような症状・行動や意思疎通の困難さが見られ、介護を必要とする	
IIIa	日中を中心として上記IIIの状態が見られる	着替、食事、排便、排尿が上手にできない、時間がかかる。やたら物を口に入れる、物を拾い集める、徘徊、失禁、大声、奇声をあげる、火の不始末、不潔行為、性的異常行動等
IIIb	夜間を中心として上記IIIの状態が見られる	ランクIIIaに同じ
IV	日常生活に支障を来たすような症状・行動や意思疎通の困難さが頻繁に見られ、常に介護を必要とする	ランクIIIaに同じ
M	著しい精神症状や問題行動あるいは重篤な身体疾患が見られ、専門医療を必要とする	せん妄、妄想、興奮、自傷、他害等の精神症状や精神症状に起因する問題行動が継続する状態等

「認知症である老人の日常生活自立度判定基準」の活用について
（平成5年10月26日老健第135号：厚生省老人保健福祉局長通知）

日常生活の評価指標には日常生活動作（activities of daily living: ADL）があり、さらに基本的日常生活動作（basic activities of daily living: BADL）と手段的日常生活動作（instrumental activities of daily living: IADL）に分類される。BADLの評価指標としてBarthel Index[19]（**表16**）がIADLの評価指標としてIADL尺度[20]（**表17**）がある。

■日常生活自立度

表16　Barthel Index

Barthel Index		
ADLの評価にあたり、食事、車椅子からベッドへの移動、整容、トイレ動作、入浴、歩行、階段昇降、着替え、排便コントロール、排尿コントロールの計10項目を5点刻みで点数化し、その合計点を100点満点として評価するもの。		

BI（バーセルインデックス）の概要		
項目	点数	判定基準
食事	10点	自立、手の届くところに食べ物を置けば、トイレあるいはテーブルから1人で摂取可能、必要なら介護器具をつけることができ、適切な時間内で食事が終わる
	5点	食べ物を切る等、介助が必要
	0点	全介助
移乗	15点	自立、車椅子で安全にベッドに近づき、ブレーキをかけ、フットレストを上げてベッドに移り、臥位になる。再び起きて車椅子を適切な位置に置いて、腰を掛ける動作がすべて自立
	10点	どの段階かで、部分介助あるいは監視が必要
	5点	座ることはできるが、移動は全介助
	0点	全介助
整容	5点	自立（洗面、歯磨き、整髪、ひげぞり）
	0点	全介助
トイレ動作	10点	自立、衣服の操作、後始末も含む。ポータブル便器を用いているときは、その洗浄までできる
	5点	部分介助、体を支えたり、トイレットペーパーを用いることに介助
	0点	全介助
入浴	5点	自立（浴槽につかる、シャワーを使う）
	0点	全介助
歩行	15点	自立、45m以上歩行可能、補装具の使用はかまわないが、車椅子、歩行器は不可
	10点	介助や監視が必要であれば、45m平地歩行可
	5点	歩行不能の場合、車椅子をうまく操作し、少なくとも45mは移動できる
	0点	全介助
階段昇降	10点	自立、手すり、杖などの使用はかまわない
	5点	介助または監視を要する
	0点	全介助
着替え	10点	自立、靴・ファスナー、装具の着脱を含む
	5点	部分介助を要するが、少なくとも半分以上の部分は自分でできる。適切な時間内にできる
	0点	全介助
排便コントロール	10点	失禁なし、浣腸、坐薬の取り扱いも可能
	5点	時に失禁あり、浣腸、坐薬の取り扱いに介助を要する
	0点	全介助
排尿コントロール	10点	失禁なし
	5点	時に失禁あり、収尿器の取り扱いに介助を要する場合も含む
	0点	全介助

（出典：Mahoney FI, Barthel D: "Functional evaluation: the Barthel Index." Maryland State Med Journal 14: 61-65, 1965. Used with permission.）（第185回（令和2年9月14日）社保審–介護給付費分科会/資料、令和3年度介護報酬改定に向けて（自立支援・重度化防止の推進）46ページ https://www.mhlw.go.jp/content/12300000/000672514.pdf より）

表17　手段的日常生活活動（IADL）尺度

項　　　　目	採点 男性	女性
A　電話を使用する能力		
1．自分から電話をかける（電話帳を調べたり、ダイアル番号を回すなど）	1	1
2．2, 3 のよく知っている番号をかける	1	1
3．電話に出るが自分からかけることはない	1	1
4．全く電話を使用しない	0	0
B　買い物		
1．全ての買い物は自分で行う	1	1
2．小額の買い物は自分で行える	0	0
3．買い物に行くときはいつも付き添いが必要	0	0
4．全く買い物はできない	0	0
C　食事の準備		
1．適切な食事を自分で計画し準備し給仕する		1
2．材料が供与されれば適切な食事を準備する		0
3．準備された食事を温めて給仕する、あるいは食事を準備するが適切な食事内容を維持しない		0
4．食事の準備と給仕をしてもらう必要がある		0
D　家事		
1．家事を一人でこなす、あるいは時に手助けを要する（例：重労働など）		1
2．皿洗いやベッドの支度などの日常的仕事はできる		1
3．簡単な日常的仕事はできるが、妥当な清潔さの基準を保てない		1
4．全ての家事に手助けを必要とする		1
5．全ての家事にかかわらない		0
E　洗濯		
1．自分の洗濯は完全に行う		1
2．ソックス、靴下のゆすぎなど簡単な洗濯をする		1
3．全て他人にしてもらわなければならない		0
F　移送の形式		
1．自分で公的機関を利用して旅行したり自家用車を運転する	1	1
2．タクシーを利用して旅行するが、その他の公的輸送機関は利用しない	1	1
3．付き添いがいたり皆と一緒なら公的輸送機関で旅行する	1	1
4．付き添いか皆と一緒で、タクシーか自家用車に限り旅行する	0	0
5．まったく旅行しない	0	0
G　自分の服薬管理		
1．正しいときに正しい量の薬を飲むことに責任が持てる	1	1
2．あらかじめ薬が分けて準備されていれば飲むことができる	0	0
3．自分の薬を管理できない	0	0
H　財産取り扱い能力		
1．経済的問題を自分で管理して（予算、小切手書き、掛金支払い、銀行へ行く）一連の収入を得て、維持する	1	1
2．日々の小銭は管理するが、預金や大金などでは手助けを必要とする	1	1
3．金銭の取り扱いができない	0	0

採点法は各項目ごとに該当する右端の数値を合計する（男性 0〜5、女性 0〜8 点）
(Lawton, M.P & Brody. E.M. Assessment of older people: Self - Maintaining and instrumental activities of daily living. Geroulologist. 9: 179-186, 1969 より)

高齢者では予備力の低下が問題となる。予備力とは個人が持っている体力・生理機能の最大能力と通常使用している能力との差を指すが、予備力が低下すると歯科治療などストレスが加わった場合の対応が困難となり、種々の不快事項をきたす。特に低下すると重篤な結果を招く恐れのある循環機能の指標としてAHA分類やNYHA分類がある。NYHA分類Ⅱ度では侵襲的な処置に注意が必要であり、Ⅲ度では治療内容の検討が、Ⅳ度では治療の可否についての検討が必要と考えられる。息切れ・呼吸困難の評価には、Hugh-Jones（H-J）分類[22]（表18）やmodified British Medical Research Council（mMRC）質問票[23]（表19）を用いることが多い。

■**循環機能の指標（NYHA（New York Heart Association）分類）**
Ⅰ度：心疾患はあるが身体活動に制限はない。日常的な身体活動では著しい疲労、動悸、呼吸困難あるいは狭心痛を生じない。
Ⅱ度：軽度の身体活動の制限がある。安静時には無症状。日常的な身体活動で疲労、動悸、呼吸困難あるいは狭心痛を生じる。
Ⅲ度：高度な身体活動の制限がある。安静時には無症状。日常的な身体活動以下の労作で疲労、動悸、呼吸困難あるいは狭心痛を生じる。
Ⅳ度：心疾患のためいかなる身体活動も制限される。心不全症状や狭心痛が安静時にも存在する。わずかな労作でこれらの症状は増悪する。

■**息切れ、呼吸困難の指標**

表18　Hugh-Jones 分類

Ⅰ度	同年齢の健常者とほとんど同様の労作ができ、歩行、階段昇降も健常者並みにできる
Ⅱ度	同年齢の健常者とほとんど同様の労作ができるが、坂、階段昇降は健常者並みにはできない
Ⅲ度	平地でさえ健常者並みには歩けないが、自分のペースでなら1マイル（1.6km）以上歩ける
Ⅳ度	休まなければ50ヤード（46m）も歩けない
Ⅴ度	会話や衣服の着脱でも息切れを自覚し、息切れのため外出もできない

（文献1の84ページより引用）

表19　modified British Medical Research Council Questionnaire（mMRC 質問票）

グレード分類	あてはまるものにチェックしてください（1つだけ）
0	激しい運動をしたときだけ息切れがある
1	平坦な道を早足で歩く、あるいは緩やかな上り坂を歩くときに息切れがある
2	息切れがあるので、同年代の人よりも平坦な道を歩くのが遅い、あるいは平坦な道を自分のペースで歩いているとき、息切れのために立ち止まることがある
3	平坦な道を約100m、あるいは数分歩くと息切れのために立ち止まる
4	息切れがひどく家から出られない、あるいは衣服の着替えをするときにも息切れがある

（『COPD 診療のエッセンス 2014 年版「補足解説」』13 ページ
https://www.med.or.jp/dl-med/nosmoke/copd_essence2014_hosoku.pdf より引用）

引用文献

1) 日本有病者歯科医療学会編：有病者歯科学，10-15，第2版，永末書店，京都，2021.

2) 入江聰五郎：バイタルサインからの臨床診断，16-20，改訂版，羊土社，東京，2017.

3) 宮城征四郎：生命徴候の臨床的意義，1051-1053，呼吸 28，2009.

4) 日本有病者歯科医療学会編：有病者歯科学，16-19，第1版，永末書店，京都，2018.

5) 日本高血圧学会高血圧治療ガイドライン作成委員会編：高血圧治療ガイドライン 2014，19，日本高血圧学会，東京，2015.

6) 太田富雄，和賀志郎，半田 肇，他：急性期意識障害の新しい grading とその表現法（いわゆる 3-3-9 度方式），第3回脳卒中の外科研究会講演集，61-69，1975.

7) 日本有病者歯科医療学会編：有病者歯科学，24-43，第1版，永末書店，京都，2018.

8) 日本肥満学会，編：肥満症診療ガイドライン 2016. ライフサイエンス出版，2016.

9) 日本有病者歯科医療学会，編：有病者歯科学 第2版. 永末書店，2021，p19-20.

10) 塚源宏泰，依田哲也，他：日本人成人顎関節健常者における最大開口量についての統計学的検討．日本口腔外科学会雑誌 44(2)，159-167，1998.

11) 能勢裕里江，横田隆徳：不随意運動 部位とパターンをどうみるか．medicina 51(7): 1254-1259，2014.

12) 長寿科学振興財団 健康長寿ネット：嚥下障害の原因 https://www.tyojyu.or.jp/net/byouki/sesshoku shougai/genin.html

13) Nestle Nutrition Institute：EAT-10 嚥下アセスメントツール（日本語版）https://www.nestlenutrition-institute.org/sites/default/files/documents-library/infographics/secured/eat-10---japanese-interactive---03202020-nc.pdf

14) 厚生労働省：障害高齢者の日常生活自立度（寝たきり度）https://www.mhlw.go.jp/file/06-Seisaku jouhou-12300000-Roukenkyoku/0000077382.pdf

15) Common Toxicity Criteria, Version2.0 Publish Date April 30, 1999（http://ctep.cancer.gov/protocolDevelopment/electronic_applications/docs/ctcv20_4-30-992.pdf）日本臨床腫瘍研究グループ：ECOG PS（日本語訳）http://www.jcog.jp/doctor/tool/C_150_0050.pdf

16) 日本老年医学会：CGA7 高齢者総合評価：評価内容、成否、解釈、次のステップ https://www.jpn-geriat-soc.or.jp/tool/pdf/tool_04.pdf

17) 日本老年医学会：改訂長谷川式簡易知能評価スケール（HDS-R）https://www.jpn-geriat-soc.or.jp/tool/pdf/tool_05.pdf

18) 日本老年医学会：Dementia Assessment Sheet for Community-based Integrated Care System-21 items（DASC-21）https://www.jpn-geriat-soc.or.jp/tool/pdf/tool_07.pdf

19) 日本老年医学会：Barthel Index（基本的 ADL）https://www.jpn-geriat-soc.or.jp/tool/pdf/tool_09.pdf

20) 日本老年医学会：手段的日常生活活動（IADL）尺度 http://www.jst.go.jp/s-innova/research/h22theme05/h22theme05_siryo01.pdf

22) Hugh-Jones P, Lambert AV. A simple standard exercise test and its use for measuring exertion dyspnoea. Brit Med J 1: 65-71, 1951.

23) Celli BR W, MacNee W, and committee members. Standards for the diagnosis and treatment of patients with COPD : a summary of the ATS!ERS po- sition paper. Eur Respir J 23: 932-946, 2004.

III 歯科口腔処置のストレス評価

1 口腔ケアのストレス、抜歯のストレスなどの他覚的評価（指標）

　歯科口腔処置は患者にとってストレッサーとなる。**図1**に患者自身と術者が visual analogue scale で評価した歯科治療のストレス評価結果を示す[1]。このストレスは、術者と患者では異なることがあるので注意が必要である。ストレッサーを受けた患者はそれに対して生体反応を起こす。その生体反応が患者の予備力のなかに収まれば大きな問題は起こらないが、その生体反応が予備力を超えた場合には有害事象を生じることとなる。訪問歯科診療を必要とする患者には高齢者が多く、かつ有病者であることがほとんどである。一般に高齢者では予備力の低下を背景に、治療によるストレスから循環動態をはじめとする全身的合併症が起こりやすい。また、訪問歯科診療では通常の診療環境と異なるだけでなく、対象患者の要介護度が高いことも多く[2]、ストレスを与えない処置を行うことに留意することが重要である。また、歯科医師と患者では、治療内容によるストレスの感じ方に差異があるとされ[1]、歯科医師が患者にかかるストレスは大きくないと通常考える義歯調整や口腔衛生管理でも高齢者にとっては大きなストレスとなり、その結果、血圧が上昇するとも報告されている[3]。したがって、ストレスの評価は、患者の状態の変化を早期に把握するためには必須である。

　ストレスの客観的評価方法には、脳機能、循環機能、呼吸機能などに基づくものが報告されているが[4]、訪問歯科診療の現場で実施可能な簡便かつ非侵襲的な評価法は多くはない。訪問歯科診療の現場において、容易に実施可能なストレス評価としては、**患者の表情の変化、血圧・脈拍の変動、顔面、手掌の発汗**などが挙げられる。特に患者の身体評価の変化については、介護を行う患者家族、主治医、訪問看護師、ケアマネジャーなどから事前に情報を収集しておくことが重要であり、日常の様子、基礎疾患の状況ならびに診療数日前からのバイタルサインの変化についても十分に把握しておく必要がある。高齢者に対する訪問歯科診療時のバイタルサイン測定の必要性を検討した報告では、処置前の血圧では 31.5% の患者で異常値を示したとされ、**侵襲が低いとされる処置でさえも高齢者ではストレッサーとなる可能性があり、それにより血圧の上昇が起こる**とされている[3]。精神性発汗と関連する手掌の発汗は即応性に優れた非侵襲的なストレス評価であり、高齢者において、浸潤麻酔、歯冠形成、抜歯処置、印象採得、体位変換で発汗反応を示したとされ、治療中の自律神経反応のモニターとしての有用性も報告されている[5]。循環器系疾患を有する在宅高齢者の歯科治療では、侵害刺激が伴わなくとも環境の変化による不安・緊張が情動ストレスとなることによって循環動態とりわけ心拍数の変動に強く影響を及ぼすことが示唆されており[6]、心拍数の変動についても留意する必要がある。したがって、訪問歯科診療に際して、モニタリングを行い、バイタルサインの推移を把握することは、医療安全の側面のみならず患者の治療に対するストレスの評価にも繋がるものとして推奨される。

■歯科口腔処置と高齢者のストレス

・侵襲が低いとされる処置でさえも高齢者ではストレッサーとなる可能性がある

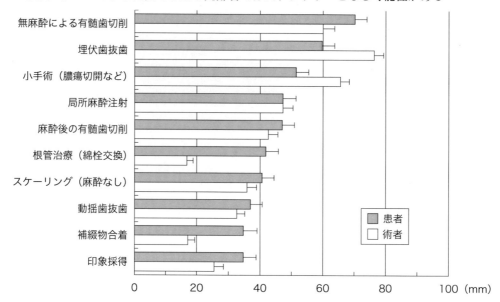

図1　患者自身と術者が visual analogue scale で評価した歯科治療が患者に与えるストレス
(間宮秀樹ほか:歯科治療のストレス評価―患者はどの治療がいちばん恐いのか. 日本歯科麻酔学会雑誌, 24(2):
248-254, 1996. より)

■実施可能なストレス評価

　患者の表情の変化、血圧・脈拍の変動、顔面、手掌の発汗など

② リスクの評価

　患者の予備力を具体的・定量的に評価する方法はない。

　高齢者の脳心血管病発症に高血圧が及ぼす影響は大きい。高血圧は加齢とともに増加し、70歳以上の70％以上が高血圧に罹患している。高齢者の高血圧の特徴としては、①収縮期高血圧と脈拍の増大、②血圧動揺性の増大、③白衣高血圧の増加、④起立性低血圧や食後血圧低下の増加、などがある。日本高血圧学会の脳心血管病に対する予後影響因子（**表2**）や診察室血圧に基づいた脳心血管病リスクの層別化（**表3**）など[7]を参考にする。

表2　脳心血管病に対する予後影響因子（日本高血圧学会，2019）

A. 血圧レベル以外の脳心血管病の危険因子	B. 臓器障害／脳心血管病	
高齢（65歳以上）	脳	脳出血・脳梗塞 一過性脳虚血発作
男性	心臓	左室肥大（心電図、心エコー） 狭心症、心筋梗塞、冠動脈再建術後 心不全 非弁膜症性心房細動[※2]
喫煙		
脂質異常症[※1] 　低HDLコレステロール血症（＜40mg/dL） 　高LDLコレステロール血症（≧140mg/dL） 　高トリグリセライド血症（≧150mg/dL）		
	腎臓	蛋白尿 eGFR低値[※3]（＜60mL/分/1.73m^2） 慢性腎臓病（CKD）
肥満（BMI≧25kg/m^2）（特に内臓脂肪型肥満）		
若年（50歳未満）発症の脳心血管病の家族歴	血管	大血管疾患 末梢動脈疾患 （足関節上腕血圧比低値：ABI≦0.9） 動脈硬化性プラーク 脈波伝播速度上昇 （baPWV≧18m/秒、cfPWV＞10m/秒） 心臓足首血管指数（CAVI）上昇（≧9）
糖尿病 　空腹時血糖≧126mg/dL 　負荷後血糖2時間値≧200mg/dL 　随時血糖≧200mg/dL 　HbA1c≧6.5％（NGSP）		
	眼底	高血圧性網膜症

青字：リスク層別化に用いる予後影響因子
※1　トリグリセライド400mg/dL以上や食後採血の場合にはnon HDLコレステロール（総コレステロール-HDLコレステロール）を使用し、その基準はLDLコレステロール＋30mg/dLとする。
※2　非弁膜症性心房細動は高血圧の臓器障害として取り上げている。
※3　eGFR（推算糸球体濾過量）は下記の血清クレアチニンを用いた推算式（eGFR$_{creat}$）で算出するが、筋肉量が極端に少ない場合は、血清シスタチンを用いた推算式（eGFR$_{cys}$）がより適切である。
eGFR$_{creat}$（mL/分/1.73m^2）＝194×Cr$^{-1.094}$×年齢$^{-0.287}$（女性は×0.739）
eGFR$_{cys}$（mL/分/1.73m^2）＝（104×Cys$^{-1.019}$×0.996^{年齢}（女性は×0.929））−8
（「高血圧治療ガイドライン2019」49ページ　https://www.jpnsh.jp/data/jsh2019/JSH2019_hp.pdf）

表3　診察室血圧に基づいた脳心血管病リスク層別化（日本高血圧学会，2019）

血圧分類 リスク層	高値血圧 130–139/80–89 mmHg	Ⅰ度高血圧 140–159/90–99 mmHg	Ⅱ度高血圧 160–179/100–109 mmHg	Ⅲ度高血圧 ≧180/≧110 mmHg
リスク第一層 予後影響因子がない	低リスク	低リスク	中等リスク	高リスク
リスク第二層 年齢（65歳以上）、男性、脂質異常症、喫煙のいずれかがある	中等リスク	中等リスク	高リスク	高リスク
リスク第三層 脳心血管病既往、非弁膜症性心房細動、糖尿病、蛋白尿のあるCKDのいずれか、または、リスク二層の危険因子が3つ以上ある	高リスク	高リスク	高リスク	高リスク

JALSスコアと久山スコアより得られる絶対リスクを参考に、予後影響因子の組合せによる脳心血管病リスク層別化を行った。
層別化で用いられている予後影響因子は、血圧、年齢（65歳以上）、男性、脂質異常症、喫煙、脳心血管病（脳出血、脳梗塞、心筋梗塞）の既往、非弁膜症性心房細動、糖尿病、蛋白尿のあるCKDである。
（「高血圧治療ガイドライン2019」50ページ　https://www.jpnsh.jp/data/jsh2019/JSH2019_hp.pdf）

 引用文献

1) 間宮秀樹，他：歯科治療のストレス評価―患者はどの治療が一番怖いのか―．日歯麻誌 24: 248-254, 1996.
2) 栗原由紀夫，鷲巣暢夫：三島市歯科医師会における在宅者訪問歯科診療への取り組み（第2報）．老年歯科医学 29: 302-306, 2015.
3) 今渡隆成，飯田　彰，戸倉　聡，石田義孝，小野智史，福島和昭：高齢者に対する訪問歯科診療時のバイタルサイン測定の必要性―在宅患者歯科治療総合医療管理料（Ⅱ）からみた検討―．老年歯学 32: 477-482, 2018.
4) 山口直樹，吉田　博：唾液アミラーゼ活性による交感神経モニタの実用化．Chemical Sensors, 21: 92-98, 2005.
5) 菊谷　武，田中秀太郎，鈴木康生，山根　健，鈴木　章，稲葉　繁：高齢者および若年者における歯科処置時の自律神経反応―精神性発汗量，心拍数，血圧の変化―．歯学 82: 847-852, 1994.
6) 木田正芳，岡田幸明，竹腰将典，伊藤恒生，加藤隆正，池岡憲之，倉賀野勲，鳥居則成，片桐知之，岡田好史，岡崎吉孝，高瀬俊幸：在宅歯科診療における循環動態の変化―日常生活時と歯科診療時との比較―．老年歯学 10: 91-99, 1995.
7) 日本高血圧学会：高血圧診療ガイドライン 2019. 49-50, 2019.

IV モニタリング

1 訪問歯科診療時に必要とするモニタリングとは

　訪問歯科診療を行う際、在宅患者歯科治療時医療管理料（在歯管）が算定できる[1]。その基準として対象疾患、処置内容が決められているが、算定するケースとして、「歯科診療時における全身状態の変化等を把握するため、患者の血圧、脈拍、経皮的酸素飽和度を経時的に監視し、必要な医療管理を行った場合」となっている。施設基準として当該患者の全身状態の管理を行うにつき以下十分な装置・器具等を有していることとして、ア）経皮的酸素飽和度測定器（パルスオキシメーター）、イ）酸素供給装置、ウ）救急蘇生セットが挙げられている。

　すなわち、モニタリングとして血圧、脈拍、経皮的酸素飽和度測定は最低限必要である。

■訪問歯科診療時に必要なモニタリング
　・血圧、脈拍、経皮的酸素飽和度測定は最低限必要

2 モニタリングに必要な機器

1）循環：心電図、血圧計

　心電図をモニターしながらの処置は、訪問歯科診療においては通常行われない。ただし循環器疾患を有し、診療中に狭心痛など変化があった場合に記録用として家庭用簡易心電図モニターがある（写真1）。これは本人の指を電極に当て、もう一方の電極を左胸に押し当てて計測するもので、波形が記録され、その時の状況が後ほどの診察時にある程度参考になる。ただし、電極を持つのは本人であり、介助はできないので状況によっては使用できない。血圧計（写真2）は上腕式血圧計と手首式血圧計がある。測定は左右どちらでも構わないが、いつも測定している方を使用する。

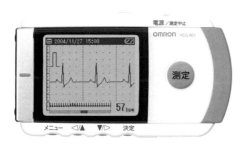

写真1　家庭用簡易心電図モニター
（オムロン ヘルスケア株式会社より）

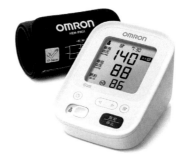

写真2　上腕式血圧計
（オムロン ヘルスケア株式会社より）

2) 呼吸：経皮的酸素飽和度測定器（パルスオキシメーター）

皮膚を通して動脈血酸素飽和度（SpO_2）を測定するための装置で、赤い光の出る装置（プローブ）を指にはさむことで測定する（**写真3**）。同時に脈拍数も測定できるため訪問歯科診療において必須の機器である。一般的に96〜99％が基準値とされ、90％以下の場合は十分な酸素を全身の臓器に送れなくなった状態（呼吸不全）になっている可能性があるため適切な処置が必要となる[2]。慢性の呼吸器疾患や循環器疾患の患者では、普段の SpO_2 は患者にとって様々であり、治療開始前にかならず測定し、治療時の SpO_2 がどのような状況なのかを比較し、理解することが必要である。

写真3 パルスオキシメーター
（オムロン ヘルスケア株式会社より）

3) 中枢神経系（意識）

患者との意思疎通について知ることは重要である。知的、言語、視聴覚機能の障害の程度について訪問診療時に客観的に評価する機器は特にないが、意識レベルについては JCS（Japan Coma Scale）（11ページ参照）にての評価が一般的である。JCS 1桁：刺激なしでも覚醒している、2桁：刺激をすると覚醒する（刺激を止めると眠り込む）、3桁：刺激しても覚醒しない。

・JCS（Japan Coma Scale）

4) 誤嚥の有無

治療中の誤嚥の有無の確認は、患者の咳やむせ、湿性嗄声（痰が絡んだようなゴロゴロとした声、ガラガラ声、かすれた声、咽頭部に唾液、痰が溜まっているのに嚥下反射が出ない）に注意する。

■誤嚥の有無の確認
　・咳、むせ、湿性嗄声

📖 引用文献

1）福岡県歯科医師会編集：訪問歯科診療ガイドブック．一般社団法人 福岡県歯科医師会 2018.
2）日本呼吸器学会編集：Q & A パルスオキシメーターハンドブック．日本呼吸器学会 2014.

V 院内感染対策

　訪問先での治療に際しても院内感染対策が必要である。自分自身を守り、そして患者から別の患者や家族への感染を予防するためには、標準予防策（スタンダードプリコーション）を遵守することが重要になる。標準予防策とは、「あらゆる人の血液、すべての体液、汗以外の分泌物、排泄物、損傷のある皮膚、および粘膜には感染性があると考えて取り扱う」という考え方を基盤に、すべての人に実施する感染予防策である。

※血液を介して感染する微生物には、B型肝炎ウイルス（HBV）、C型肝炎ウイルス（HCV）、ヒト免疫不全ウイルス（HIV）などがあり、血液媒介病原体と呼ばれている。

　使用した器具は感染性の有無に関係なく、使用目的と使用部位に対する感染の危険度に応じて分類し（スポルディングの分類）、適切な消毒・滅菌方法を行う。

・標準予防策（スタンダードプリコーション）
　「あらゆる人の血液、すべての体液、汗以外の分泌物、排泄物、損傷のある皮膚、および粘膜には感染性があると考えて取り扱う」

歯科治療内容別に推奨される個人防護

内容	処置例	処置の感染リスク	個人防護具の例
観血的治療	・局所麻酔 ・抜歯 ・インプラント（植立、除去） ・顎間固定（装着、除去） ・歯牙再植、暫間固定 ・歯周外科 ・腫瘍切除	高度	・ゴーグル ・マスク ・フェイスシールド ・プラスチックエプロン ・ガウン ・滅菌手袋
観血的治療に準ずる	・口腔内診査 ・歯周検査、歯周治療 ・歯内療法 ・歯冠修復 ・充填処置 ・ラバーダム装着 ・歯列矯正 ・嚥下内視鏡検査	高度	・ゴーグル ・マスク ・フェイスシールド ・プラスチックエプロン ・手袋
非観血的治療	・印象採得 ・歯列矯正（ブラケット装着・調整） ・義歯修理・調整 ・X線撮影	中等度	・ゴーグル ・マスク ・フェイスガード ・プラスチックエプロン ・手袋
	・体温（脇下）、血圧、酸素飽和度測定 ・問診	低度	・マスク

（日新税理士事務所：歯科経営情報レポート9月号　細菌感染・ウイルス感染を防止 歯科医院における感染予防対策，P7 https://ns-1.biz/report/s-201409.pdf より一部改変して引用）

器具の滅菌消毒（スポルディングの分類）

カテゴリー	定義	処理	歯科機材・物品
クリティカル (critical)	通常無菌の組織や血管に挿入されるもの	滅菌	手術器材、スケーラー、バー、ポイント、穿刺・縫合など観血的な処置に使用される器材など
セミクリティカル (semicritical)	損傷のない粘膜および創のある皮膚に接触するもの	高水準消毒または中水準消毒	印象用トレー、口腔内用ミラー、咬合紙ホルダーなど
ノンクリティカル (noncritical)	損傷のない皮膚と接触するもの	洗浄または低水準消毒	チェアーユニット、無影灯、X線撮影用ヘッド・コーン、パルスオキシメーター、診察台、血圧計カフなど※

歯科用ハンドピースはセミクリティカルの物品と見なされるが、1人の患者が終了するごとに常に加熱滅菌し、高水準消毒は行わないこと。
※洗浄や消毒が難しい装置や環境表面はカバーで保護する。

（日新税理士事務所：歯科経営情報レポート9月号　細菌感染・ウイルス感染を防止 歯科医院における感染予防対策, P11 https//ns-1.biz/report/s-201409.pdf より一部改変して引用）

■各論

I　訪問歯科診療における治療の可否判断

　「訪問診療」とは、長期的な医療計画をもとに実施されることを前提とするものであり、「往診」とは、依頼に応じて緊急対応にて実施される診療であり、主訴の解消が行われた時点で終了するものである[1]。

　訪問歯科診療において、処置を行うべきか控えるべきかの判断は重要である。行う医療行為（内容およびストレスの程度）と患者の状況（患者の疾患の状態、予備力、生活動作能力、認知機能などの心身機能、診療する場所での患者の体幹保持、同居者や介助者の有無など）を総合的に判断して、治療の可否、治療内容を決める必要がある。

　次頁の表に治療別に、注意すべき全身状態と訪問治療の目安についてまとめた。

　＊表中の用語については以下を参照
　　・ECOG PS：28 ページ
　　・JCS：11 ページ
　　・セミファウラー位：21 ページ
　　・ファウラー位：21 ページ
　　・座位：21 ページ
　　・Hugh-Jones 分類：35 ページ
　　・NYHA 分類：35 ページ

	全身状態	意識レベル	認知症	体位保持				基礎疾患＊各疾患の成書を参照
				座位	ファウラー位	セミファウラー位	側臥位、仰臥位	
義歯調整	ECOG PS 0-4	JCS1,2,3 が望ましい JCS10,20,30 で可能 JCS100,200,300 で必要性を検討	拒否反応、回避行動に注意	可	可	可	可	注意：患者ごとに検討
口腔ケア（出血を伴わない程度）	ECOG PS 0-4	いかなる状態でも施行可能	拒否反応、回避行動に注意	可	可	可	可	注意：患者ごとに検討
口腔ケア（出血を伴うもの）	ECOG PS 0-4	いかなる状態でも施行可能	拒否反応、回避行動に注意	可	可	可	可	注意：患者ごとに検討
印象採得	ECOG PS 0-3、ECOG PS 4 は必要性を検討	JCS1,2,3 が望ましい JCS10,20,30 で可能 JCS100,200,300 で必要性を検討	拒否反応、回避行動に注意	望ましい	可	難しい	難しい	注意：患者ごとに検討
歯石除去（縁上、出血可能性あり）	ECOG PS 0-3、ECOG PS 4 は必要性を検討	JCS1,2,3 が望ましい JCS10,20,30 で可能 JCS100,200,300 で必要性を検討	拒否反応、回避行動に注意	可	可	可	可	注意：患者ごとに検討
注水切削器具の使用（＊十分な吸引が前提）	ECOG PS 0-3、ECOG PS 4 は必要性を検討	JCS1,2,3 が望ましい JCS10,20,30 で可能 JCS100,200,300 で必要性を検討	拒否反応、回避行動に注意	望ましい	可	不適	不適	注意：患者ごとに検討
普通抜歯	ECOG PS 0-4	いかなる状態でも施行可能	拒否反応、回避行動に注意	可	可	可	可	注意：患者ごとに検討

呼吸状態	モニター	循環動態	モニター	止血機能	口腔内の水の保持、鼻呼吸	舌根部を刺激した場合の嚥下反射	院内感染対策
Hugh-Jones 分類 Ⅰ-Ⅲ 可 Hugh-Jones 分類 Ⅳ-Ⅴでは息ごらえに注意	酸素飽和度	NYHA 分類 Ⅰ-Ⅱ度 可 NYHA 分類 Ⅲ-Ⅳ度 注意	酸素飽和度血圧計心拍数	基本的に問題なし	特に要しない	注意	手指衛生、個人的防護具、器具の洗浄消毒（セミクリティカル）
Hugh-Jones 分類 Ⅰ-Ⅲ 可 Hugh-Jones 分類 Ⅳ-Ⅴでは息ごらえに注意	酸素飽和度	NYHA 分類 Ⅰ-Ⅱ度 可 NYHA 分類 Ⅲ-Ⅳ度 注意	酸素飽和度血圧計心拍数	基本的に問題なし	注意	注意	手指衛生、個人的防護具、器具の洗浄消毒（セミクリティカル）
Hugh-Jones 分類 Ⅰ-Ⅲ 可 Hugh-Jones 分類 Ⅳ-Ⅴでは息ごらえに注意	酸素飽和度	NYHA 分類 Ⅰ-Ⅱ度 可 NYHA 分類 Ⅲ-Ⅳ度 注意	酸素飽和度血圧計心拍数	要注意（血小板数5万以上、抗血栓療法の有無、肝機能などに注意）	注意	注意	手指衛生、個人的防護具、器具の洗浄消毒（クリティカル）
Hugh-Jones 分類 Ⅰ-Ⅲ 可 Hugh-Jones 分類 Ⅳ-Ⅴでは息ごらえに注意	酸素飽和度	NYHA 分類 Ⅰ-Ⅱ度 可 NYHA 分類 Ⅲ-Ⅳ度 注意	酸素飽和度血圧計心拍数	基本的に問題なし	必須、要注意	要注意	手指衛生、個人的防護具、器具の洗浄消毒（セミクリティカル）
Hugh-Jones 分類 Ⅰ-Ⅲ 可 Hugh-Jones 分類 Ⅳ-Ⅴでは息ごらえに注意	酸素飽和度	NYHA 分類 Ⅰ-Ⅱ度 可 NYHA 分類 Ⅲ-Ⅳ度 注意	酸素飽和度血圧計心拍数	要注意（血小板数5万以上、抗血栓療法の有無、肝機能などに注意）	注意	注意	手指衛生、個人的防護具、器具の洗浄消毒（クリティカル）
Hugh-Jones 分類 Ⅰ-Ⅲ 可 Hugh-Jones 分類 Ⅳ-Ⅴでは息ごらえに注意	酸素飽和度	NYHA 分類 Ⅰ-Ⅱ度 可 NYHA 分類 Ⅲ-Ⅳ度 不可	酸素飽和度血圧計心拍数	基本的に問題なし、損傷に注意	必須、要注意	要注意	手指衛生、個人的防護具、器具の洗浄消毒（クリティカル）
Hugh-Jones 分類 Ⅰ-Ⅲ 可 Hugh-Jones 分類 Ⅳ-Ⅴでは息ごらえに注意	酸素飽和度	NYHA 分類 Ⅰ-Ⅱ度 可 NYHA 分類 Ⅲ-Ⅳ度 不可	酸素飽和度血圧計心拍数	要注意（血小板数5万以上、抗血栓療法の有無、肝機能などに注意）	注意	注意	手指衛生、個人的防護具、器具の洗浄消毒（クリティカル）

　訪問歯科診療で、義歯調整や口腔ケアなど非侵襲的歯科治療を今回行うべきか控えるべきかの処置判断は重要である。治療を開始する前には、意思疎通の程度、視聴覚や言語障害の有無・程度、移乗や移動の可否、義歯着脱の可否、座位保持の可否、安楽な姿勢の確保、頸部の可動性、口腔内での水分保持、含嗽の状況について把握する。

1) 意識レベル

　あらかじめ提供されている、主治医（医科）からの診療情報提供書やケアマネジャーからのサービス提供票の事前確認を行うとともに、現場での意識レベルの評価は必須である。要介護高齢者は身体的・精神的・社会的背景が多様であり、日々変化しており、健康上の理由により通院が困難である。意識レベルの判定法の1つに、救急医療の現場で広く使用されている Japan Coma Scale（JCS）がある。脳卒中など脳血管障害や頭部外傷（高次脳機能障害）を抱え、その障害と共生しながら生活していることが多く、意識レベルを経時的に評価する。

2) 全身状態

　訪問歯科診療で患者と初めて対面する場合はとりわけ要注意である。非侵襲的歯科治療であっても、患者サイドのストレスの増大に伴い循環動態に変化が生じることを念頭に置く。初回治療日は、医療面接や指導で終わることも多い。

■義歯調整の目安

全身状態		ECOG PS 0-4
意識レベル		JCS1, 2, 3 が望ましい JCS10, 20, 30 で可能 JCS100, 200, 300 で必要性を検討
認知症		拒否反応、回避行動に注意
体位保持	座位	可
	ファウラー位	可
	セミファウラー位	可
	側臥位、仰臥位	可
基礎疾患	＊各疾患の成書を参照	注意：患者ごとに検討
呼吸状態		Hugh-Jones 分類 Ⅰ-Ⅲ 可 Hugh-Jones 分類 Ⅳ-Ⅴでは息ごらえに注意
	モニター	酸素飽和度
循環動態		NYHA 分類 Ⅰ-Ⅱ度 可 NYHA 分類 Ⅲ-Ⅳ度 注意
	モニター	酸素飽和度 血圧計 心拍数
止血機能		基本的に問題なし
嚥下機能	口腔内の水の保持、鼻呼吸	特に要しない
	舌根部を刺激した場合の嚥下反射	注意
院内感染対策		手指衛生、個人的防護具、器具の洗浄消毒 （セミクリティカル）

2 口腔ケア（出血を伴わない程度、出血を伴うもの）

　いわゆる在宅や施設入居の要介護高齢者の大半は、脳梗塞や循環器疾患など基礎疾患を有しており、患者の病態や生活状況は様々である。口腔衛生状態の不良は誤嚥性肺炎の原因となるだけでなく、う蝕や歯周病など慢性感染病巣の発症・増悪を起こし、局所、全身感染の原因となる可能性もある。口腔ケア、口腔衛生指導は在宅歯科診療で重要な内容であり、口腔ケアは誤嚥性肺炎の予防、口腔疾患の予防、口腔乾燥の改善、摂食機能回復の補助などに有用である。また、口腔内の衛生状態を良好に保つことは QOL の向上や生命予後につながると考えられる。

　口腔ケアを行う際は、患者のバイタルサインに配慮し、誤嚥させない体位で行うことが重要である。基本的に口腔ケアは、全身状態の評価方法として用いられる PS（Performance Status）の 0〜4 のいずれの段階でも可能である。

　意識レベルが低い状態でも可能であるが、口腔内の衛生状態を保つためのケアが、かえって感染を惹起させないよう、うがいができる人は十分にうがいを行い、そうでない場合は口腔外から清掃汚染物を確実に排除する。パルスオキシメーターを装着し、患者の呼吸状態、心拍数をモニターしながらの処置が望ましい。

　口腔ケア時にはヘッドランプなど照明器具は必須であり、うがいができない場合には吸引器が必須である。患者の体位としては、座位では背当てなどをして身体を支え、頭部の安定を得る。半座位（ファウラー位）、セミファウラー位、側臥位などでは、体位が水平に近くなるに従い、誤嚥の危険が高まるため、口腔ケア時には顔を正面ではなく、横に向けるとよい。側臥位で片麻痺がある場合は麻痺側を上にする。仰臥位では、顔はしっかり横に向ける[1]。特に嚥下機能障害を伴う患者では注意が必要で、頻回に口腔内を吸引する。

　症状が非常に重い時を除いて、口腔ケアはたとえ経口摂取していなくても必要である。処置に際しては患者が持っている基礎疾患について問題点を理解する。疾患別の注意点は有病者歯科学教科書を参照するとよいが、呼吸状態については Hugh-Jones 分類、循環動態については NYHA 分類によって、容易に患者を評価できる。通常の口腔ケアではそれぞれの分類において I〜III までは問題ないが、Hugh-Jones 分類IV、Vでは在宅呼吸管理が行われている場合も多く、処置時の息ごらえに注意し、パルスオキシメーターを装着し、酸素飽和度（SpO_2）をモニターしながら行うが、歯石除去など出血を伴う口腔ケアは行わない。NYHA 分類IVでは心不全を併発している場合もあり、酸素飽和度、血圧計、心拍数のモニターは必須である。通常の口腔ケアは時間が長くならないよう注意して行えば可能と思われるが、出血を伴う口腔ケアは行わない。いつもより脈拍が多い時は心臓への負担が高まっている可能性があるので注意が必要である[2]。SpO_2 が処置前の値から 3〜4％低下した場合は脈拍に変化がないか確認し[3]、口腔内の吸引が行える時には唾液、痰などを吸引し状況を注視する。90％に下がった時は処置を一時中止する。さらに 80％台に下がる場合は、処置に伴う誤嚥がないか急いで確認し、咳を促したり口腔内を吸引する。また必要に応じて救急処置に移行する。

口腔ケアの際、清掃不良による歯肉炎からの出血、歯肉縁下の歯石除去を行った時、清掃道具で歯肉、頬粘膜など軟組織を傷つけた時など出血があった場合は、生理食塩水を浸した(湿らせた)ガーゼを粘膜にあて出血部を確認し、ガーゼによる圧迫を行う。また、口腔ケア前に口腔内に血餅が存在する場合は、乾燥した血餅は無理に剥離せず、血餅を除去する際は、保湿剤あるいは生理食塩水ガーゼを用いて十分に湿潤させ丁寧に除去する。あらたな出血が確認されない時は、除去した部位は生理食塩水ガーゼ、スポンジで清掃後、保湿剤（ない場合はワセリン）を塗布する。

　抗血小板薬、抗凝固薬を服用している患者では注意が必要である。基本的に歯肉縁下の歯石除去、無理な機械的清掃は行わず、後方支援病院へ依頼すべきである。また、肝機能障害、抗癌薬投与などで血小板数が低下しても、通常血小板数が5万以上あれば止血は可能である。ただし、凝固能が低下し、APTT，PT-INR が延長している時は、出血を伴う口腔ケアは無理に行わない。

　口腔ケアを行う際は、個人的防護として手袋、マスク、ゴーグル、プラスチック製ディスポーザブルエプロンを着用する。使用した器具は、道具箱のような器具容器に入れて運ぶ。超音波スケーラーのチップは滅菌したもの用いるが、スケーラーハンドピースは、患者ごとに交換できる本数がない場合には使用の際カバー、ラッピングなどバリアテクニックを行い[4]、感染対策を行う。吸引チップは患者ごとに必ず交換する。

■口腔ケア処置の目安

		口腔ケア （出血を伴わない程度）	口腔ケア （出血を伴うもの）
全身状態		ECOG PS 0-4	ECOG PS 0-4
意識レベル		いかなる状態でも施行可能	いかなる状態でも施行可能
認知症		拒否反応、回避行動に注意	拒否反応、回避行動に注意
体位保持	座位	可	可
	ファウラー位	可	可
	セミファウラー位	可	可
	側臥位、仰臥位	可	可
基礎疾患	＊各疾患の成書を参照	注意：患者ごとに検討	注意：患者ごとに検討
呼吸状態		Hugh-Jones 分類 Ⅰ-Ⅲ 可 Hugh-Jones 分類 Ⅳ-Ⅴ では 息ごらえに注意	Hugh-Jones 分類 Ⅰ-Ⅲ 可 Hugh-Jones 分類 Ⅳ-Ⅴ では 息ごらえに注意
	モニター	酸素飽和度	酸素飽和度
循環動態		NYHA 分類 Ⅰ-Ⅱ度 可 NYHA 分類 Ⅲ-Ⅳ度 注意	NYHA 分類 Ⅰ-Ⅱ度 可 NYHA 分類 Ⅲ-Ⅳ度 注意
	モニター	酸素飽和度 血圧計 心拍数	酸素飽和度 血圧計 心拍数
止血機能		基本的に問題なし	要注意（血小板数 5 万以上、 抗血栓療法の有無、肝機能な どに注意）
嚥下機能	口腔内の水の保持、 鼻呼吸	注意	注意
	舌根部を刺激した 場合の嚥下反射	注意	注意
院内感染対策		手指衛生、個人的防護具、器 具の洗浄消毒 （セミクリティカル）	手指衛生、個人的防護具、器 具の洗浄消毒（クリティカル）

 引用文献

1) 吉田和一：徹底ガイド口腔ケアQ＆A―すべての医療従事者・介護者のために―．総合医学社，2009，東京．
2) 大木貴博，澁井武夫：高血圧の患者さんの歯科治療上注意すべき点，知っておくべき点について教えて下さい．歯学学報 114: 60-63, 2014.
3) 日本呼吸器学会編集：Q & A パルスオキシメーターハンドブック．日本呼吸器学会 2014.
4) 吉川博政，前田憲昭，溝部潤子：歯科医師・歯科衛生士のための滅菌・消毒・洗浄・バリアテクニック．クインテッセンス出版，2018，東京．

3 印象採得の可否判断

　訪問歯科診療における印象採得の可否判断について、エビデンスレベルの高い明確な基準は存在しない。

　全身状態の評価方法として、ECOG のパフォーマンススケール（PS）が用いられるが、ECOG PS 0-3 では印象採得は可能であり、ECOG PS 4 では必要性を検討すべきである。意識レベルの評価方法としては、一般的に Japan coma scale [1] が用いられる。覚醒状態の評価を開眼、発語、合目的動作のいずれかで判断するが、印象採得に際しては、ECS 1～2桁、すなわち覚醒することは絶対必要条件となるであろう JCS 1、2、3 が望ましく、JCS 10、20、30 で可能、JCS 100、200、300 で必要性を検討すべきである。また認知症を有する場合は、拒否反応や回避行動に注意が必要である。

　印象採得においても、浸潤麻酔や抜歯などの処置と同様にバイタルサインの変動が明らかであることも認識しておくべきである。特に高齢者では循環動態に影響を与える処置であるとされており、印象採得がストレッサーとなり、不整脈や脳梗塞を生じた例も報告されている [1, 2]。また印象時間が長い印象材（シリコンラバー印象材）を用いた場合、特に上顎印象時に呼吸数の減少や経皮的動脈血酸素飽和度（SpO_2）の低下をきたしやすいとされている [3]。このように印象採得は、循環・呼吸動態に変動を起こしやすい処置である。全身状態循環動態の評価において、循環については、代表的なものとして NYHA 分類 [4] が用いられるが、印象採得の可否判断を行う上で評価しておくべきで、Ⅰ-Ⅱ度が望ましく、Ⅲ-Ⅳ度では注意が必要である。呼吸状態については、SpO_2 が 90% 未満であれば呼吸不全を疑うべきである。したがって、印象採得時にも呼吸状態を含めたモニタリングは、必要評価方法として Hugh-Jones 分類が用いられ、印象採得における可否判断では、Ⅰ-Ⅲでは可能で、Ⅳ-Ⅴでは息ごらえに注意すべきである。

　印象採得は、絞扼反射の誘発および誤飲・誤嚥のリスクを伴う処置であり、これらを予防することは重要である。絞扼反射は、口腔・咽頭などの刺激により誘発される吐物を伴わない嘔吐様の反射（いわゆる嘔吐反射）であり、印象採得時には鼻呼吸によって軽減されるとされている [5]。また印象材の誤飲・誤嚥の予防には座位および鼻呼吸が有効である [6]。体位保持については、座位が望ましく、ファウラー位でも可能であるが、セミファウラー位や側臥位および仰臥位では印象採得は困難である。したがって、印象採得の可否判断を行う時、局所評価では鼻呼吸が可能で、座位が取れることが1つの基準となると思われる。

■印象採得の目安

全身状態		ECOG PS 0-3, ECOG PS 4 は必要性を検討
意識レベル		JCS1, 2, 3 が望ましい JCS10, 20, 30 で可能 JCS100, 200, 300 で必要性を検討
認知症		拒否反応、回避行動に注意
体位保持	座位	望ましい
	ファウラー位	可
	セミファウラー位	難しい
	側臥位、仰臥位	難しい
基礎疾患	＊各疾患の成書を参照	注意：患者ごとに検討
呼吸状態		Hugh-Jones 分類 Ⅰ-Ⅲ 可 Hugh-Jones 分類 Ⅳ-Ⅴでは息ごらえに注意
	モニター	酸素飽和度
循環動態		NYHA 分類 Ⅰ-Ⅱ度 可 NYHA 分類 Ⅲ-Ⅳ度 注意
	モニター	酸素飽和度 血圧計 心拍数
止血機能		基本的に問題なし
嚥下機能	口腔内の水の保持、鼻呼吸	必須、要注意
	舌根部を刺激した場合の嚥下反射	要注意
院内感染対策		手指衛生、個人的防護具、器具の洗浄消毒 （セミクリティカル）

引用文献

1) 善住聖子，杉岡伸吾，他：概形印象採得操作にて心電図上に short run を認めた 1 症例．日歯麻誌 25: 767-768, 1997.

2) 脇田　亮，佐藤　実，他：印象採得時に脳梗塞を発症した 1 例．日歯麻誌 28: 237-242, 2000.

3) 岡　俊一，高田耕司，他：東京都葛飾区における在宅寝たきり老人の歯科治療―第 4 報 たんぽぽ歯科診療所における印象採得が呼吸・循環動態に及ぼす影響―．老年歯学 16: 165-170, 2001.

4) 公益財団法人 日本心臓財団：循環器最新情報 慢性心不全治療ガイドライン・エッセンス．https://www.jhf.or.jp/a&s_info/guideline/post.html

5) 染矢源治：嘔吐反射の強い患者の歯科治療はどうするか．デンタルダイヤモンド増刊号（チェアーサイドの応急処置）7: 32-33, 1982.

6) 岩下博美：印象採得時に起こるアクシデント．デンタルダイアモンド 12: 178-183, 1987.

　歯石除去による歯肉からの出血は、いったん出血すると止血困難となる場合もあり、訪問歯科診療では歯肉縁上にとどめることも考慮しなければならない。また注水下の超音波スケーラーとハンドスケーラーで行う状況は異なるが、ここではハンドスケーラーを用いて行う歯石除去について記載し、注水下の超音波スケーラーについては、注水切削器具使用の可否（後述）に準じて判断すべきである。

　歯石除去に際して、全身状態の評価方法として、ECOG のパフォーマンススケール（PS）[1] が用いられるが、ECOG PS 0-3 では歯石除去は可能であり、ECOG PS 4 では必要性を検討すべきである。意識レベルの評価方法としては、一般的に JCS（Japan coma scale）が用いられる。覚醒状態の評価を判断するが、歯石除去に際しては、JCS 1、2、3 が望ましく、JCS 10、20、30 で可能、JCS 100、200、300 で必要性を検討すべきである。また認知症を有する場合は、拒否反応や回避行動に注意が必要である。

　歯石除去においても、浸潤麻酔や抜歯などの処置と同様にバイタルサインの変動が明らかであることも認識しておくべきである。循環動態の評価について代表的なものとして NYHA 分類[2] が用いられるが、歯石除去はⅠ - Ⅱ度で行われるのが望ましく、Ⅲ - Ⅳ度では注意が必要である。呼吸状態については、SpO_2 が 90％未満であれば呼吸不全を疑うべきであるが、評価方法としては、Hugh-Jones 分類が用いられ、歯石除去はⅠ - Ⅲでは可能で、Ⅳ - Ⅴでは息ごらえに注意すべきである。

　体位保持については、ハンドスケーラーで行う際には制限はなく、どのような体位でも可能である。しかし、除去した歯石などの誤嚥防止の観点からは座位やファウラー位が望ましく、側臥位および仰臥位では注意を要する。

　歯石除去に際して、歯肉縁上であっても出血に際しては注意が必要である。血小板減少や異常、凝固障害などを評価しておくべきである。歯科の一般的な外科処置は血小板数が 5 万 /μL 以上が望ましい。また抗血栓薬（抗凝固薬、抗血小板薬）を内服している場合は、易出血性であるため必ず確認が必要である。

■歯石除去の目安

全身状態		ECOG PS 0-3, ECOG PS 4 は必要性を検討
意識レベル		JCS1, 2, 3 が望ましい JCS10, 20, 30 で可能 JCS100, 200, 300 で必要性を検討
認知症		拒否反応、回避行動に注意
体位保持	座位	可
	ファウラー位	可
	セミファウラー位	可
	側臥位、仰臥位	可
基礎疾患	*各疾患の成書を参照	注意：患者ごとに検討
呼吸状態		Hugh-Jones 分類 Ⅰ-Ⅲ 可 Hugh-Jones 分類 Ⅳ-Ⅴ では息ごらえに注意
	モニター	酸素飽和度
循環動態		NYHA 分類 Ⅰ-Ⅱ度 可 NYHA 分類 Ⅲ-Ⅳ度 注意
	モニター	酸素飽和度 血圧計 心拍数
止血機能		要注意（血小板数 5 万以上、抗血栓療法の有無、肝機能などに注意）
嚥下機能	口腔内の水の保持、鼻呼吸	注意
	舌根部を刺激した場合の嚥下反射	注意
院内感染対策		手指衛生、個人的防護具、器具の洗浄消毒 （クリティカル）

引用文献

1) ECOG の Performance Status（PS）の日本語訳. http://www.jcog.jp/doctor/tool/C_150_0050.pdf
2) 公益財団法人 日本心臓財団：循環器最新情報 慢性心不全治療ガイドライン・エッセンス. https://www.jhf.or.jp/a&s_info/guideline/post.html

　訪問歯科診療において、歯冠形成のみならず補綴物の除去や鋭縁の削合を行う際、注水切削装置の使用が必要となる場合がある。訪問診療の現場は、通常の診療室とは異なることから、注水切削器具の使用の可否判断において、感染制御のための衛生的環境や治療に際して術野を良好に保つための照明器具および唾液や注水液の吸引装置など適切な診療環境を確保することが重要な事項である。

　注水切削器具装置使用の可否判断において、意識レベルおよび全身状態の評価を行うことは重要であるが、破損した補綴物や歯の鋭縁による口腔軟組織の損傷をきたしている場合は、リスクがあるにも関わらず注水下で切削器具を使用しなければならないことがある。その際、全身状態の評価方法として、ECOG のパフォーマンススケール（PS）が用いられるが、ECOG PS 0-3 では注水切削装置使用は可能であり、ECOG PS 4 では必要性を検討すべきである。意識レベルの評価方法としては、一般的に JCS（Japan coma scale）が用いられる。覚醒状態の評価を判断するが、注水切削装置使用に際しては、JCS 1、2、3 が望ましく、JCS 10、20、30 で可能、JCS 100、200、300 で必要性を検討すべきである。また認知症を有する場合は、拒否反応や回避行動に注意が必要である。

　注水切削装置使用においても、バイタルサインの変動が明らかであることも認識しておくべきである。循環動態の評価について代表的なものとして NYHA 分類が用いられるが、注水切削装置使用の可否判断を行う上で評価しておくべきであり、Ⅰ-Ⅱ度が望ましく、Ⅲ-Ⅳ度では注意が必要である。呼吸状態については、SpO_2 が 90% 未満であれば呼吸不全を疑うべきである。評価方法としては、Hugh-Jones 分類が用いられ、注水切削装置使用における可否判断では、Ⅰ-Ⅲでは可能で、Ⅳ-Ⅴでは息ごらえに注意すべきである。

　注水切削器具使用に伴う注水液を誤嚥するリスクを評価し、使用の可否を判断すべきであろう。誤嚥の予防には座位および鼻呼吸が有効であることから、注水切削器具装置使用の可否判断に際しての局所評価では、鼻呼吸が可能で、座位が取れることが 1 つの基準となると思われる[1]。したがって、体位保持については座位が望ましく、ファウラー位でも可能であるが、セミファウラー位や側臥位および仰臥位では注水切削器具使用は控えるべきである。また切削器具による口腔軟組織の損傷リスクを伴うことから、頭位固定、姿勢保持および開口保持ができるかなども可否判断を行う上で評価すべきである[1]。

　訪問歯科診療の現場では、口腔内貯留不良による誤嚥のリスクは高くなり、切削時の細かい粉塵なども肺に吸引させることのないように吸引装置は必須である。吸引効率の効果を高めるために、診療室では、口腔内バキューム 1 系統に排唾管を併用する方法が採られるが、訪問診療環境においては困難で、口腔内バキュームを 2 系統使用して、注水切削器具の頬側と舌側に配置することも推奨されている[2]。

■注水切削装置使用の目安（＊十分な吸引が前提）

全身状態		ECOG PS 0-3, ECOG PS 4 は必要性を検討
意識レベル		JCS1, 2, 3 が望ましい JCS10, 20, 30 で可能 JCS100, 200, 300 で必要性を検討
認知症		拒否反応、回避行動に注意
体位保持	座位	望ましい
	ファウラー位	可
	セミファウラー位	不適
	側臥位、仰臥位	不適
基礎疾患	＊各疾患の成書を参照	注意：患者ごとに検討
呼吸状態		Hugh-Jones 分類 Ⅰ-Ⅲ 可 Hugh-Jones 分類 Ⅳ-Ⅴでは息ごらえに注意
	モニター	酸素飽和度
循環動態		NYHA 分類 Ⅰ-Ⅱ度 可 NYHA 分類 Ⅲ-Ⅳ度 不可
	モニター	酸素飽和度 血圧計 心拍数
止血機能		基本的に問題なし、損傷に注意
嚥下機能	口腔内の水の保持、鼻呼吸	必須、要注意
	舌根部を刺激した場合の嚥下反射	要注意
院内感染対策		手指衛生、個人的防護具、器具の洗浄消毒 （クリティカル）

 引用文献

1) 東京都福祉保健局：はじめての在宅歯科医療—要介護者へ歯科医療が出来ること—（改訂版）．東京都 8020 運動推進特別事業，東京，2017.

2) 山田素子，臼井　頌，他：注水切削時における誤嚥防止のための口腔内吸引法の検討．老年歯学 29: 282-287, 2014.

　訪問歯科診療の対象となる患者は高齢者が多く、加えて要介護度も高いことが多い[1]。また、これらの患者では予備力の低下に伴い、治療によるストレスから循環動態の変化をはじめとする全身的合併症が起こりやすい。したがって、訪問歯科診療において、抜歯などの観血的処置を行う際には、その実施に可否については慎重に判断しなければならない。

　訪問診療の現場は、通常の診療室とは異なり、患者の自宅であることが多いことから感染制御のための衛生的観点や治療に際して術野を明視下に置くための照明器具や、唾液や血液を吸引する装置を準備し治療内容に応じた適切な診療環境を整備することも重要である。患者の状態を処置中常時把握し、急変時の早期の察知と対応のためにパルスオキシメーターなどを準備する。また、夜間の後出血時の対応など家族の協力度も重要である。

　また、観血的処置実施の可否に関する患者評価では、患者自身の疾患あるいは全身状態に関する問題のほかにも、座位（あるいはファウラー位、セミファウラー位）が可能かどうか、一定時間の姿勢の保持・頭部・開口の安定が可能かどうか、息ごらえや鼻呼吸が可能かどうか、指示の受け入れの可否といった意識レベル・認知機能や嚥下反射・不随意運動の有無などの評価も必要である。意識状態はいかなる状態でも普通抜歯などの簡単な外科処置は可能である。ECOG の PS が 4 の場合も実施可能であるが、抜歯の必要性については慎重に検討する必要がある。また、呼吸状態に関して、Hugh-Jones 分類 Ⅳ - Ⅴ では息ごらえや酸素飽和度に注意する必要がある。循環動態では、NYHA 心機能分類Ⅲ - Ⅳ度の場合、外科処置の施行は不可であるが、Ⅰ - Ⅱ度の場合でも処置に際してはモニタリングを行うことは必須である。1 回の必要診療時間は患者の状態にもよるが、30 分から 1 時間以内が適切であると考えられており、外科手術や処置などが 30 分以内の処置であっても不必要に繰り返すべきでないとされている[2]。また、高い技術度、正確性および厳密な滅菌処置を要求される手術（歯肉剥離掻爬術など）は該当せず、簡単な抜歯、歯槽骨整形術、歯槽膿瘍の口腔内消炎処置、口腔外消炎処置、顎関節脱臼非観血的整復術などが該当するとされている[2]。

　医科主治医からの診療情報の提供と、実施する処置内容の情報の共有も大切である。原疾患がコントロールされ安定しているかどうか、麻酔、抗菌薬、鎮痛薬の使用の可否、肝機能・腎機能・止血機能（血小板数、PT-INR 値などの凝固検査の結果）、処方内容（抗血栓薬、骨吸収抑制剤、ステロイド・免疫抑制薬、抗癌薬など）、易感染性や治癒不全につながるリスクファクター（白血球数・好中球数、ステロイド・免疫抑制薬の使用、糖尿病のコントロールの状態）などを確認する。血小板数が 5 万個 /μL であることや PT-INR 値が治療域内にあるかを確認することは重要である。加えて介護を行う患者家族、訪問看護師、ケアマネジャーなどから事前に情報を収集し、日常の様子、基礎疾患の状況ならびに診療数日前からのバイタルサインの変化についても十分に把握しておく。

　局所においては、後出血、治癒不全などの術後合併症につながる因子を評価し、消炎を十分に行った後に処置を行い、止血剤の使用、創の一次閉鎖、止血床の準備などの適切な局所止血を行う。また、夜間に術後合併症が発症した場合や全身的な合併症の発症時に備えて、高次医療機関との速やかな連携がとれる体制を構築しておく。

■外科処置の目安

全身状態		ECOG PS 0-4 （ECOG PS 4 は必要性を検討）
意識レベル		いかなる状態でも施行可能
認知症		拒否反応、回避行動に注意
体位保持	座位	可
	ファウラー位	可
	セミファウラー位	可
	側臥位、仰臥位	可
基礎疾患	＊各疾患の成書を参照	注意：患者ごとに検討
呼吸状態		Hugh-Jones 分類 Ⅰ-Ⅲ 可 Hugh-Jones 分類 Ⅳ-Ⅴ では息ごらえに注意
	モニター	酸素飽和度
循環動態		NYHA 分類 Ⅰ-Ⅱ度 可 NYHA 分類 Ⅲ-Ⅳ度 不可
	モニター	酸素飽和度 血圧計 心拍数
止血機能		要注意（血小板数 5 万以上、抗血栓療法の有無、肝機能などに注意）
嚥下機能	口腔内の水の保持、鼻呼吸	注意
	舌根部を刺激した場合の嚥下反射	注意
院内感染対策		手指衛生、個人的防護具、器具の洗浄消毒 （クリティカル）

📖 引用文献

1) 栗原由紀夫，鷲巣暢夫：三島市歯科医師会における在宅者訪問歯科診療への取り組み（第 2 報）．老年歯科医学 29: 302-306, 2015.
2) 日本歯科医学会：歯科訪問診療における基本的考えから（2004 年）．http://erunoomoide.web.fc2.com/240602houmonkaigo/pdf/kihonkangae.pdf#search=%27%E6%AD%AF%E7%A7%91%E8%A8%AA%E5%95%8F%E8%A8%BA%E7%99%82%E3%81%AB%E3%81%8A%E3%81%91%E3%82%8B%E5%9F%BA%E6%9C%AC%E7%9A%84%E8%80%83%E3%81%88%E6%96%B9%27　2018 年 12 月 6 日アクセス

処置の前に、患者の当日の全身状態を把握をすることは当然であるが、血圧を測定し、パルスオキシメーターを用いて動脈血酸素飽和度（SpO₂）、心拍数を確認することは歯科訪問診療時に安全に処置を行う上で必要項目である。

1. 血圧モニター

治療中に脳卒中などの心血管疾患の発症リスクを考慮し、診療を開始する前に測定する。上腕式血圧計は、カフは素肌か薄手の肌着の上に、隙間ができないようぴったりと巻く。セーターなどの厚手の服は、腕まくりをしないで脱いでから測定する。カフが肘の関節部にかからないよう、肘の内側のくぼみから 1 〜 2cm 上に巻く。手首式血圧計ではカフは素肌の上に隙間ができないようぴったり巻く。カフは巻きやすい方の手首に巻くが、左右で測定値が異なる場合があるので注意が必要である。また、カフは手首の骨にかからないよう、手首と手のひらの境目から 1 〜 2cm 離して巻く。いずれも測定の際は心臓と同じ高さにすることが基本である。

測定値は患者の日常の血圧を参考に、血圧が 180/105mmHg を超えていれば、当日の処置は行わない。また、処置中にこの血圧を超えた場合も処置を中止する[1,2]。

■注意すべき血圧値
- ・180 / 105mmHg を超えた場合
- ・ 80 /   mmHg を下回った場合

2. パルスオキシメーター

診療を開始する前にかならず測定し呼吸、心拍数を確認する。体動によって発光部と受光部がずれたり、指先の冷えなどで測定部の血流部が十分にない場合、マニキュアなどで光の透過が邪魔される場合などに、正しく測定されないことがあるので注意する。通常人差し指に装着する。指先が冷たい時は、指を温めたり、他の指につけかえて測定する。また、血圧を測定する場合は測定側と反対側の指に装着する。同時に脈拍数も測定しているが、いつもより脈拍が多い時は心臓への負担が高まっている可能性があるので注意が必要である[3]。心拍数は通常 60 〜 80/ 分である。

SpO₂ が治療前の値から 3 〜 4%低下した場合は脈拍に変化がないか確認し、深呼吸を促し、口腔内の吸引が行える場合は痰などを吸引し状況を注視する。90%以下に下がった時は処置を中止する。さらに 80%台に下がる場合は、歯科処置に伴う誤嚥その他患者の状態に異常がないか急いで確認し、必要に応じて次の処置に移行する。

■注意すべき心拍数

・（215−年齢）回 / 分を超えた場合

・60 回 / 分を下回った場合

■注意すべき酸素飽和度（SpO$_2$）

・治療前の値から 3 〜 4%低下した場合

・90%を下回った場合

3. その他

意識レベル、患者の疲労、手掌の汗、ムセ、湿性嗄声、顔色などの変化に気を配る。

引用文献

1）日本高血圧学会編集：高血圧治療ガイドライン．日本高血圧学会 2014.
2）大木貴博，澁井武夫：高血圧の患者さんの歯科治療上注意すべき点，知っておくべき点について教えて下さい．歯学学報 114: 60-63, 2014.
3）日本呼吸器学会編集：Q & A パルスオキシメーターハンドブック．日本呼吸器学会 2014.

1　窒息

　高齢者の死因の第5位に挙げられる「不慮の事故」の多くは、家庭内の事故で占められている。そのうち、食品による窒息による死亡者数は最も多く1/3を占めているという。死にいたらなくても多くの窒息事故が発生していると予測され、要介護高齢者がいる家庭や介護の現場などで大きな問題となっている。

　窒息とは呼吸が阻害されることによって急激に低酸素血症、高二酸化炭素血症となり、臓器・組織が機能障害を起こした状態をいう。原因としては舌根沈下、異物による気道閉塞、薬物などによる呼吸筋の麻痺、痙攣があり、歯科診療時には印象材などの歯科材料、補綴物、抜去歯、ガーゼなどの落下、吐物により窒息を起こす可能性がある。

　通所介護施設を利用している在宅要介護高齢者308名に対する窒息事例に関するアンケート調査では、約11％の者に食事に関連する窒息事故の既往があった。このうち、リスク因子であるとされた項目は、日常生活動作（ADL）の低下、認知機能の低下、脳血管障害の既往、服用薬剤のうち向精神薬や抗うつ薬などの嚥下機能に影響を与える薬剤の服用、食形態、食事の介助、嚥下機能の低下、舌の運動の力の低下であった。さらに多変量解析では、脳血管障害の既往と嚥下障害の有無が特に重要なリスク因子であった。以上のことより、脳血管障害の既往や嚥下障害のある者は窒息事故を起こす危険性が高く、このような者を介護する場合は食事を中心とした日常介護において細心の注意を払う必要性のあることが示唆された[1]。高齢者の歯科治療中の窒息に関する調査はないが、同様のリスクを考慮した上で、診療を計画すべきである。

1）　リスク評価[1]
- ・日常生活動作（ADL）の自立度の低下
- ・認知機能の低下
- ・脳血管障害の既往
- ・嚥下機能の影響を与える薬剤の服用あり（向精神薬、抗うつ薬など）
- ・調整食を摂取している
- ・食事介助を受けている
- ・嚥下障害がある
- ・舌圧が低い

2）　防止対策
- ・窒息の既往の有無の把握
- ・嘔吐反射が強くないかの把握
- ・口腔内にガーゼなどを挿入する場合は細心の注意を払い、場合によってはひも付きを用いる

・食後すぐの診療は避ける

・水平位を避けて診療を行う（座位、半座位など）

■窒息時の対応[2,3,4]

（1）腹部突き上げ法（ハイムリック法）

　①患者の後ろに回り、ウエスト付近に手を回す。

　②一方の手で「へそ」の位置を確認する。

　③もう一方の手で握りこぶしを作って、親指側を、患者の「へそ」の上方で、みぞおちより十分下方に当てる。

　④「へそ」を確認した手で握りこぶしを握り、すばやく手前上方に向かって圧迫するように突き上げる（図1）。

　⑤腹部突き上げ法を実施した場合は、腹部の内臓を傷める可能性があるため、救急隊にその旨を伝えるか、すみやかに医師の診察を受けさせる。

　⑥水平位での診療時では、そのままの体位で腹部突き上げ法を行う（図2）。

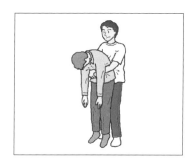

図1　立位での腹部突き上げ法

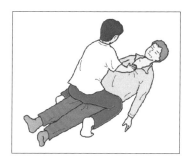

図2　水平位での腹部突き上げ法

（2）背部叩打法

　①患者の後ろから、手のひらの基部で左右の肩甲骨の中間あたりを力強く何度も叩く（図3）。

　②水平位での診療時では、側臥位にして背部叩打法を行う（図4）。

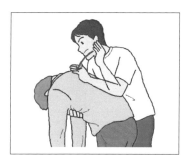

図3　立位での背部叩打法

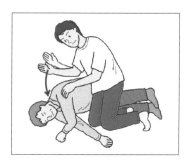

図4　側臥位での背部叩打法

引用文献

1）須田牧夫，菊谷　武，田村文誉，米山武義：在宅要介護高齢者の窒息事故と関連要因に関する研究．
　　老年歯学 23: 3-11, 2008.
2）日本蘇生協議会監修：JRC 蘇生ガイドライン 2015．第 1 章．一次救命処置．医学書院 2016, 33-34.
3）日本救急医療財団心肺蘇生委員会監修：救急蘇生法の指針 2015．Ⅴ．一次救命処置．へるす出版 2016,
　　36-39.
4）森本佳成：第 13 章．救命救急処置：丹羽　均，渋谷　徹，城　茂治，椙山加綱，深山治久編集：臨床
　　歯科麻酔学（第 4 版）．永末書店，2011, 337-338.

2　誤飲・誤嚥

　誤飲とは異物が食道内に落下した場合、誤嚥とは異物が気管内に落下した場合で、頻度としては誤飲が多く、誤嚥は誤飲の 1 割程度である。事故は歯科治療時に水平位で発生することが多い[1]。特に歯科補綴物の試適時に多く、歯科修復物や小器具が落下して舌根部に当たった瞬間に嚥下反射によって誤飲・誤嚥する[2]。

　誤飲の場合は特に症状はなく、咽頭部を通過する時の違和感がある程度である。誤嚥の場合は、嗄声、喘鳴、大きな異物では呼吸困難や窒息の危険性もある[1]。誤嚥した場合、ムセ症状が起こるのは異物が喉頭と気管内にある時だけで、気管支異物では何の症状も示さない[3]。また、小さな異物の場合や高齢者で気管の反射が著しく低下している場合では、無症状のこともあるので、注意が必要である[1]。

歯科治療中には以下の誤飲・誤嚥の危険性がある。
・装着予定の歯科補綴物・不良補綴物・不良補綴部の除去物、破折したバー・動揺歯・義歯、抜去歯
・歯科治療用機器（リーマー、ファイル、洗浄用注射針、クランプ、ラバーチップなど）

1）リスク評価

　リスクのある患者としては、以下の誤嚥をきたしやすい病態が挙げられる[4]。
①神経疾患：脳血管性障害（急性期、慢性期）、中枢性変性疾患、パーキンソン病、認知症（脳血管性、アルツハイマー型）
②寝たきり状態（原因疾患を問わず）
③口腔の異常、歯の噛み合わせ障害（義歯不適合を含む）、口腔内乾燥、口腔内悪性腫瘍
④胃食道疾患：食道憩室、食道運動異常（アカラシア、強皮症）、悪性腫瘍、胃－食道逆流症（食道裂孔ヘルニアを含む）、胃切除後（全摘、亜全摘）
⑤医原性：鎮静薬、睡眠薬、抗コリン薬など口内乾燥をきたす薬剤、経管栄養
⑥口腔、咽頭部の手術後の患者

2) 防止対策

①摂食嚥下機能の低下している高齢者では、歯科診療は可能な限り座位でかつ前傾姿勢で行う。座位が困難な場合はより慎重に治療を行う。

②あらかじめ舌根部、軟口蓋部にガーゼを置く。ただし、ガーゼが気道閉塞の原因になりうるので、ガーゼの量や設置方法に留意する。

③臼歯部の治療の際はあらかじめ顔を横に向けておくと落下物は頬側口腔前庭に落下しやすい[3]。

④使用する小器具にはデンタルフロスなどをつけ、装着補綴物にはリムーバブルノブをリング状にし、デンタルフロスなどを結びつける。リーマーやファイル使用時には必ずラバーダムを使用する。

⑤口腔内に異物を落下した際にバキュームで即座に吸引できる体制を整える。

■誤飲・誤嚥時の対応

歯科治療時に口腔内に異物を落下させた場合は、あわてて患者の体位を変えずに、口を開けたままにしてもらい、異物が移動しないように配慮しながら口腔内を診査し、異物の確認を行う[5]。

(1) 異物を口腔内に確認できた場合 [1,2,5,6]

①口腔内にあるかどうかを確認する。患者に動かないようにと声かけをし、顔をゆっくり落下側に向け異物の確認をする。

②確認できた場合は刺激を与えないように異物をピンセットやマギル鉗子などでしっかりつかむかバキュームで吸引する。

(2) 異物を口腔内、咽頭部に確認できない場合

訪問歯科診療を行う患者では咳反射が低下している場合もあるため、口腔内、咽頭部に異物の確認ができない場合は誤嚥の可能性も考え、胸部および腹部エックス線撮影を行い落下位置の確認を行う。事前に医療連携の構築が必要である。

①異物誤飲の場合は4〜5日程度でほとんど便とともに自然排泄されるので経過観察を行う。排便時に確認してもらうことが望ましい。しかし、異物が1週間以上排泄されず停滞している場合は、専門医に診察を依頼する。ただし、リーマー・ファイルやスケーラーチップなどの先端が鋭利な物は、できるだけ早期に内視鏡的摘出も含めて専門医に診察を依頼する[1]。

②異物誤嚥の場合は、発声の可否や咽頭喉頭部の違和感や咳などの症状がないか確認する。咽頭喉頭部にある場合は発声は可能で、不快感、違和感、嘔吐反射、咳嗽反射などがみられる[5]。しかし、高齢者や要介護者では、これらの反射が全くない場合もある。

③気管内にある場合は発声は困難で、咳嗽反射、呼吸困難、喘鳴などがみられる。

④気道閉塞により呼吸困難を訴える場合は咳をさせて排出を促し、排出しない場合は救急車を呼ぶと同時に背中を叩く（背部叩打法）かハイムリック法（腹部突き上げ法）などを試みる（図1〜4）。誤嚥した異物の排出が困難な場合は、内視鏡的に摘出する必要がある[5]。

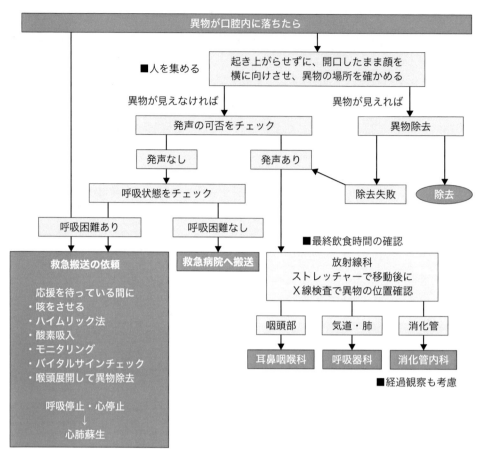

歯科治療時に口腔内に異物が落下したときの対応 [5]

引用文献

1) 丸岡靖史：第5章. 緊急時の対応. 1.歯科治療時の偶発症. 7.誤飲と誤嚥；日本有病者歯科医療学会編：有病者歯科学（第1版）. 永末書店, 2018, 247-248.

2) 山口　晃：歯科医療における合併症を回避するための法則. 日歯医学会誌 30: 103-106, 2011.

3) 一戸達也：歯科治療時の全身的合併症―リスクマネジメントとクライシスマネジメント. 日歯医学会誌 30: 99-102, 2011.

4) 日本呼吸器学会　医療・介護関連肺炎（NHCAP）診療ガイドライン作成委員会：医療・介護関連肺炎診療ガイドライン（第3版）. 第8章. 誤嚥性肺炎, 2012, 32-35.

5) 中村誠司：異物の誤飲・誤嚥；角　保徳, 樋口勝規, 梅村長生, 柴原孝彦編：臨床口腔外科学――一から分かる診断から手術. 医歯薬出版, 2016, 310-313.

6) Obinata K, Satoh T, Towfik AM, Nakamura M: An investigation of accidental ingestion during dental procedures. J.Oral Sci. 53: 495-500, 2011.

3 アナフィラキシー

アナフィラキシーとは、「アレルゲン等の侵入により、複数臓器に全身性にアレルギー症状が惹起され、生命の危機を与え得る過敏反応」をいう。アナフィラキシーに血圧低下や意識障害を伴う場合をアナフィラキシーショックという[1]。歯科においてアナフィラキシーの報告が多いものは、非ステロイド性消炎鎮痛薬 NSAIDs（ジクロフェナクナトリウム、ロキソプロフェンナトリウム）、根管治療薬（ホルムアルデヒド）、歯科用局所麻酔薬に含まれるピロ亜硫酸ナトリウム、抗菌薬（レナンピシリン塩酸塩など）、およびグローブの成分であるラテックスなどである。

局所麻酔薬はアナフィラキシー（Ⅰ型アレルギー）あるいはⅣ型アレルギー（接触性皮膚炎）を引き起こす。局所麻酔薬によるアレルギー反応の80％以上はⅣ型といわれている。推計ではリドカイン塩酸塩によるアナフィラキシーの発生頻度は 0.00007％（100万～150万人に1人）とされ、まれである[2]。

1) リスク評価

(1) アナフィラキシーの誘因の特定

発症時から遡る数時間以内における飲食物、薬剤、運動、急性感染症への罹患、精神的ストレスなど、アレルゲン物質への曝露、経過に関する詳細な情報に基づいて行う。医薬品（抗菌薬、解熱鎮痛薬、局所麻酔薬、ヨウ素系消毒薬など）やラテックスなど。

(2) アナフィラキシーを重篤化、増幅させる因子[1]

①年齢関連因子

乳幼児（症状を説明できない）、思春期・青年期（リスクを伴う行動が増加）、妊娠・出産（薬剤によるリスク）、高齢者（致死リスクが増大）

②合併症

喘息などの呼吸器疾患、心血管疾患、アレルギー性鼻炎、湿疹、精神疾患（うつ病など）など

③薬剤、アルコール

β遮断薬、ACE阻害薬、アルコール、鎮静薬、睡眠薬、抗うつ薬、薬物

④アナフィラキシーを増幅させる促進因子

運動、急性感染症、精神的ストレス、非日常的活動（旅行など）、月経前状態

2) 防止対策[1,3,4]

①アナフィラキシーの既往がある患者では原因の特定を行い、それを回避する。

②誘因が確定していない場合は専門機関への受診を促し、疑わしい物質について検査を行う。

■アナフィラキシー時の対応

初期対応

・アナフィラキシー発症時には、体位変換をきっかけに急変する可能性があるため、急に座ったり立ち上がったりさせない。

・体位は仰臥位にし、下肢を挙上させる。

・嘔吐や呼吸困難を呈している場合は、楽な体位にし下肢を挙上させる。

・救急隊に支援を要請する。

手　順

①バイタルサインの確認

　　血圧、脈拍（循環）、呼吸、体温、意識状態を評価する。

②助けを呼ぶ

　　可能なら蘇生チーム（院内）、または救急隊（119番へ連絡）

③アドレナリンの筋肉注射（図6）

　　アドレナリンの自己注射薬（エピペン®）を皮膚に押し当てて使用する[3]。手元にエピペン®がない場合には、アドレナリンを0.01mg/kg（最大量成人0.5mg、小児0.3mg）筋肉内注射する。必要に応じて5〜15分ごとに再投与する。

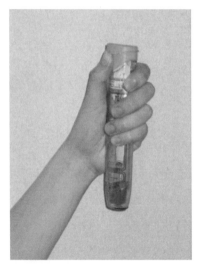 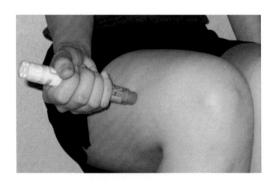

エピペン®を皮膚に押し当てる

図6　エピペン®

④患者を仰臥位にする

　　仰向けにして30cm程度足を高くし、ショック体位にする。

　　呼吸が苦しいときには少し上体を起こす。

　　嘔吐しているときは顔を横向きにする。

　　突然立ち上がったり座ったりした場合、数秒で急変することがある。

⑤酸素投与

　　必要な場合、フェイスマスクか経鼻エアウェイで高流量（6〜8L/分）の酸素投与を行う。

⑥静脈ルートの確保

　必要に応じて 0.9%（等張／生理）食塩水を 5 〜 10 分の間に成人なら 5 〜 10mL/kg、小児なら 10mL/kg 投与する。

⑦心肺蘇生

　必要に応じて胸骨圧迫法で心肺蘇生を行う。

⑧バイタル測定

　頻回かつ定期的に、患者の血圧、脈拍、呼吸状態、意識レベル、動脈血酸素飽和度（SpO$_2$）を評価する。

3）アナフィラキシーの診断基準（図 7）[1]

以下の 3 項目のうちいずれかに該当すればアナフィラキシーと診断する。

---

1. 皮膚症状（全身の発疹、瘙痒または紅潮）、または粘膜症状（口唇・舌・口蓋垂の腫脹など）のいずれかが存在し、急速に（数分〜数時間以内）発現する症状で、かつ下記 a、b の少なくとも 1 つを伴う。

　さらに、少なくとも右の 1 つを伴う

皮膚・粘膜症状

a. 呼吸器症状
（呼吸困難、気道狭窄、喘鳴、低酸素血症）

b. 循環器症状
（血圧低下、意識障害）

---

2. 一般的にアレルゲンとなりうるものへの曝露の後、急速に（数分〜数時間以内）発現する以下の症状のうち、2 つ以上を伴う。

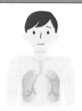

a. 皮膚・粘膜症状
（全身の発疹、瘙痒、紅潮、浮腫）

b. 呼吸器症状
（呼吸困難、気道狭窄、喘鳴、低酸素血症）

c. 循環器症状
（血圧低下、意識障害）

d. 持続する消化器症状
（腹部疝痛、嘔吐）

---

3. 当該患者におけるアレルゲンへの曝露後の急速な（数分〜数時間以内）血圧以下。

収縮期血圧低下の定義：平常時血圧の 70% 未満または下記

生後 1 ヵ月〜11 ヵ月　＜ 70mmHg
1〜10 歳　　　　　　＜ 70mmHg ＋（2 × 年齢）
11 歳〜成人　　　　 ＜ 90mmHg

血圧低下

図 7　アナフィラキシーの診断
（日本アレルギー学会「アナフィラキシーガイドライン 2014」1 ページより引用）

引用文献

1) 日本アレルギー学会：アナフィラキシーガイドライン 2014. 日本アレルギー学会 HP（www.jsaweb. jp）.
2) 丹羽　均：術前の患者評価の重要性. 日歯医学会誌 30: 95-98, 2011.
3) 日本蘇生協議会監修：JRC 蘇生ガイドライン 2015. 第 7 章. ファーストエイド, 医学書院. 2016, 427-428.
4) 日本救急医療財団心肺蘇生委員会監修：救急蘇生法の指針 2015. Ⅶ. ファーストエイド, へるす出版. 2016, 47-48.

4 軟組織の損傷

歯科治療では口腔内で高速回転の切削器具や鋭利な器具を使用することが多いため、軟組織損傷が起こることがある。例えば、以下の事例による軟組織損傷が多い[1]。

・切削時に頬粘膜や舌を巻き込む（特に下顎第二大臼歯舌側の形成時）
・回転しているバーで口唇を傷つける
・バキュームによる口腔前庭軟組織の吸引・血腫
・高温の器具や寒天印象材による火傷

口腔顎顔面の軟組織の損傷は、創の状態から擦過創、裂創、刺創、切創、挫創、割創、挫傷（非開放性損傷）などに分類される。損傷部位が口唇、顔面皮膚など口腔外（皮膚）か、舌、歯肉、口底、頬粘膜、硬軟口蓋など口腔粘膜なのかを確認する。歯科治療時の軟組織損傷は口腔粘膜が多いと思われるが、神経・脈管、唾液腺管の損傷をきたす場合もあるので、創傷との解剖的な位置関係に注意して診査を進め、適切に処置に移行する[2]。

1) リスク評価

(1) 歯科治療時、以下のものが軟組織の損傷を起こす可能性がある。

①歯科用治療器具

歯科用エンジン、タービン、印象用トレー、エックス線フィルム、即時重合レジン、バキュームチップ（過度な吸引、粘膜の巻き込み）、ピンセット、探針など。

②歯ブラシ

患者が不安定な状態での口腔ケア時など。

(2) 患者側の要因としては、以下のことが考えられる。

①患者に意識障害、神経疾患（脳血管性障害、パーキンソン病、認知症など）があると、歯科治療時に患者が安静を保つことができないために軟組織の損傷を起こす可能性が高くなる。

②歯科治療時に患者が水平位をとれず座位や前傾位をとることが多いため、口腔内を直視しにくく、器具の挿入も難しい。

2) 防止対策[1]

①歯科治療時には手指、ミラー、バキュームチップにて頬粘膜や舌をしっかり保護して、切削スペースを確保しながらタービンやエンジンを慎重に使用する。

②患歯の近くに適切な固定点を求める。患者が顔を動かしても、位置関係がずれることが少ない。

③タービンやハンドピースへのバーやポイントの着実な装着を確認する。

④治療部位のみでタービンやハンドピースを回転させ、完全に停止してから口腔外へ移動させる。

⑤エックス線撮影時のフィルム挿入や印象採得時のトレーの口腔内挿入時は慎重に行い、口腔粘膜を損傷させないよう配慮する。

⑥口腔ケア時やピンセット、探針などを使用する時も不安定な体勢は避け、口腔粘膜を損傷させないようにする。

⑦バイトブロックや開口器などを使用する（動揺歯に使用しないように配慮が必要）。

⑧熱した器具を口腔内へ持っていくときは、器具の先端のみではなく、本体が軟組織に触れないことを確認する。

⑨バキュームチップの角度に気を付け、長時間同じ位置で吸引し続けないようにする。

⑩単独での診療を避け、介助者をつける。

■軟組織損傷時の対応

損傷部位から出血している場合、静脈性出血、実質性（毛細管性）出血に対してはガーゼ圧迫や電気凝固などを行う。多くの場合は、ガーゼによる圧迫にて止血する。動脈性出血では直ちに出血部位を確認し、血管結紮を行う[2]。圧迫にて止血できない場合は縫合止血をはかるが、それでも止血が困難な場合は圧迫止血を行いながら病院歯科口腔外科に紹介する。

 引用文献

1）原田直子：おっとあぶない！歯科治療　⑤歯冠修復編．歯界展望 105（5）: 966-967, 2005.
2）日本口腔外科学会：外傷診療ガイドライン　第Ⅱ部．日本口腔外科学会 HP．2015, 8-9. https://www.jsoms.or.jp/pdf/trauma_2_20150501.pdf

5 異常高血圧

歯科治療中に発生する異常な血圧上昇は、多くの場合、高血圧症を有する患者に発生する。医療面接時に高血圧症の有無を確認し、高血圧症に伴う合併症（虚血性心疾患、心不全、脳血管障害、腎不全）の有無、血圧のコントロールの状況、投与されている降圧薬について確認する。

日常の血圧（家庭血圧）は患者によって異なるため、あらかじめこれを把握しておき、血圧上昇時は家庭血圧からの逸脱の程度で重症度を判定する。

血圧が異常に上昇すると、頭痛、胸部圧迫感、動悸、手足のしびれ、めまいを訴えるが、高齢者では自覚症状がないことも多い。したがって、血圧モニターが必要である[1]。

歯科治療時の急激な血圧上昇で問題となるのは、以下に記載する急性臓器障害を誘発することである。

①心筋虚血（狭心症、心筋梗塞）：胸部圧迫感

②脳血管障害（脳出血、脳梗塞、高血圧性脳症）：激しい頭痛、意識障害、悪心・嘔吐、痙攣

③急性大動脈解離：激しい胸痛、背部痛

これらが発症した場合は、医療機関への緊急搬送が必要である[1]。

1）リスク評価

①高血圧症の既往の把握

②治療を行っていない、またはコントロール不良な高血圧症の把握と医療機関への紹介

③血圧レベル以外の心血管病の危険因子[2]の評価

④喫煙、糖尿病、脂質異常症、肥満（特に内臓脂肪型肥満）、メタボリックシンドローム、慢性腎臓病（CKD）、高齢、若年発症の心血管病の家族歴

2）防止対策[1]

①初診時に血圧測定を行い、高血圧症の有無を確認する。

②高血圧症の既往がある場合はコントロール状態（服薬状況を含め）を確認する。この時に家庭血圧を把握しておく。未治療の高血圧症であれば、内科治療を優先させる。

③毎回の治療前に血圧測定を行い、血圧が高い場合（おおむね≧180/105mmHg）は応急処置や口腔ケアにとどめる。

④治療中も血圧測定を行い血圧変動に注意する。血圧上昇が家庭血圧の＋20％以内であれば生理的変動範囲内であり問題ない。目安として≧180/105mmHgの血圧上昇が持続する場合は、治療を中断して血圧上昇の原因除去に努める。それでも血圧上昇が持続する場合は治療を延期し、必要に応じて内科に対診する。

⑤不安・緊張や治療による痛みなどのストレスによる血圧上昇を避ける。要介護者や認知症を有する患者には、ストレスを緩和するように声かけをしながら治療を行う。

■異常高血圧時の対応[1]

血圧上昇の原因（緊張、痛みなど）を除去し、血圧の経過を観察する。

①治療を中断し、患者が楽な姿勢をとって休憩する。ベッドであれば30度くらい上体を起こす方が楽なことが多い。

②痛みによる血圧上昇に対しては局所麻酔薬を十分な量を投与する。

③緊急の降圧は歯科治療を中止できない時に限られる。降圧はできるだけ緩徐に行う。薬剤としては、亜硝酸薬（ニトログリセリン、イソソルビド）の錠剤またはスプレーを舌下に投与する。高血圧治療ガイドラインでは、65歳以上の高齢者の降圧目標は140/90 mmHg未満とされているので、下げすぎないように注意する[3]。降圧しすぎると脳血流量が低下し、ふらつきや意識障害が発生する。要介護者は食事量や飲水量が減少することにより循環体液量が低下していることが多いので、降圧薬の効果が過大にみられ、血圧の大幅な低下をきたすことがあるので、薬剤の使用は慎重に行う。

④頭痛、悪心・嘔吐、痙攣、意識障害を伴う場合は緊急対応可能な医療機関に搬送する[2]。かかりつけ主治医に血圧上昇時の対応を前もって聞いておくことも有効である。

引用文献

1）丹羽　均：第8章. 症状からみた歯科治療時の全身偶発症への対応. 3.血圧上昇；小谷順一郎，砂田勝久編集：知りたいことがすぐわかる　高齢者歯科医療―歯科医療につながる医学知識（第2版）. 永末書店. 2017, 234-235.

2）日本高血圧学会：高血圧治療ガイドライン2014. 第3章. 治療の基本方針. 2014, 32-35. http://www.jpnsh.jp/data/jsh2014/jsh2014v1_1.pdf

3）日本老年医学会：高齢者高血圧診療ガイドライン2017. 日老医誌. 2017, 36-43. https://www.jpn-geriat-soc.or.jp/tool/pdf/guideline2017_01.pdf

6 ショック（血圧低下）

　生体に対する侵襲あるいは侵襲に対する生体反応の結果、重要臓器の血流が維持できなくなり、細胞の代謝障害や臓器障害が起こり、生命の危機にいたる急性の症候群である。収縮期血圧≦90mmHgの低下を指標とすることが多い。典型的には交感神経系の緊張により、頻脈、顔面蒼白、冷汗などの症状を伴う。以下の4つに大別される[1]。

　・循環血液量減少性ショック：出血、脱水、腹膜炎、熱傷など
　・血液分布異常性ショック：アナフィラキシー、脊髄損傷、敗血症など
　・心原性ショック：心筋梗塞、弁膜症、重症不整脈、心筋症、心筋炎など
　・心外閉塞・拘束性ショック：肺塞栓、心タンポナーデ、緊張性気胸など

1）リスク評価

①低血圧症は収縮期血圧＜100mmHgと定義されるが、自覚症状や異常所見を伴わない血圧低下は治療の対象とならない[2]。ただし、継続的に診ている高齢者で血圧の低下傾向がみられる場合、脱水や心不全が進行し心原性ショックへ移行する可能性があるので、内科主治医と十分に連絡を取り合う。

②高齢者では血圧の低下により重要臓器の虚血を招くことがある。特に血圧低下を避けるべき疾患は、虚血性心疾患、脳血管障害、大動脈弁狭窄症である[2]。

③高齢者は脱水傾向にあり、血圧低下をきたしやすい。

④65歳以上の15〜20％に起立低血圧がみられる。原因として、長時間の水平位の後、循環体液量の減少（脱水）、パーキンソン病、α遮断薬を服用している場合にみられるので注意が必要である[3]。

2）防止対策

①医療面接（問診）にて既往歴の聴取による循環器疾患の有無の把握

②患者の状態の把握（極度の緊張状態にないかどうかなど）

③一般的に歯科治療中の血圧低下の原因は、極度の緊張、強いストレス、強い疼痛、局所麻酔刺入時などにより三叉迷走神経反応が起こり、急激な血圧低下および徐脈をきたす。歯科治療中は持続的な血圧や脈拍測定を行う。局所麻酔使用時の不快症状の有無の把握、強い疼痛を与えないなどの配慮を行う。

④局所麻酔時には表面麻酔を使用し、細い針を用いて可及的にゆっくり十分な量の麻酔薬を注入する。

⑤高齢者では心拍出量の低下が背景となって、異常な血圧低下（ショック）になりやすい。特に心原性ショック（心臓のポンプ機能が著しく低下することにより心拍出量が減少する）は、虚血性心疾患による心不全を背景とするため高齢者に多い。既往に心臓疾患がある場合は、心電図をモニタする。また、高齢者では、NSAIDsにより血圧が低下することもある[4]。

■血圧低下時の対応

①バイタルサインの確認

②意識障害、呼吸障害、循環障害がある場合は直ちに救命処置を行い、連携医療機関に応援を求めるか、救急隊（119番へ連絡）へ連絡して応援を要請する。

【救命処置[5]】

1）反応（意識）の有無の確認

2）呼吸の有無の確認、同時に循環の確認（頸動脈にて脈拍の触知）、これらがなければ

3）胸骨圧迫（100〜120回／分）

4）2回の人工呼吸

5）胸骨圧迫：人工呼吸 =30：2で実施

6）AEDがあれば、電源を入れ、指示に従い使用

③三叉迷走神経反応の場合は、水平位（仰向け）にして下肢を挙上してショック体位をとる。バイタルサインを確認しながら経過観察を行う。

④心原性ショックやアナフィラキシーショックでは、ただちに医療機関へ搬送する。

引用文献

1）日本救急医学会：医学用語解説集. 日本救急医学会HP.

2）丹羽 均：第8章. 症状からみた歯科治療時の全身偶発症への対応. 4. 血圧低下；小谷順一郎, 砂田勝久編集：知りたいことがすぐわかる 高齢者歯科医療—歯科医療につながる医学知識（第2版）. 永末書店. 2017, 236-237.

3）大渡凡人：各論10. 全身的偶発症にはどう対応するのか. ショック；全身的偶発症とリスクマネジメント 高齢者歯科診療のストラテジー（第1版）. 医歯薬出版. 2012, 317-322.

4）大渡凡人：各論1. 循環器疾患. 血圧異常—低血圧；全身的偶発症とリスクマネジメント 高齢者歯科診療のストラテジー（第1版）. 医歯薬出版. 2012, 83-84.

5）森本佳成：第13章. 救命救急処置. （丹羽 均, 入舩正浩, 小長谷光, 澁谷 徹編集：臨床歯科麻酔学, 第6版, 永末書店, 2021, 211-225.

7 嘔吐

　嘔吐とは胃あるいは腸の内容物が口腔内を介して排出される現象をいい、逆流とは異なる。成人では 12 か月間に 12.5 ～ 50% 以上が 1 回以上の嘔気を、30% 以上が嘔吐のエピソードを経験するという。女性は男性よりも悪心・嘔吐の頻度は高い。

　消化管の刺激で起こる反射性の嘔吐と、上位中枢からの刺激で起こる中枢性嘔吐がみられる。消化管疾患では、咽頭から直腸までのすべての部位における刺激、炎症、機械的な障害で起こる。消化管疾患以外の原因としては、脳腫瘍、脳出血、髄膜炎による脳圧亢進時や緑内障、心不全、精神疾患、薬物中毒などがある[2]。

1）リスク評価

　歯科では薬剤を原因とするものが問題となりやすい。以下に悪心、嘔吐の原因となる薬物を示す[1]。

- ・がん化学療法
- ・非ステロイド性抗炎症薬　NSAIDs
- ・ジゴキシン
- ・抗不整脈薬
- ・経口抗糖尿病薬（特にメトホルミン）
- ・抗菌薬（特にエリスロマイシン、バクトリム）
- ・スルファサラジン
- ・ニコチンパッチ
- ・麻薬
- ・抗パーキンソン病薬
- ・抗痙攣薬
- ・高用量ビタミン

　歯科治療中気分不良などを訴えたのち嘔吐する場合や、嘔吐反射が強く歯科治療中に嘔吐する場合がある。

　患者の因子としては、
①高齢者は加齢や疾患が原因でもともと嘔吐しやすい。
②消化器疾患（胃食道逆流症、胃腸炎など）がある。
③食後短時間で臥位になることも、逆流による嘔吐の原因である。
④がん治療（化学療法、放射線療法など）を行っている。
⑤上記薬物を服用している。

2) 防止対策

①医療面接（問診）の聴取により既往歴、服用薬剤を把握する。

②食後すぐの治療は避ける。

③嘔吐反射が強い場合は反射誘発部位を確認し、治療中に接触しないよう配慮する。

④食後は可及的に 30 分以上座位を保つ。

⑤嘔吐した場合は、側臥位をとり安静にする。

⑥経管栄養の注入は逆流しないように、ベッドを起こして行う。注入速度を調節する。

■嘔吐時の対応

①治療を中断し、十分に吸引する。口腔内嘔吐物がある場合には、除去後にバイタルサイン（特に SpO_2）を確認する。誤嚥がないか、十分に確認する。

②嘔吐物による窒息がないか確認する。窒息した場合は、背部叩打法または腹部突き上げ法（ハイムリック法）を行って異物を除去する。

引用文献

1) 大渡凡人：第 2 章. 患者の診察. 4. 全身の徴候. 13. 悪心, 嘔吐, 下痢；日本有病者歯科医療学会編：有病者歯科学（第 1 版）. 永末書店, 2018, 90-91.
2) 小島孝雄：第 5 章. 消化管疾患. 総論 B.3. 悪心嘔吐.（西田次郎, 小島孝雄, 大久保直編集：歯科のための内科学　改訂第 4 版）. 南江堂, 2018, 138.

8 てんかん発作

　一般にてんかんとは、てんかん性発作を引き起こす持続性素因を特徴とする脳の障害である。すなわち、慢性の脳の病気で、大脳の神経細胞が過剰に興奮するために、脳の発作性の症状が反復性に起こる。発作は突然に起こり、普通とは異なる身体症状や意識、運動および感覚の変化などが生じる。明らかなけいれんがあればてんかんの可能性は高い[1]。

　高齢者のてんかんの原因は若年者とは異なり、病因として、脳血管障害（30 ～ 40%）、頭部外傷、アルツハイマー病（神経変性疾患）、脳腫瘍、薬剤性などの症候性が主体で、特に脳血管障害が重要である。しかし、1/3 は明らかな原因は不明のことが多い。発作症状は非痙攣性が多く、軽微でかつ多彩であり、意識障害、失語、麻痺などを呈する。発作後もうろう状態が遷延することがある（数日間継続することがある）。全般強直間代発作に伴う急性冠不全（急性心筋梗塞など）の合併の報告があり、注意が必要である[2]。

1） リスク評価

・医療面接（問診）の聴取により、てんかんの既往がある。

・脳血管障害などの既往がある。

2） 防止対策

①医療面接（問診）の聴取により、発作の初発時期、発作前・中・後の状況を詳細に把握する。

②最近の発作の時期の確認、服用薬とコントロールの状態を把握する。

③合併疾患の種類と治療状況についても把握する（脳血管障害、急性冠不全など）。

④てんかんの発作では必ずしも前駆症状が現れるわけではないが、眩暈、ふるえ、頭痛、四肢の しびれ、ふらつき、顔面や四肢の筋攣縮などと、視覚異常（閃光、暗黒、巨視、微視）、聴覚 異常（雑音、音楽）、味覚異常、嗅覚異常などに注意する。音や光、複雑な模様などの視覚刺 激には注意する。

■てんかん発作時の対応

　　発作の多くは数秒〜数分で消失するが、大発作につながり生命の危険にさらされる可能性も あるので、発作の早期発見と早期対応が望ましい。発作が5分または10分以上持続すれば重 積状態と判断し、救急治療を始めるのが望ましいとされる[3]。

対処法[3]

①即座に治療を中止し、口腔内にある治療器具はすべて除去する。舌を咬むのを予防するため にバイトブロックを咬ませてもよいが、無理に行わなくてもよい。

②冷静に対応する

　バイタルサインの確認（意識状態、呼吸、血圧、脈拍など）。高齢者では必要に応じて心電 図もモニターする。

　患者の周囲の障害物を移動し、スペースを確保する。

　患者の身体をむやみに触らずに安静にする。

　周囲に協力を求める。

③気道の確保

　嘔吐物があれば側臥位にして取り除く。

　気道閉塞の徴候があれば、頭部後屈あご先挙上法などによる気道確保を行う。

④経過観察

　発作の状態を観察し記録する。

　いつもと同じであれば経過を観察する。

⑤以下の場合は、救急搬送を考慮する。

　・発作が5分以上継続する場合

　・てんかん重積発作が疑われる場合（発作の継続または短い発作をくりかえし意識の回復が ない）

　・苦しそうで顔面や爪が蒼白になる場合

　・いつもより発作の程度が厳しい場合

引用文献

1) 日本神経学会：てんかん診療ガイドライン 2018. 日本神経学会（HP. https://www.neurology-jp.org/guidelinem/epgl/tenkan_2018_01.pdf）

2) 日本てんかん学会：高齢者のてんかんに対する診断・治療ガイドライン. 日本てんかん学会（HP. http://square.umin.ac.jp/jes/pdf/aged_epilepsy.pdf）

3) 田中陽子, 野本たかと：Ⅱ編 スペシャルニーズ各論. 2章 神経・運動障害. ⅩⅡ てんかん；日本障害者歯科学会編：スペシャルニーズデンティストリー障害者歯科（第2版）. 医歯薬出版. 2017. 93-105.

各論

Ⅲ 救急処置

9 止血異常

　止血異常は血管の構造や機能的異常、血小板の数や機能の異常、凝固因子の異常などの出血性素因や白血病、悪性リンパ腫、骨髄異形成症など血液疾患、抗血栓療法を受けている患者、肝機能異常の患者、人工透析を受けている患者、抗癌薬の投与を受けている患者などに起こる。

　出血性素因には血管、血小板、凝固因子、線溶系の4系列の単独あるいは複合異常が原因となる。
・血管の異常
　遺伝性出血性毛細血管拡張症（Osler-Weber-Rendu病）、アレルギー性紫斑病など
・血小板の異常
　数の異常：特発性血小板減少性紫斑病（idiopathic thrombocytopenic purpura: ITP）など
　機能異常：血小板無力症
・凝固系因子の異常
　先天性凝固因子異常：血友病A, 血友病B, von Willebrand病など
　後天性凝固因子異常：ビタミンK欠乏症など
　播種性血管内凝固症候群（disseminated intravascular coagulation: DIC）
・抗血栓療法（抗凝固薬や抗血小板薬）を受けている疾患
　①循環器疾患
　　人工弁置換術後、虚血性心疾患（心筋梗塞、狭心症）、冠動脈バイパス術後、心臓弁膜症、心室中隔欠損症、心房中隔欠損症、心房細動、弁閉鎖不全、拡張型心筋症など
　②脳血管障害
　　脳梗塞、脳塞栓（心原性脳塞栓症）
　③その他の疾患
　　肺塞栓症（肺梗塞）、深部静脈血栓症、閉塞性動脈硬化症、人工血管置換手術後など[1]

1）リスク評価

　以下の患者では異常出血のリスクがあるので、医療面接において聴取をしておく。
①出血性素因や血液疾患のある患者（血小板や凝固因子の異常など）
②抗血栓療法を受けている患者
③肝機能異常の患者（肝炎、肝硬変、肝癌など）
④人工透析を受けている患者
⑤抗癌薬の投与を受けている患者（骨髄抑制による出血傾向）
⑥その他、抜歯後出血を契機に診断された血友病、慢性DIC患者の抜歯後出血、白血病患者にみられる血小板数の著明な減少による歯肉出血などの報告も散見されるので、注意が必要である。

2) 防止対策

①医療面接において患者の状態を把握し、医科主治医に対診してから処置を行う。

②特に観血的処置（抜歯、スケーリングなど）は注意して行う。

③抜歯の際は抜歯窩に局所止血材（酸化セルロース、ゼラチンスポンジなど）を充填して縫合する。出血傾向の状態により事前に止血床を準備する。

④抗血栓療法患者の抜歯の基準に関しては、「抗血栓療法患者の抜歯に関するガイドライン 2020 年版」を参照する[2]。

⑤複雑な口腔外科処置や後出血が懸念される場合は在宅での治療を行わず、連携している病院歯科口腔外科へ依頼し、必要に応じて入院下の治療も計画する。

■出血時の対応 [3, 4]

(1) 軟組織（歯肉、粘膜）からの出血

①まず、出血部位を特定する。生理食塩水で洗浄し、ガーゼで血液を拭いて出血点を確認する。出血が多く確認しづらい時は、アドレナリン添加局所麻酔薬を周囲に少量注射すると、出血が減少して創部を確認しやすくなる。

②出血部位をガーゼにて圧迫する。それでも止血できない時は、電気メスにて凝固したり、レーザーを止血モードで照射する。

③歯肉弁を挙上した場合は、戻して創縁を縫合し、ガーゼにて圧迫する。

(2) 骨（抜歯窩）からの出血

抜歯窩からの出血の場合、局所止血材（酸化セルロース、ゼラチンスポンジなど）を填入し、その上に小ガーゼを置いて20分程度咬んでもらう。止血が得られたら創縁を縫合する（水平マットレス縫合が有効である）。再出血が懸念される場合は、保護床を用いて創部を保護する（コーパック®と併用するのも有効である。その場合は、5〜7日後に除去する）[4]。

(3) これらの局所止血処置によっても止血しない場合は、かかりつけ医または病院歯科口腔外科へ紹介し、対応を依頼する。

引用文献

1) 山口　晃：第2章. 患者の診察. 4. 全身の徴候. 13. 悪心, 嘔吐, 下痢；日本有病者歯科医療学会編：有病者歯科学（第1版）. 永末書店, 2018, 171-177.

2) 日本有病者歯科医療学会, 日本口腔外科学会, 日本老年歯科医学会編：抗血栓療法患者の抜歯に関するガイドライン 2020 年版. 学術社.

3) 堀ノ内康文：止血法；角　保徳, 樋口勝規, 梅村長生, 柴原孝彦編：臨床口腔外科学— 一から分かる診断から手術. 医歯薬出版, 2016, 255-258.

4) 森本佳成, 杉村正仁：血液疾患患者の口腔止血管理. 日本医事新報, No.3829, 10-16, 1997.

10 顎関節脱臼

　顎関節脱臼は下顎頭が下顎窩から外に出て顎関節運動範囲外にあり、もとの位置に戻らない状態をいう。顎関節脱臼のほとんどは前方脱臼である。前方脱臼の症状は顎関節部疼痛と顎運動制限、閉口不能による咀嚼、発音、嚥下障害がみられ、患側耳前部は陥凹してその前方に隆起が触れる。両側性の場合はオトガイ部の前方突出、面長顔貌、両側鼻唇溝の消失、流涎など、片側性の場合はオトガイ部の健側偏位、交叉咬合、開口、患側鼻唇溝の消失などが認められる[1]。

1) リスク評価

　精神および脳疾患患者における顎関節脱臼の誘因としては、向精神薬の服用、パーキンソン病、脳血管障害などによる錐体外路症状の誘発とてんかんによる痙攣発作により咀嚼筋の協調不全をきたし、それが顎関節脱臼の病因と関連している[2]。

　具体的な要因としては、以下が考えられる[1,2,3]。
・向精神薬の服用
・脳血管障害やパーキンソン病による不随意開口運動が著しい場合
・意識障害
・認知症
・歯科治療時の過度な開口
・習慣性顎関節脱臼の既往
・あくび、大笑いなど

2) 防止対策

①歯科治療時は過開口を避け、治療中も顎関節脱臼が起こっていないか注意する。
②習慣性顎関節脱臼のある患者には大きなあくびや大笑いなどで脱臼しやすいことを説明する。
③習慣性顎関節脱臼のある患者には予防的にチンキャップや弾性包帯を装着させる。
④これらでも脱臼を繰り返すようであれば顎間固定などによる開口制限を考慮する。

　高齢者の顎関節脱臼の調査では、治療法は外来での非観血的整復術が90％と多く、観血的治療（手術療法）を受けたのは3.7％とわずかであった。治療後の経過は、習慣性脱臼では再脱臼あり34.7％、再脱臼なし23.9％、陳旧性脱臼では再脱臼が継続中45.4％、再脱臼なし28.3％と再脱臼が多く、完治が困難な結果であった[3]。

■**顎関節脱臼時の対応** [1,2,3]

　　顎関節脱臼時には、以下の処置を行う。

①徒手整復法（Hippocrates 法もしくは Borchers 法）を試みる。ただし、顎骨が極端に細くなっている場合は骨折に注意が必要である。

②整復後は弾性包帯またはチンキャップを装着して、開口制限*を行う。

③陳旧性で徒手整復ができないときは、顎間ゴム牽引療法（バイトブロックなどで臼歯部を押し下げると同時にゴムなどでオトガイ部を挙上し、下顎を後上方に持続的に牽引する）を試みる [1]。

④徒手整復ができない場合は病院歯科口腔外科に紹介し、鎮静または全身麻酔下に徒手整復や顎関節脱臼の手術療法を考慮する。

＊開口制限の報告例

弾性包帯やチンキャップ以外に開口制限に用いられる装具を示す。

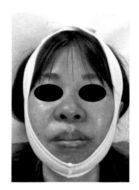

バンテージ

引用文献

1) 濱田　傑：顎関節疾患：白砂兼光，古郷幹彦編：口腔外科学（第 3 版）．2012，337-341.

2) 石川義人，樋口雄介，青村知幸，八木正篤，遠藤光宏，笹原健児，佐藤雄治，大屋高徳，工藤啓吾：精神および脳疾患患者における顎関節脱臼の病因に関する臨床的検討．日口外誌 44(4): 415-417, 1998.

3) 柴田考典，栗田賢一，小林　馨，杉崎正志，古森孝英，金澤　香：高齢者の顎関節脱臼の現状と治療法（再脱臼防止法）の概要．日顎誌 28(1): 3-13, 2016.

後方支援を行っている日本有病者歯科医療学会認定施設（2021年9月現在）

施設名	往診・訪問診療	往診協力	郵便番号	住所
医療法人社団札幌歯科口腔外科クリニック	行っている	可	004-0051	北海道札幌市厚別区厚別中央一条6-3-1　ホクノー新札幌ビル
北海道大学病院　歯科診療センター	行っていない	可	060-8586	北海道札幌市北区北13条西6丁目
社会医療法人北斗　北斗病院	行っている	可	080-0833	北海道帯広市稲田町基線7-5
北見赤十字病院	行っていない	可	090-8666	北海道北見市北6条東2-1
臨生会　吉田病院　歯科口腔外科	行っていない	否	096-8585	北海道名寄市西3条南6丁目
国立病院機構　あきた病院　口腔外科	行っている	否	018-1393	秋田県由利本荘市岩城内道川字井戸ノ沢84-40
山形大学医学部附属病院　歯科口腔・形成外科学講座	行っていない	否	990-9585	山形県山形市飯田西2丁目2番2号
東京歯科大学　水道橋病院　口腔外科	行っている	可	101-0061	東京都千代田区神田三崎町2丁目9-18
日本歯科大学附属病院	行っている	可	102-8158	東京都千代田区富士見2-3-16
国際医療福祉大学　三田病院　歯科口腔外科	行っていない	否	108-0073	東京都港区三田1-4-3
東京大学医学部附属病院　顎口腔外科・歯科矯正歯科	行っていない	否	113-8655	東京都文京区本郷7-3-1
東京都立墨東病院　歯科口腔外科	行っていない	否	130-8575	東京都墨田区江東橋4-23-15
昭和大学歯科病院	行っている	可	145-8515	東京都大田区北千束2-1-1
東京医科大学　歯科口腔外科	行っていない	否	160-0023	東京都新宿区西新宿6-7-1
慶應義塾大学　医学部　歯科口腔外科	行っていない	否	160-8582	東京都新宿区信濃町35
医療法人社団明法会　高山歯科医院千川診療所	行っている	可	171-0043	東京都豊島区要町3-26-3　メゾンMT
牟礼南デンタルオフィス	行っていない	可	181-0002	東京都三鷹市牟礼7-6-10
町田市民病院　口腔外科	行っていない	可	194-0023	東京都町田市旭町2-15-41
医療法人徳洲会　東京西徳洲会病院	行っていない	可	196-0003	東京都昭島市松原町3-1-1
東京慈恵会医科大学附属　第三病院　歯科	木曜日	木曜日電話	201-0003	東京都狛江市和泉本町4-11-1
独立行政法人労働者健康福祉機構　関東労災病院　歯科口腔外科	行っていない	否	211-8510	神奈川県川崎市中原区木月住吉町1番1号
医療法人社団礒部歯科医院	行っている	可	226-0025	神奈川県横浜市緑区十日市場町855-12
鶴見大学歯学部　口腔内科学講座	行っている	否	230-8501	神奈川県横浜市鶴見区鶴見2-1-3
神奈川歯科大学附属病院　全身管理高齢者歯科	FAX	FAX	238-8580	神奈川県横須賀市稲岡町82
神奈川歯科大学附属病院　口腔外科	行っている	可	238-8580	神奈川県横須賀市稲岡町82
横浜市立市民病院　歯科口腔外科	行っていない	否	240-8555	神奈川県横浜市保土ケ谷区岡沢町56番地
海老名総合病院	行っていない	可	243-0433	神奈川県海老名市河原口1320
国家公務員共済組合連合会　横浜栄共済病院　歯科口腔外科	行っていない	可（内容による）	247-8581	神奈川県横浜市栄区桂町132番地
東京歯科大学　千葉歯科医療センター　口腔外科	行っている	可	261-8502	千葉県千葉市美浜区真砂1-2-2
松戸市立総合医療センター　歯科口腔外科	行っていない	否	270-2296	千葉県松戸市千駄堀993番地の1
日本大学　松戸歯学部　顎顔面外科	行っていない	可	271-8587	千葉県松戸市栄町西2-870-1
日本大学　松戸歯学部　歯科麻酔学講座	行っている	可	271-8587	千葉県松戸市栄町西2-870-1

施設名	往診・訪問診療	往診協力	郵便番号	住所
地方独立行政法人総合病院　国保旭中央病院　歯科・歯科口腔外科	行っている	可	289-2511	千葉県旭市 イ-1326
埼玉医科大学病院　歯科口腔外科	行っていない	否	350-0451	埼玉県入間郡毛呂山町毛呂本郷 38
埼玉医科大学総合医療センター歯科口腔外科	行っている	可	350-8550	埼玉県川越市鴨田 1981
TMG あさか医療センター　歯科口腔外科	行っている	可	351-0033	埼玉県朝霞市溝沼 1340-1
防衛医科大学校病院　歯科口腔外科	行っていない	否	359-8513	埼玉県所沢市並木 3-2
埼玉よりい病院　歯科口腔外科	行っていない	可	369-1201	埼玉県大里郡寄居町用土 395
社会医療法人若竹会　つくばセントラル病院	FAX	FAX	300-1211	茨城県牛久市柏田町 1589-3
石岡第一病院	行っていない	可	315-0023	茨城県石岡市東府中 1-7
独立行政法人国立病院機構栃木医療センター	行っていない	否	320-8580	栃木県宇都宮市中戸祭 1-10-37
自治医科大学附属病院　歯科口腔外科	行っていない	否	329-0431	栃木県下野市薬師寺 3311-1
どい歯科口腔外科クリニック	行っている	可	329-0511	栃木県下野市石橋 571-1
富岡地域医療企業団　公立富岡総合病院	行っていない	電話・メールのみ可	370-2393	群馬県富岡市富岡 2073 番地 1
医療法人島門会　本島総合病院	行っていない	可	373-0033	群馬県太田市西本町 3-8
諏訪赤十字病院	行っていない	否	386-8510	長野県諏訪市湖岸通り 5-11-5
社会医療法人財団慈泉会相澤病院口腔病センター	行っていない	可	390-8510	長野県松本市本庄 2-5-1
信州大学医学部附属病院　特殊歯科・口腔外科	行っていない	否	390-8621	長野県松本市旭 3-1-1
浜松医療センター	行っていない	可	432-8580	静岡県浜松市中区富塚町 328
鈴木歯科医院	行っている	可	463-0067	愛知県名古屋市守山区守山 3 丁目 3-15
名古屋大学医学部附属病院　口腔外科	行っていない	否	466-8560	愛知県名古屋市昭和区鶴舞町 65 番地
藤田医科大学病院　歯科口腔外科	行っていない	否	470-1101	愛知県豊明市沓掛町田楽ヶ窪 1-98
公立西知多総合病院	行っていない	否	477-8522	愛知県東海市中ノ池三丁目 1-1
公立陶生病院　歯科口腔外科	行っていない	可	489-8642	愛知県瀬戸市西追分町 160 番地
朝日大学医科歯科医療センター　障がい者歯科	行っている	可	501-0296	岐阜県瑞穂市穂積 1851
高井外科　ＤＥＮＴＡＬ	行っていない	否	502-0857	岐阜県岐阜市正木 1978-72
総合病院中津川市民病院　歯科口腔外科	行っている	可	508-8502	岐阜県中津川市駒場 1522 番地の 1
石川県立中央病院　歯科口腔外科	行っていない	可	920-8530	石川県金沢市鞍月東 2-1
松原歯科医院	行っている	可	928-0000	石川県輪島市門前町清水 3-41-1
公園通り歯科医院	行っている	可	936-0027	富山県滑川市常盤町 181-41
社会医療法人仁愛会　新潟中央病院歯科口腔外科	行っている	事例がないが要相談	950-0965	新潟県新潟市新光町 1-18
日本歯科大学新潟病院口腔外科	行っている	可	951-8580	新潟県新潟市中央区浜浦町 1-8
社会医療法人大道会　ボバース記念病院	行っている	否	536-0023	大阪府大阪市城東区東中浜 1-6-5
社会医療法人大道会森之宮病院	FAX	FAX	536-0025	大阪府大阪市城東区森之宮 2-1-88
西村歯科口腔外科クリニック	行っている	可	579-8024	大阪府東大阪市南荘町 1-17
近畿大学医学部附属病院歯科口腔外科	行っていない	否	589-8511	大阪府大阪狭山市大野東 377-2
宇治武田病院　歯科・歯科口腔外科	行っていない	否	611-0021	京都府宇治市宇治里尻 36-26
医療法人徳洲会　宇治徳洲会病院	行っている	可	611-0041	京都府宇治市槇島町石橋 145
社会医療法人高清会高井病院	行っていない	否	632-0006	奈良県天理市蔵之庄町 470-8

施設名	往診・訪問診療	往診協力	郵便番号	住所
奈良県立医科大学附属病院　口腔外科	行っていない	否	634-8522	奈良県橿原市四条町 840
医療法人小向井歯科クリニック	行っている	可	636-0911	奈良県生駒郡平群町椿井 734-1-101
紀南病院　歯科口腔外科	行っていない	否	646-8588	和歌山県田辺市新庄町 46 番地の 70
医療法人社団おおつき会　大槻歯科医院	行っている	可	669-1535	兵庫県三田市南が丘 1-30-17
医療法人社団関田会　ときわ病院　歯科・歯科口腔外科	行っている	可	673-0541	兵庫県三木市志染町広野 2-271
高木歯科医院	行っている	否	690-0000	島根県松江市東出雲町掛屋 1228-3
公益財団法人大原記念倉敷中央医療機構　倉敷中央病院	行っていない	否	710-0052	岡山県倉敷市美和 1 丁目 1-1
広島大学病院　障害者歯科	FAX	FAX	734-8551	広島県広島市南区霞 1 丁目 2-3
公立大学法人九州歯科大学附属病院口腔内科・口腔外科	行っている	可	803-0844	福岡県北九州市小倉北区真鶴 2-6-1
九州大学病院　高齢歯科・全身管理歯科	行っていない	可	812-8582	福岡県福岡市東区馬出 3-1-1
福岡大学病院歯科口腔外科	行っていない	否	814-0180	福岡県福岡市城南区七隈 7-45-1
福岡歯科大学　口腔歯学部　総合歯科学講座	行っている	可	814-0193	福岡県福岡市早良区田村 2-15-1
国立病院機構熊本医療センター	行っていない	可	860-0008	熊本県熊本市中央区二の丸 1-5
医療法人伊東会　伊東歯科口腔病院	FAX	FAX	860-0851	熊本県熊本市子飼本町 4-14
熊本市立熊本市民病院	行っていない	否	862-8505	熊本県熊本市東区湖東 1 丁目 1-60

（一社）日本有病者歯科医療学会

在宅歯科医療に関する調査　　報告書

平成31年4月

一般社団法人　日本有病者歯科医療学会

調査企画ガイドライン推進プロジェクト委員会

1. 目的

　本学会は、在宅歯科医療において、診断、治療の選択に苦慮する事項等について、対応指針の策定を検討している。本調査は、在宅歯科医療を実践している歯科診療所を対象として、実際に指針等がないために診断、治療の選択に苦慮している事項を調査し、治療指針を策定する際のクリニカルクエスチョンとすべき事項を抽出することを目的に調査を実施した。

2. 実施主体

一般社団法人　日本有病者歯科医療学会
　　　調査企画ガイドライン推進プロジェクト委員会
公益社団法人　日本歯科医師会

3. 研究助成

日本歯科医学会　医療問題関連事業
新しい医療機器・技術の導入に関する資料収集および調査研究　課題に採択
研究助成金　100,000 円

4. 調査対象

　1か月あたりの平均患者数20名以上の在宅療養支援歯科診療所を対象とした。訪問歯科医療の実施件数で全国20位内の都道府県歯科医師会（地域的な偏在を考慮し、全国7ブロックより選抜）を調査対象として、最終的に21都道府県歯科医師会に日本歯科医師会より依頼した。1県歯あたりの調査依頼件数は30診療所とした。

5. 調査期間

　平成29年3月14日〜平成29年3月23日

6. 調査方法

　対象となった歯科医師会会員歯科診療所に対して、アンケート調査（非カルテ調査）を郵送調査回答形式で実施した。調査用紙は日本歯科医師会が回収し、匿名化の後、日本歯科大学新潟生命歯学部口腔外科学講座にて集計を実施した。

7. 調査概要

① 訪問歯科診療の実施状況（患者数、実施内容、人的資源、器材等含む）
② 訪問歯科診療の際、対応に苦慮する治療内容、全身評価
③ 訪問歯科診療の際、対応に苦慮する全身疾患と薬剤
④ 指針策定にあたり、採用すべきクリニカルクエスチョン
⑤ 訪問歯科診療上の医療連携について
⑥ その他

8. 調査の実施状況

　630診療所にアンケート調査用紙を配送し、期間内に回答されたのは495施設（回収率78.5%）であった。

9. 調査回答者の背景

1）性別　（N=494　未回答1名）
　　　　男性　445名　　女性49名　　未回答1名

2）年齢　（N=492　未回答3名）
　　　　平均　54.47±8.88歳　　（平均±SD）

3）訪問診療実施年数　（N=474　未回答21名）
　　　　平均　13.8± 8.0年　　（平均±SD）

4）訪問患者数（延べ）（N=486　未回答9名）
　　　　平成29年8月　平均111.3±234.7人　　（平均±SD）
　　　　平成29年9月　平均109.3±234.4人　　（平均±SD）

5）訪問診療に従事する人的資源　　（N=495）

常勤歯科医師	平均 1.51 名
常勤歯科衛生士	平均 2.26 名
常勤歯科技工士	平均 0.21 名
常勤管理栄養士	平均 0.016 名
常勤言語聴覚士	平均 0.002 名
その他	平均 1.16 名

6) 医療機器等の保有状況　　(N=495)

ポータブル歯科治療用ユニット	平均 0.8 台
ポータブルエンジン（携帯用マイクロモーター）	平均 1.48 台
ポータブル歯科用 X 線装置	平均 0.61 台

① 往診に必要なポータブル装置を自施設で保有　　318施設（64.2%）

ポータブル歯科治療用ユニット	平均 1.04 台
ポータブルエンジン（携帯用マイクロモーター）	平均 1.60 台
ポータブル歯科用 X 線装置	平均 0.79 台

② 往診に必要なポータブルユニットを歯科医師会で借用　　114施設（23.3%）

ポータブル歯科治療用ユニット	平均 0.14 台
ポータブルエンジン（携帯用マイクロモーター）	平均 1.06 台
ポータブル歯科用 X 線装置	平均 0.16 台

③ 所持も借用もしていない　　9施設（1.8%）

10. 調査結果

1) 訪問場所　　(N=495　重複回答あり)

居宅（戸建）	364 件
介護保険施設（介護療養型医療施設、介護老人保健施設、介護老人福祉施設）	308 件
居住系高齢者施設（サービス付き高齢者向け住宅、有料老人ホーム、認知症高齢者グループホーム等）	307 件
歯科標榜なしの病院	201 件
集合住宅（マンション、アパート、団地等）	175 件
歯科標榜ありの病院	13 件
その他	18 件

2) 訪問依頼（N=495 重複回答あり）

患者家族	423 件
居宅介護支援事業所	334 件
医師会	314 件
歯科医師会	310 件
患者本人	269 件
訪問看護ステーション	192 件
地域包括支援センター	182 件
医科在宅医	162 件
病院・施設への往診歯科医師	102 件
その他（施設職員など）	69 件

3) 訪問診療内容（N=495 重複回答あり）

口腔ケア	486 件
補綴治療（義歯、義歯治療含む）	474 件
歯周治療	427 件
保存修復治療	394 件
口腔外科処置（抜歯、歯槽骨整形等）	381 件
補綴治療（クラウン・ブリッジ）	294 件
摂食嚥下リハビリテーション、食支援、口腔リハビリテーション	284 件
その他	6 件

4) 最高頻度診療内容　（N=485　未回答40人）

口腔ケア	228 件
補綴治療（義歯、義歯治療含む）	184 件
歯周治療	24 件
摂食嚥下リハビリテーション、食支援、口腔リハビリテーション	9 件
保存修復治療	4 件
口腔外科処置（抜歯、歯槽骨整形等）	4 件
補綴治療（クラウン・ブリッジ）	2 件

5）訪問診療中の診療中止経験（患者側の要因にて）（N=495　未回答25人）

あり	280 件
なし	190 件

中止理由
・診療中の患者の体調急変
　　診療中のSpO_2低下
　　バイタルサイン低下
　　血圧上昇
　　嘔吐、誤嚥
　　異常出血
　　喘息発作
・診療前の患者の体調不良
　　熱発あり（インフルエンザ）
　　全身状態の悪化（終末期）
・診療拒否
　　認知症
　　精神状態不安定
・傾眠傾向、就寝中、意識レベル低下

6）訪問診療の実施に際して不安な診療内容　　（N=495　重複回答あり）

観血的処置（抜歯、歯槽骨整形等）	407 件
麻酔注射	306 件
印象採得	208 件
形成、充填	161 件
摂食嚥下機能訓練	135 件
補綴物・修復物の装着	129 件
口腔ケア、スケーリング	88 件
義歯調整	43 件
その他	25 件

7）訪問診療の実施に際して**最も不安な**診療内容　（N=495　未回答58人）

観血的処置（抜歯、歯槽骨整形等）	271 件
摂食嚥下機能訓練	51 件
形成、充填	35 件
麻酔注射	29 件
印象採得	29 件
補綴物・修復物の装着	9 件
口腔ケア、スケーリング	8 件
義歯調整	5 件

8）訪問診療の際に、困難と思われる患者評価内容　（N=495　重複回答あり）

観血的処置（抜歯、歯槽骨整形等）の実施の可否	345 件
患者の全身状態	339 件
麻酔注射実施の可否	223 件
患者処方薬剤	188 件
歯科治療実施の可否	179 件
抗菌薬、鎮痛薬の処方内容、投与量の決定	156 件
その他	41 件

9）訪問診療の際に、**最も困難**と思われる患者評価内容　（N=495　未回答 83 人）

観血的処置（抜歯、歯槽骨整形等）の実施の可否	173 件
患者の全身状態	141 件
歯科治療実施の可否	36 件
患者処方薬剤	27 件
抗菌薬、鎮痛薬の処方内容、投与量の決定	18 件
麻酔注射実施の可否	17 件

10）対応に苦慮する疾患　（N=495　重複回答あり）

認知症	407 件
神経性疾患（パーキンソン病等）	231 件
脳血管疾患（脳梗塞、脳出血）	211 件
心疾患（心不全、虚血性心疾患）	170 件
悪性腫瘍	123 件
肺炎（誤嚥性肺炎含む）	111 件
肝疾患（肝炎、肝硬変）	104 件
糖尿病	88 件
不整脈	74 件
高血圧症	68 件
腎疾患（腎不全）	63 件
その他（造血器疾患、顎骨壊死、精神疾患など）	51 件

11）対応に苦慮する薬剤　（N=495　重複回答あり）

ビスフォスフォネート製剤(抗 RANKL 抗体含む)	391 件
抗血栓薬（抗血小板薬、抗凝固薬）	293 件
免疫抑制薬	173 件
抗精神薬	147 件
抗腫瘍薬	142 件
副腎皮質ステロイド薬	127 件
降圧薬	59 件
糖尿病治療薬	45 件
生物学的製剤（リウマチ治療薬等）	31 件
その他（抗てんかん薬など）	4 件

12）連携状況について
① 連携する歯科医療機関　（N=495　重複回答あり）

大学以外の病院歯科あるいは歯科口腔外科	317 件
歯科大学病院・歯学部附属病院	236 件
他の歯科診療所	126 件
口腔保健センター	89 件
連携している医療機関はない	55 件
その他（障害者歯科センターなど）	8 件

② 連携する医科医療機関　（N=495 重複回答あり）

在宅療養支援診療所（在支診）	277 件
歯科・歯科口腔外科を有さない在宅療養支援病院（在支病）	157 件
歯科・歯科口腔外科を有さない在支病以外の病院	111 件
在支診以外の診療所	89 件
連携している医療機関はない	62 件
その他（歯科・歯科口腔外科を有する病院など）	29 件

③ 医科との連携内容　（N=495 重複回答あり）

連携医療機関在宅療養患者に対する訪問歯科診療の実施	252 件
診療情報等の共有	243 件
患者急変時の対応・受け入れ	179 件
連携医療機関在宅療養患者に対する摂食嚥下リハビリテーションの実施	177 件
連携医療機関在宅療養患者に対する口腔ケアの実施（緩和医療含む）	173 件
入院患者に対する周術期口腔機能管理を除く口腔ケアの実施	129 件
連携医療機関の栄養サポートチームへの参画	54 件
連携医療機関での退院時カンファレンスへの参画	47 件
その他	3 件

④ 他の連携機関　（N=495 重複回答あり）

歯科医師会（在宅歯科医療連携室）	377 件
居宅介護支援事業所	228 件
地域包括支援センター	226 件
訪問看護ステーション	171 件
医師会（在宅医療介護（連携）支援センター（仮称））	110 件
保健所・行政	91 件
保険薬局	77 件
連携している機関はない	35 件
その他	9 件

⑤　ケアカンファレンス参加について　　（N=495　未回答 43 人）

ケアカンファレンス　参加　あり	302 件
ケアカンファレンス　参加　なし	150 件

⑥　ケアカンファレンスにおいて協議する職種　　（N=495　重複回答あり）

医科在宅医	186 件
看護師	275 件
ケアマネージャー	320 件
保健師	61 件
理学療法士	89 件
作業療法士	64 件
言語聴覚士	115 件
その他（管理栄養士、薬剤師、民生委員、施設職員、介護福祉士など）	49 件

⑦　退院時カンファレンス参加について　　（N=495　未回答 17 人）

退院時カンファレンス　参加　あり	74 件
退院時カンファレンス　参加　なし	404 件

13）指針策定にあたり、採用すべきクリニカルクエスチョンについて（要約）
①　全身評価について
・医療情報の収集について（検査値、処方薬、既往歴、栄養状態、出血傾向）
・バイタルサイン、モニタリング（循環、呼吸）の評価
・認知症、認知機能、意識障害の評価
・サルコペニア、フレイル、低栄養の評価
・抑制具の使用に関する評価

② 保存・補綴治療について
・印象採得の実施基準
・誤飲誤嚥対策　咽頭反射低下　認知障害患者への対応
・リベース・ティッシュコンディショニングの実施基準
・義歯の製作基準　認知障害と義歯使用期間　咬合採得
・治療体位制限患者（座位保持不能）の治療基準
・認知症患者の形成法
・要介護高齢者における軟化象牙質、縁下歯石の除去基準
・訪問診療下における根管治療の実施基準
・根面う蝕、歯頚部う蝕の進行予防
・破損、管理不能インプラントの処置方針

③ 口腔外科治療について
・BP投与患者の抜歯基準
・易感染性患者への抗菌薬予防投与の基準（糖尿病患者など）
・止血困難患者の抜歯基準、推奨される止血法
・訪問診療における抜歯基準
・要介護高齢者の残根の抜歯基準
・観血的処置の留意点、施行基準
　　BP投与患者、生物学的製剤投与患者、副腎皮質ステロイド薬投与患者
　　糖尿病、心疾患、腎障害患者
・インプラントのトラブルへの対応
・同意書、説明書の指針
・顎関節脱臼に対する対応

④ 摂食嚥下機能訓練・口腔ケアについて
・訪問診療におけるスクリーニング、VE、VFの必要性
・訪問診療における間接訓練、直接訓練の指針（緊急対応含む）
・認知症患者、ALS、筋無力症患者の口腔ケア　機能訓練の指針
・開口困難、拒否患者の口腔ケア指針
・口腔ケア、機能訓練時の咽頭吸引指針
・口腔ケアの実施基準（感染予防を含む）

⑤　全身的偶発症について
・血圧の管理　治療中止基準
・緊急時のバイタルサインの評価
・終末期の全身評価
・認知症患者の行動調整（鎮静法）の可否
・アナフィラキシーショック、局麻中毒への対応
・AED、救急薬、パルスオキシメーターの携行
・ディスキネジアへの対応

⑥　その他
・訪問ユニット、口腔ケア用具の滅菌、消毒に関するガイドライン
・在宅歯科医療の二次、三次医療の整備

訪問歯科診療

―歯科医師のためのリスク評価実践ガイド―

編　　　　集／一般社団法人 日本有病者歯科医療学会 ©
協　　　　力／公益社団法人 日 本 歯 科 医 師 会
定　　　　価／本体価格 3,182 円＋税

―――――――――――――――――――――――

発　　　　行／2021 年 10 月 20 日　第 1 版第 1 刷

発　行　者／近 藤 重 則

発　行　所／株式会社　学 術 社
　〒115-0055　東京都北区赤羽西 6 − 31 − 5
　　　　　　　TEL：0 3 − 5 9 2 4 − 1 2 3 3（代表）
　　　　　　　FAX：0 3 − 5 9 2 4 − 4 3 8 8
　　　　　　　E-mail：gak-kond@zd5.so-net.ne.jp
　　　　　　ISBN 978-4-908730-04-7　C3047　￥2700E

赤シート×直前対策！

ぴたトレ mini book

テストに出る！

重要文
重要単語
チェック！

東京書籍版　英語3年

赤シートでかくしてチェック！

「ぴたトレ mini book」は取り外してお使いください。

現在完了形・現在完了進行形

□ 私たちは5年間大阪に住んでいます。 　　We have lived in Osaka for five years.

□ 彼は3年間中国語を勉強しています。 　　He has studied Chinese for three years.

□ 私は昨日から神戸にいます。 　　I have been in Kobe since yesterday.

□ あなたは長い間東京に住んでいるのです 　　Have you lived in Tokyo for a long time?
か。

　 ―はい，住んでいます。／ 　　― Yes, I have. / No, I have not.

　　いいえ，住んでいません。

□ あなたはどのくらい日本にいますか。 　　How long have you been in Japan?

　 ―10年間です。 　　― For ten years.

□ 私は以前その絵を見たことがあります。 　　I have seen the picture before.

□ エミは今までに北海道に行ったことがあ 　　Has Emi ever been to Hokkaido?
りますか。

□ 私はそんなに悲しい話を一度も聞いたこ 　　I have never heard such a sad story.
とがありません。

□ 私の父はちょうど仕事を終えたところで 　　My father has just finished his work.
す。

□ 私はまだ昼食を食べていません。 　　I have not had lunch yet.

□ あなたはもう部屋をそうじしましたか。 　　Have you cleaned your room yet?

□ 私の父は1時間ずっと料理をしています。 　　My father has been cooking for an hour.

分詞

□マリには札幌に住んでいるおじがいます。   Mari has an uncle living in Sapporo.

□テニスをしている女性はだれですか。   Who is the woman playing tennis?

□私は中国で作られた車を持っています。   I have a car made in China.

□これはジョンによって書かれた物語ですか。   Is this a story written by John?

関係代名詞

□私には英語を上手に話す友だちがいます。   I have a friend who speaks English well.

□私のおばは部屋がたくさんある家に住んでいます。   My aunt lives in a house which has many rooms.

□これは千葉へ行く電車です。   This is a train that goes to Chiba.

□その知らせを聞いた人はみんな泣いていました。   All the people that heard the news were crying.

□あなたは，先月私たちがパーティーで会った女性を覚えていますか。   Do you remember the woman (that) we met at the party last month?

□これは昨日私が使った自転車です。   This is the bike (which) I used yesterday.

□これらは私の友だちがカナダでとった写真です。   These are the pictures (that) my friend took in Canada.

不定詞を含む表現

□私はこのコンピュータの使い方がわかりません。   I don't know how to use this computer.

□駅への行き方を教えてもらえますか。
　―いいですよ。   Can you tell me how to get to the station?
— Sure.

□私の友だちが，次に何をすればよいか教えてくれました。   My friend told me what to do next.

□彼は私にどこに滞在したらよいかたずねました。   He asked me where to stay.

□彼女はいつ出発したらよいか知っていますか。   Does she know when to start?

3

□たくさんの本を読むことは(私たちにとって)大切です。	It is important (for us) to read many books.
□私にとって英語を話すことはやさしくありません。	It is not easy for me to speak English.
□私は彼女に歌を歌ってほしいです。	I want her to sing a song.
□母は私に宿題をするように言いました。	My mother told me to do my homework.
□私は父が車を洗うのを手伝った。	I helped my father wash his car.
□このコンピュータを使わせてください。	Let me use this computer.

その他の文

□私たちはそのネコをタマと呼びます。	We call the cat Tama.
□この歌は私たちを幸せにします。	This song makes us happy.
□なんて素敵なの！	How nice!
□私はなぜ今日彼が学校に来なかったのか知っています。	I know why he didn't come to school today.
□私はあなたが何について話しているのかわかりません。	I don't know what you are talking about.

仮定法

□私が裕福だったら，もっと大きな家に引っ越すのに。	If I were rich, I would move to a larger house.
□私がそこに住んでいたら，毎日その城に行くことができるだろうに。	If I lived there, I could go to the castle every day.
□カレーが毎日食べられたらなあ。	I wish I could eat curry every day.
□私が彼の友達だったらなあ。	I wish I were his friend.

Unit 0

☐	about	およそ，約，〜について
☐	another	ほかの，別の
☐	believe	信じる
☐	brain	頭脳
☐	by	〜によって
☐	Chinese	中国語
☐	choose	〜を選ぶ
☐	common	ふつうの，よくある
☐	fact	事実
☐	few	少しの
☐	first	1日，1番目，最初
☐	from	〜に由来する，〜出身の
☐	great	大きな，すごい
☐	increase	〜を増やす
☐	interesting	おもしろい
☐	knowledge	知識
☐	language	言語
☐	learn	学ぶ，習う
☐	more than	〜より多い
☐	people	人々
☐	percent	パーセント
☐	power	力
☐	researcher	研究者
☐	said	sayの過去分詞
☐	should	〜すべきである
☐	spoken	speakの過去分詞
☐	variety	さまざまな
☐	wide	広い

6

Unit 1

☐	amaze	～をびっくりさせる
☐	amazing	驚くべき
☐	apply	当てはまる
☐	athlete	運動選手
☐	been	beの過去分詞
☐	below	下に
☐	championship	選手権, 優勝
☐	custom-made	注文で作った
☐	decide	～を決める
☐	design	～を設計する
☐	establish	～を設立する
☐	ever	[疑問文で]今まで
☐	example	例
☐	fan	ファン
☐	functional	実用的な
☐	internet	インターネット
☐	match	試合
☐	member	一員, メンバー
☐	once	かつて, 昔
☐	opinion	意見
☐	ordinary	ふつうの
☐	positive	肯定の
☐	possible	可能な, できる
☐	satisfy	～を満足させる
☐	somewhere	どこかに[へ, で]

☐	speed	スピード
☐	sporty	スポーティな
☐	stylish	おしゃれな
☐	support	～を支援する
☐	title	題名, タイトル
☐	the Paralympic games	パラリンピック
☐	triathlon	トライアスロン
☐	uncomfortable	心地よくない
☐	user	使用者
☐	well-known	有名な
☐	winner	勝者

Let's Write 1

☐	audience	聴衆, 観客
☐	awesome	すばらしい, 最高の
☐	bright	明るい
☐	challenge	難問
☐	hopeful	希望を持っている
☐	horizon	(人の)視野
☐	super	とても, すごく

重要単語 チェック！

Unit 2 ~ Let's Talk 1

Unit 2

☐	actually	実は，本当は
☐	already	すでに，もう
☐	because	～だから，～なので
☐	bring	～を持ってくる
☐	century	世紀，100年
☐	count	数える
☐	curious	好奇心の強い
☐	either	[否定分の文末に用いて]…もまた（～ない）
☐	favorite	いちばん好きな
☐	finish	～を終える
☐	image	像
☐	important	重要な
☐	include	～を含む
☐	less	もっと少なく
☐	message	伝言，メッセージ
☐	must	～しなければならない
☐	necessary	必要な
☐	own	自分自身の
☐	poem	詩
☐	poet	詩人
☐	pop	大衆的な
☐	quite	かなり，相当
☐	read	readの過去形，過去分詞
☐	rhyme	韻を踏む
☐	rhythm	リズム
☐	rule	規則，ルール
☐	seasonal	季節の
☐	since	～して以来
☐	sleep	眠る
☐	strict	厳しい
☐	syllable	音節，シラブル
☐	website	ウェブサイト
☐	written	writeの過去分詞
☐	yet	[疑問文で]もう，[否定文で]まだ

Let's Talk 1

☐	feel free to	遠慮なく～する
☐	goodbye	さようなら
☐	hope	望む
☐	later	あとで，もっと遅く

8

Unit 3

☐	affect	～に影響を与える
☐	breed	～を飼育する
☐	capture	～を捕まえる
☐	climate	気候
☐	condition	状況
☐	danger	危険
☐	decrease	減る
☐	destroy	～を破壊する
☐	development	開発
☐	device	装置
☐	die	死ぬ
☐	ecosystem	生態系
☐	electronic	電子の
☐	endangered	絶滅の危機にさらされている
☐	environment	環境
☐	era	時代，年代
☐	extinction	絶滅
☐	feather	羽
☐	fly	飛ぶ
☐	gift	贈り物
☐	government	政府
☐	human being	人間
☐	let	(人)に～させる
☐	logging	伐採
☐	metal	金属

☐	mining	採掘
☐	population	人口
☐	protect	～を守る
☐	rapidly	速く，急速に
☐	relate	関係がある
☐	role	役，役割
☐	safety	安全に
☐	species	種
☐	surprisingly	驚いたことには
☐	survive	生き残る
☐	until	～まで(ずっと)

Let's Write 2

☐	accident	事故
☐	ban	～を禁止する
☐	bother	面倒
☐	decision	決定，結論
☐	drive	運転する
☐	effective	効果的な
☐	illegal	違法の
☐	law	法律
☐	text	携帯電話などでメッセージを送る

9

Stage Activity 1

☐	beginning	最初の部分
☐	corner	角
☐	ending	終わり，結末
☐	national	国の
☐	report	報告
☐	tournament	トーナメント

Let's Read 1

☐	agony	激しい痛み
☐	arm	腕
☐	bomb	爆弾
☐	child	子供
☐	close	～を終える
☐	cloudless	雲のない
☐	courage	勇気
☐	cry	泣く
☐	dead	死んだ
☐	death	死
☐	extend	～を広げる
☐	fold	～を折る
☐	hold	～を持つ，つかむ
☐	injure	～を傷つける
☐	lullaby	子守歌
☐	meant	meanの過去形
☐	mommy	お母さん

☐	nuclear	核の
☐	paper crane	折り鶴
☐	peace	平和
☐	president	大統領
☐	pursue	～を追い求める
☐	quietly	静かに
☐	real	本物の
☐	remember	～を思い出す
☐	road	道路
☐	rose	riseの過去形
☐	shade	日陰
☐	siting	現職の
☐	sky	空
☐	tightly	しっかりと
☐	war	戦争
☐	weak	弱い
☐	weapon	兵器
☐	while	(少しの)時間，(しばらくの)間
☐	without	～なしで[に]
☐	worth	～するだけの価値がある

Unit 4

☐	announcement	発表，アナウンス
☐	call	〜に電話をかける
☐	circle	〜を丸で囲む
☐	disaster	災害
☐	done	doの過去分詞
☐	drill	訓練
☐	drove	driveの過去形
☐	during	〜の間ずっと
☐	earthquake	地震
☐	emergency	緊急事態
☐	evacuation	避難
☐	every year	毎年
☐	experience	〜を経験する
☐	extinguisher	消火器
☐	finally	ついに
☐	follow	〜に従う
☐	fortunately	幸運にも
☐	given	giveの過去分詞
☐	guide	〜を案内する
☐	hand out	〜を配る
☐	happen	起こる，生じる
☐	home	家庭，家
☐	hour	時間
☐	instruction	指示
☐	interview	〜にインタビューする
☐	kit	道具一式
☐	latest	最新の
☐	link	リンク，接続
☐	parking lot	駐車場
☐	pass by	通りすぎる
☐	prepared	準備のできた，備えた
☐	put	〜を置く
☐	resident	住民
☐	result	結果
☐	scared	〜をこわがって
☐	shaking	揺れ
☐	shelter	避難所
☐	simple	単純な
☐	simulation	シミュレーション
☐	store	〜を蓄える
☐	survey	調査
☐	terrible	ひどい
☐	traveler	旅行者
☐	visitor	観光客

Unit 5

☐	accept	～を受け入れる
☐	almost	ほとんど
☐	angry	怒った
☐	arrest	～を逮捕する
☐	born	生まれる
☐	colony	植民地
☐	discrimination	差別
☐	expensive	高価な
☐	fast	断食
☐	fight	戦う
☐	follower	支持者
☐	freely	自由に
☐	greatly	おおいに
☐	holiday	休日，休暇
☐	human rights	人権
☐	independence	独立
☐	influence	～に影響を及ぼす
☐	international	国際的な
☐	lawyer	弁護士
☐	lead	～を導く
☐	leader	指導者，リーダー
☐	legacy	遺産
☐	march	行進，マーチ
☐	movement	(社会的な)運動
☐	news	ニュース，知らせ
☐	peaceful	平和な
☐	person	人
☐	protest	抗議する
☐	reach	～に着く
☐	respect	～を尊敬する
☐	salt	塩
☐	sidewalk	歩道
☐	tax	税金
☐	tough	困難な
☐	unfair	不公平な，不当な
☐	violence	暴力

Let's Write 3

☐	billion	10億
☐	growth	増加
☐	populous	人口の多い
☐	powerful	力強い

Stage Activity 2

☐	behavior	ふるまい
☐	character	登場人物
☐	cloth	布，服地
☐	convenient	便利な
☐	discover	～を発見する
☐	instead	そのかわりに
☐	pretty	かわいい
☐	resource	資源
☐	waste	～をむだに使う

Unit 6

☐	air	空中，空気
☐	backpack	バックパック
☐	beyond	～をこえたところに
☐	border	国境
☐	building	建物
☐	campaign	キャンペーン
☐	coat	コート
☐	daily	日常の
☐	daughter	娘
☐	definitely	もちろん，確かに
☐	depend	頼る
☐	donate	～を寄付する
☐	encourage	～を勇気づける
☐	exception	例外
☐	exchange	交流，やりとり
☐	globe	地球
☐	illiterate	読み書きできない
☐	imagine	～を想像する
☐	import	輸入する
☐	interdependent	相互に依存している
☐	most of ～	～の大部分
☐	pork	豚肉
☐	ready	用意ができて
☐	receive	～を受け取る
☐	relation	関係

☐	service	サービス
☐	sold	sellの過去形
☐	son	息子
☐	supply	(supplies)で必需品
☐	surround	～を囲む
☐	survival	生き残ること
☐	trade	貿易
☐	unused	未使用の

Let's Talk 3

☐	agree	賛成する
☐	beside	～のそばに
☐	cheap	安い
☐	disagree	意見が合わない
☐	domestic	国内の
☐	point	特徴，要点，ポイント
☐	seem	～のように見える
☐	transport	～を輸送する

Stage Activity 3

☐	announce	～を発表する
☐	colorful	色彩に富んだ
☐	countryside	いなか
☐	judge	審判員
☐	negative	否定的な，よくない
☐	side	面・側
☐	uniform	制服
☐	wear	～を着ている

Let's Read 2

☐	all the time	常に
☐	amount	量，額
☐	battery	電池
☐	carbon dioxide	二酸化炭素
☐	charge	〜を充電する
☐	chemical	化学物質
☐	coal	石炭
☐	consumer	消費者
☐	control	〜を管理する
☐	cut	〜を切る
☐	dam	ダム
☐	dangerous	危険な
☐	Denmark	デンマーク
☐	electricity	電力，電気
☐	energy	エネルギー
☐	fossil fuel	化石燃料
☐	handle	〜を処理する
☐	health	健康
☐	heat	熱
☐	Iceland	アイスランド
☐	invent	〜を発明する
☐	inventor	発明家
☐	lamp	ランプ，明かり
☐	liter	リットル

☐	natural gas	天然ガス
☐	ocean	海，大洋
☐	oil	石油
☐	quarter	4分の1
☐	radiation	放射能
☐	rain	雨
☐	rainwater	雨水
☐	relatively	比較的
☐	release	〜を放出する
☐	renewable	再生可能な
☐	run out of 〜	〜を使い果たす
☐	second	秒
☐	solve	〜を解決する
☐	smartphone	スマートフォン
☐	steam	蒸気
☐	sunshine	日光
☐	sustainable	持続可能な
☐	wind	風

Let's Read 3

☐	animation	アニメーション
☐	artistic	芸術的な
☐	attend	～に通う
☐	beginner	初心者
☐	burden	負担
☐	cancer	（病気の）がん
☐	college	大学
☐	creative	創造力のある
☐	difference	ちがい
☐	dot	点
☐	drop out	中退する
☐	else	ほかに[の]
☐	employee	従業員
☐	focus	中心
☐	foolish	愚かな
☐	garage	ガレージ
☐	get fired	解雇される
☐	gone	なくなった
☐	graduate	卒業する
☐	graduation	卒業
☐	grew	growの過去形
☐	have no idea	見当もつかない
☐	inner	内部の
☐	interest	興味

☐	limited	限られた
☐	loss	失うこと
☐	lucky	幸運な
☐	magazine	雑誌
☐	mirror	鏡
☐	run away	逃げる
☐	somehow	何らかの形で
☐	someone	だれか
☐	studio	スタジオ
☐	successful	成功した
☐	though	～だけれども
☐	trust	～を信頼する

15

東京書籍版・中学英語３年